安徽省社科项目“明清徽商与传统诉讼文化研究”（AHSKY2014D02）

安徽大学法学文库

“无讼”中的明清徽商

王亚军·著

法律出版社
LAW PRESS·CHINA

总　序

时光荏苒，岁月如歌。回顾安徽大学法学学科85年的发展历程，展现在眼前的是一轴筚路蓝缕、命运坎坷、自强不息的历史画卷。1928年安徽大学始建之初即设有法学院，下辖法律、经济、政治等系科。抗战期间几经离散，1946年建国立安徽大学，学校又得以恢复。1952年全国高校院系调整，安徽大学法律系被并入华东政法学院等院校。20世纪70年代后期，随着共和国的改革开放，濒临消散的法学教育迎来了春天。1979年安徽大学在全国地方综合性大学中率先恢复重建法律系，当年即招收本科生。以陈盛清、周枏、陈安明、朱学山、王镕等为代表的著名法学家先后加盟，并于1982年在国内较早招收法律史、民法、行政法、国际法和经济法专业方向的硕士研究生。他们为奠基安徽大学法学教育事业呕心沥血、无私奉献，倾注了毕生精力。我们今天所面临的法学教育发展环境与竞争态势已发生了很大变化，但学术前辈们高尚的人格、渊博的学识、严谨的学风永远是我们后学的典范，是激励一代又一代安徽大学法学院师生不断前行的动力。

秉承“明法、尚德、求实、维新”的办院理念，我们坚持以学科建设为龙头，以人才培养为根本，走“人才强院、科研强院、质量强院、特色强院”之路。经过30多年几代法学人的孜孜追求和不懈努力，我们目前在人才培养、学科建设、师资队伍、科研与社会服务等方面呈现良好发展态势，特别是省级重点学科、省人文社科重点基地、国家特色专业建设点、教育部法律专业学位研究生培养教育综合改革试点、教育部卓越法律人才教育培养基地、法学一级学科博士学位授予权等诸多建设平台，为我们提供了发展机遇。30多年来，我们汇聚了一支爱岗敬业、团结进取、富有创新意识的学术梯队，形成了一批有一定学术价值和社会影响的标志性成果，为国家和区域法治建设培养了一大批优秀法律人才，为我国法学教育事业的振兴与发展做出了应有贡献。

科学研究是现代大学的重要功能之一，是促进高校内涵发展的应有之义，更是提高人才培养质量的重要支撑。为进一步提升科研与学科建设水平，鼓励教师学术创新、多出高质量的科研成果，我们特设立“安徽大学法学文库”，专门资助具有重大理论价值与实践意义的较高水平学术著作的出版，使其成为集中展示安徽大学法学院教师具有前沿性、创新性、建设性研究成果的学术窗口。我们期待，通过每一位作者的辛勤耕耘，“安徽大学法学文库”有望成为一套有质量、有水准的学术精品；我们深信，文库的出版将对我们建设高水平法学院目标的实现和我国法学研究的繁荣与发展大有裨益。因为，我们承载着安徽大学法学人曾经的光荣与梦想，追求卓越是我们不变的信念。我们有责任使安徽大学法学院的事业薪火传承，基业长青。

“初生之物，其形必陋。”“安徽大学法学文库”刚刚起步，难免有些单薄和稚嫩，恳请得到各位读者的理解、支持和帮助。特别感谢法律出版社对我们这项“学术工程”的悉心指导与大力扶持。

“安徽大学法学文库”编委会

2013年10月18日

Contents

目录

导 论

一、选题意义

徽州地区，位于安徽南部山区，北有烟云缭绕的黄山迤逦而去，南有峰峦叠嶂的天目山绵延伸展。境内新安江、龙田河汇入钱塘江，婺江、阊江西入鄱阳湖。山清水秀、依山傍水的自然特征，使徽州地区充满了灵气和活力。明代著名戏曲家、诗人汤显祖一首诗"欲识金银气，多从黄白游；一生痴绝处，无梦到徽州"充分展示了徽州地区文化的无穷魅力。

早在新石器时代，徽州地区就曾经留下人类生活的足迹。西周时期，徽州也曾经创造了灿烂的青铜文化。春秋战国时期，徽州先后隶属于吴、越、楚管辖。秦帝国建立后，秦始皇嬴政在此地设有黝（今黟县）、歙县两县。三国以前，土著山越人在此地过着刀耕火种、与世隔绝的生活。吴王平定山越之后，设置了新都郡。三国两晋南北朝时期的长期战乱，使中原士族大家纷纷南迁，由于徽州境内峰峦叠嶂、交通不便，自然而然成为中原世家逃避战乱的世外桃源。西晋时期，改新都郡为新安郡。① 隋唐至北宋时期，新安郡更名为"歙州"。宋徽宗宣和三年（1121 年），在平定方腊农民起义后，改"歙州"为"徽州"，此称谓一直历经元、明、清三代格局基本不变。

---

① 因此徽商亦被称为"新安商人"。

明清时期，徽州地区是一个府级行政建制，下辖今皖南地区的歙县、休宁、祁门、绩溪、黟县以及江西省东北的婺源县。虽地处皖、浙、赣三省交界处的山区之中，却是一个经济、社会、文化发展相对完整的、具有典型意义的区域社会。明清两代创造出的博大精深、底蕴丰厚的徽州文化，①是从多重视角研究明清传统社会的一个极好标本。从经济史学角度来看，徽州在传统农业之外，还有闻名遐迩的商业。从社会史学角度来看，徽州是一个发达的宗族社会，传承了唐宋后中原地区消失了的宗族实态。从文化史学角度来看，徽州程朱的理学昌盛，素有“东南邹鲁”②之称，南宋理学的集大成者朱熹祖籍即是徽州籍人（今江西婺源县）。③

伴随徽州文书④的大量出现，以物态方式完整保存了明清鼎盛时期的徽州文化原生态，进而衍生出与敦煌学、藏学齐名的地方学——徽学。徽学主要是指利用徽州契约文书、文献和文化遗存等珍贵资料，以徽州社会经济史特别是明清社会经济史为主体，综合研究徽州整体历史文化和受徽州历史文化影响较深地区并与徽州文化密切相关的历史文化事象的一门历史学科。⑤

徽学素来有“商成帮，学成派”⑥的美誉，徽商以及由此而产生的各种徽商文化现象，一直成为徽学学者研究徽州文化的关注重点。⑦ 明代中期，随着徽

---

① 徽州文化，一般是指宋、元、明、清以来植根于徽州本土，并经由徽州商帮和徽州士人向外传播和辐射，进而影响其他地域文化进程的区域性历史文化。就空间范围而言，徽州文化主要产生并植根于徽州本土，并在徽商和徽州士人的传播和拓展下，向外辐射，远播海内外；就时间界限而言，徽州文化产生于北宋宣和三年（1121 年）徽州的设立，终结于民国元年（1912 年）徽州府的废除。参见卞利：《明清徽州社会研究》，安徽大学出版社 2004 年版，第 21 页。

② 在徽州“其学所本，则一以郡先师朱子为归。凡六经传注、诸子百氏之书，非经朱子论定者，父兄不以为教，弟子不以为学也。是以朱子之学虽行天下，而讲之熟、说之详、守之固，则惟新安之士为然。故四方谓‘东南邹鲁’”。参见道光《休宁县志》卷一《风俗》。

③ 朱熹祖籍徽州婺源县，他对儒家四书五经的注解不仅成为明清两代科举考试的主要蓝本，而且成为徽州人生活恪守不怠的重要规范。凡事皆依文公家礼，凡书皆读朱子所注，已成为徽州文化的一个奇特现象。

④ 20 世纪 80 年代，20 多万件反映徽州民间实态的文书契约陆续被发现，其内容涉及契约字据、公文案牍、书信手札、乡规民约、鱼鳞图册、宗教礼仪、财务账簿、手书稿等，堪称继甲骨文、汉晋简牍、敦煌文书、明清大内档案之后的第五大发现，促成徽学的勃兴。在历史文化学视野中，徽学也与敦煌学、藏学并列为三大地方学之一。

⑤ 参见卞利：《明清徽州社会研究》，安徽大学出版社 2004 年版，第 4 页。

⑥ 张海鹏：《徽学漫议》，载《光明日报》2000 年 3 月 24 日，第 3 版。

⑦ 早在 20 世纪三四十年代，我国著名学者傅衣凌教授和日本学者根岸佶教授、滕井宏教授就对徽商做了开拓性研究。

州社会经济的发展和长期稳定社会局面的形成，地处皖南山区人多地少的矛盾尤为突出。“徽州介万山之中，地狭人稠，耕获三不赡一。即丰年亦仰食江楚，勿论饥岁也。”①“生齿日繁，则生计日隘。”②为了谋生，摆脱山区人多地少的矛盾，许多徽州人自幼被迫背井离乡，成批外出经商，形成了“业贾遍于天下”的局面。凭借不畏劳苦、顽强进取和诚实经营的贾道，徽州商人获得了巨大成功，自明朝中叶以后的数百年的封建社会中，徽商一直是富甲一方的商界领军人物。

“徽商”通常是指徽州籍商人。关于徽商始于何时，经济学术界有不同的看法，主要有“东晋说”“南宋说”“明说”的分歧。关于“东晋说”，中山大学教授叶显恩教授认为：魏晋南北朝时期，为了逃避战乱和种族压迫，北方士族纷纷渡江南迁，地势险阻的徽州成为他们的避难所。这些具有经商传统的世家大族迁来后，因当地山多田少，不可能兼并大量土地，所以仍兼营商业，故早在东晋，徽商就兴起了。③ 关于“南宋说”，刘和惠教授认为：徽商这一实体肇始于南宋后期，发展于元末明初，形成于明代中期，盛于明嘉靖以后至清康雍时期。④ 关于“明中叶说”，王廷元教授认为，徽人经商的历史可以追溯到很早的年代，但是徽商的历史则应该是从明中叶开始。徽商，是指以乡族关系为纽带所结成的徽州商人群体，它与晋商、陕商、闽商、粤商一样，都是一个商帮的称号，所以关于徽商始于何时的问题，就是徽州商帮何时形成的问题。

徽州商帮的形成必须有两个基本条件：一是一大批手握巨资的徽州富商构成商帮的中坚力量；二是商业竞争日趋剧烈，徽州商人为了战胜竞争对手，有结成商帮的必要，而这两个条件只有到明中叶才能具备。⑤ 虽然自古以来就有“富商大贾，周流天下”的现象，但在传统自然经济牢固统治的时代，可供长途贩运的商品种类不多，数量不大，贩运贸易的规模受到极大的制约。历史上也曾经出现过豪商巨贾，但是毕竟是极少数人，相互间竞争也不够激烈。因此，各地方的商人既无形成商帮的实力，也无形成商帮的必要。这种局面一直到明朝中叶才有所改变。

---

① 康熙《休宁县志》。

② 万历《休宁县志》卷一《舆地志·风俗》。

③ 参见叶显恩：《试论徽州商人资本的形成与发展》，载《中国史研究》1980年第3期。

④ 参见刘和惠：《徽商始于何时》，载《江淮论坛》1982年第4期。

⑤ 参见王廷元：《论徽州商帮的形成与发展》，载《中国史研究》1995年第3期。

明朝中期,随着商品经济的发展,封建国家的赋役制度产生了相应变化。自金花银的征收到一条鞭法的推行,赋税折征货币的部分日益增加,占赋税总额的绝大部分。赋税折银的必然结果,迫使生产者更多地出售产品,换取货币。而大批产品投入生产,造成越来越多的商品在当地难以销售,不得不寻求更多远方的市场,从而大大促进了长途贩运贸易的发展。尤其是纳赋的农民往往因时限所迫,不得不将其产品低价出售以应急需,为贩运商人压价收货牟取暴利提供了有利条件。由于长途贩卖贸易的迅速发展,①徽商的商业资本也以前所未有的势头膨胀起来,迎来了一个千载难逢的发展契机。徽商潘侃说,“良贾急趋利而善逐时,非转毂四方不可”。② 徽商中绝大多数都是在长途贩运活动中发家的。“徽歙以富雄江左,而豪商大贾往往挟厚赀驰千里,播弄黔首投机渔利,始可致富”,③正是当时的实情。徽州邻近商品经济最发达的东南地区,徽人又有丰富的经商经验,他们走出山区,借助于天然的水运便利条件,把五府地区的丝绸、棉布,扬州的食盐,景德镇的瓷器以及徽州当地出产的竹、木、茶、纸、墨、砚等运销全国各地,把华北的棉花、大豆,江西、湖广的大米,长江中上游的木材运销苏浙,在贩运贸易中大获厚利,就使徽州迅速涌现出一大批富商大贾,致使当时的徽州以“富甲天下”而著称于世。同时,晋、陕、闽、粤等地的商人也都在长途贩运贸易中发展起来,在全国各地的市场上成为徽商竞争对手。出于在激烈的竞争形势下立于不败之地的需求,徽商以在乡村原有的地缘关系、血缘关系为天然纽带,联合起来形成商帮作为商人的新组合的形式,利用群体的力量互相济助,保护共同利益,谋求共同发展。《中国经济通史》也总结道:“明代以前,我国商人的经商活动,多是单个的、分散的,没有出现具有特色的商人群体,也即是有商而无帮。自明中后期以后,由于商品经济的进一步发展,水陆交通的日益扩展,商业竞争日趋激烈,一些商人为了壮大队伍、扩大资本、增强竞争实力,赢得厚利,便成立商帮,从而操纵着某些地区和某些行业的商业贸易。这种商帮起初是利用封建的地缘和血缘相结合的落后形式而出现。具体来说,是以地域为中心,以血缘、乡谊为纽

---

① 当时长途贩卖贸易发展主要表现:一是商品构成的变化,人们生活日用品成为长途贩运的主要商品;二是贩运规模的扩大,贩运路线的延长;三是城市和市镇日趋繁荣,成为贩运的起落点;四是白银被普遍用作货币,诸多变化的合力,客观上为商帮的崛起提供了社会条件。参见王廷元、王世华:《徽商》,安徽人民出版社 2005 年版,第 16 ~ 17 页。

② (明)汪道昆撰:《太函集》卷一四。

③ 歙县《许氏世谱》。

带,以‘相亲相助’为宗旨,以会馆、会所为其在异乡的联络、计议之所的一种‘亲密’而又松散的自发的商人群体。它的活动在我国封建社会后期产生了很大的影响。”①

徽学学界已经基本达成共识,大都认为徽州商帮在明朝成化、弘治之际形成时,②“徽商”一词是在被赋予徽籍商人群体的含义后,慢慢被传叫开来,因此徽商的内涵应当是指以乡族关系为纽带所结成的徽州商人群体,而不是泛指个别、零散的徽籍商贾。

作为明清封建社会一个特殊的阶层——徽商,其活动对当时社会的政治、经济和文化无不产生或多或少的影响,而徽商活动方式及其势力消长又无不受到当时生活条件等诸多方面因素的制约,因而透过徽商兴衰演变的轨迹,可以从一个侧面窥探当时整个社会的全貌。因此,对徽商的研究必然是需要多学科涉足的研究领域,同时也吸引了历史学、经济学和社会学等学术领域中诸贤大家格外关注徽商的研究。

早在20世纪三四十年代,我国著名历史学者傅衣凌教授和日本学者滕井宏教授就对徽商做了拓荒式研究。1947年傅衣凌发表了长达3万多字的《明代徽商考》一文,第一次提出了“徽商”③的概念,论述了徽商所从事的各个行业,堪称研究徽商的第一人和奠基者。国外首先系统研究徽商的是日本学者藤井宏,1953年他发表了10多万字的《新安商人研究》的论文,后被傅衣凌、黄焕宗译成中文分别发表在《安徽历史学报》(1958年第2期)和《安徽史学通讯》(1959年第1期)上,该文以徽商子弟汪道昆著作《太函集》为主要研究资料,第一次深入系统地研究了新安(徽州)商人产生的背景、活动范围与经营项目、新安商人资本积累的过程与其经营形态、新安商人与生产者、消费者、国家和官僚的种种关系。此后,国内只有陈学文的《论徽州商业资本的形成及其特色》一文对徽商商业资本的形成、特色及其作用进行了论述。

---

① 王毓铨主编:《中国经济通史·明代经济卷》,经济日报出版社2000年版,第147页。

② 徽学学者一般认为徽商商帮形成的标志主要有四点:(1)商人从商风习的形成;(2)商人结伙经商的现象已很普遍;(3)徽、商两字已经相连成词;(4)作为徽商骨干力量的徽州盐商已在两淮盐业中取得优势地位。参见张海鹏、王廷元主编:《徽商研究》,安徽人民出版社1995年版,第5~8页。

③ “徽”“商”两字连用为词早在明成化年间松江一带就出现了。《云间杂识》载:成化末年,有一达官显贵把搜刮所得的大量钱财运回松江,有位老人登门道贺,称谢不已。官员惊问为何称谢,老人说:“松民之财,多被徽商搬去,今赖君返之,敢不称谢!”

20世纪60年代前期，中山大学叶显恩教授开始对徽州农村社会和佃仆制进行专题研究。他检阅了大量的徽州原始文献资料，先后两次亲赴徽州实地调查，是在20世纪六七十年代徽商研究的拓荒者。1983年叶显恩教授出版了《明清徽州农村社会与佃仆制》(黄山书社1983年版)一书，研究了徽州农村的土地制度、乡绅阶层以及宗族制度、佃仆制度，并辟有专章研究徽州的商业资本和封建文化，为徽学的发展奠定了第一块基石。

与此同时，安徽师范大学成立以张海鹏教授为首的明清史研究室，组织专业学术团队展开对徽商专题的深入研究。王廷元、唐力行、王世华、周晓光、李琳琦等教授先后成为这个学术团队的成员。这是国内外成立最早，也是迄今为止唯一的专门研究徽商的学术团体。经过两年的艰苦努力，张海鹏、王廷元主编出版了的《明清徽商资料选编》，在国内外学术界产生了重要影响，也为徽商研究树立了第一座里程碑。以此作为基础，徽学学界对徽商的学术研究迅速升温。

此后张海鹏、王廷元主编的《徽商研究》由安徽人民出版社1995年出版；王廷元、王世华的《徽商》由安徽人民出版社2005年出版；唐力行的《明清以来徽州区域社会经济研究》由安徽大学出版社2001年出版；唐力行的《商人与文化的双重变奏——徽商与宗族社会的历史考察》由华中理工大学出版社1997年出版；王振忠的《明清徽商与淮扬社会变迁》由三联书店1996年出版；王世华的《富甲一方的徽商》由浙江人民出版社1997年出版；张海鹏、王廷元主编的《徽州商帮：翰墨儒商，信义为先》由中华书局(香港)1995年出版；周晓光、李琳琦的《徽商与经营文化》由世界图书出版社1998年出版；李琳琦的《徽商与明清徽州教育》由湖北教育出版社2003年出版，等等，诸多涉及徽商为主题的研究学术专著相继面世。

众多的论著多以传统的历史学和经济史学为研究视角，深入探讨了徽商兴起、发展、衰落的历史，具体研究了徽商所从事的盐、典、茶、和粮食、绸布等主要行业，还涉及墨业、旅馆业、瓷器业、刻书业、药业等；不仅研究了徽商的主要活动范围，如长江流域、江南一带、运河沿线和京城北京，还涉及江西、广东、福建、四川、东北，甚至日本、朝鲜以及南洋地域；不仅研究了徽商作为一个商帮的整体特色、性质，而且具体解剖了一些典型的徽州商人个体；不仅研究了商业本身的诸多内容，而且研究了徽商的经营理念、商业道德、商业文化和心理特征；不仅研究了徽商的商业发展的历史，而且还探讨了徽商与土地、徽商与宗族、徽商与资本主义生产关系萌芽的关系，尤其是探讨了徽商与徽州艺术文化的关系。

二、研究方法

1969年美国学者弗里德曼教授最早提出了“法律文化”的概念。他认为,在一个充分发达的法律制度中,文化因素是指“共同制约法律制度并决定法律制度在整个社会文化中地位的价值与观念”。[①] 法律文化是用以“解决法律制度中执行者与运用者(以及受害者的态度)的信念。情感与法律制度起作用的方式有密切的关系”[②]这一问题的,因而必须从培育出这种法律制度的传统和文化中得到解释。因此,埃尔曼进一步强调:“无论是政治文化、还是法律文化,都应被视为它们文化环境中的子系统”。[③] 故“法律文化”这一概念的提出,最初是为了对法律制度或法律现象作出一种更有效的解释,属于文化学意义上的一种解释。这种解释又更多地体现出一种法律研究的新方法,尽管它仍将法律文化作为文化整体的一个构成因素。套用钱穆先生的一句话:“一切问题,由文化问题产生。一切问题,由文化问题解决。”[④]梁治平研究员认为:“法律作为社会的有组织的暴力,或者某种专门的社会控制手段,原是所有文明共存的现象。”[⑤]基于这一点认识,他在20世纪80年代国内法学界率先提出“用法律去阐明文化,用文化去阐明法律”[⑥]的学术原则,“法律文化所要研究的,首先就是这样一种价值和态度。它要问,人们如何看待法律？他们是否愿意通过法院来解决纷争？法官们受过什么样的训练？他们实际上如何判案？……法在整个文化中居于何种地位？它有何社会功能？它对此一社会中的成员具有什么样的意义？等等。对于这些问题的回答,显然超出一般法律制度史、思想史乃至历史社会学的研究。它要通过文化来阐明法律,透过

---

① [美]埃尔曼:《比较法律文化》,贺卫方、高鸿钧译,清华大学出版社2000年版,第13页。

② 同上书,第14页。

③ 同上书,第14~15页。

④ 钱穆:《文化学大义》,新北,中正书局股份有限公司1981年版,第3页。钱穆先生认为人类社会的所有问题都是文化问题,从衣食住行到战争和平,无一例外都涉及文化问题。而解决问题的出路,都应当回到文化问题中去寻找,别无他途。

⑤ 梁治平:《寻求自然秩序中的和谐——中国传统法律文化研究》,商务印书馆2013年版,第1页。

⑥ 梁治平:《比较法与比较文化》,载《读书》1985年第9期。

法律来审视文化”。[①] 为法律史学界研究中国传统法律提供了一种崭新的研究方法，强调法律文化有广、狭两义。广义的法律文化应该能够囊括所有法律现象；狭义的法律文化主要是指法的观念形态和价值体系，并包括与此有密切关系的人类行为模式在内。[②] 梁治平为了避免“法律文化”的滥用，特别强调把“法律文化”关注的对象主要限定在法律史的学术领域，因为“它所处理的材料与法律史家通常面对的大致相同。然而，由于立场、方法乃至视界并不相同的缘故，法律的文化解释所要揭示的是一个传统法律史家通常忽略的世界。就此而言，法律的文化解释并不简单就是传统意义上的法律史研究，毋宁说，它是对旧材料的重新安排和重新解释……法律的文化解释在引入一种新的分析方法的同时，也确立了一个新的对象。这里，方法只是研究者‘主观地’加以运用的一套策略，对象却是研究者已经发现并且意欲给出解释的一个‘客观地’存在的世界，它们性质不同，但关系密切，以致可以借用一个词来表达，那就是法律文化”。[③]

“法律文化”一词吸引了诸多国内法律史和法理学的学者们深入研究，并形成了各自不同的观点。武树臣教授认为：“法律文化是人类法律实践活动及其成果的总和。”[④]张文显教授认为：“法律文化是法律现象的精神部分，即由社会的经济基础和政治结构决定的、在历史过程中积累下来并不断创新的有关法和法律生活，特别是权利和义务的群体性认知、评价、心态和行为模式的总汇。”[⑤]何勤华教授认为：“法律文化是指与法律有关的各种活动的创造性成果的积淀，包括物质的和精神的两个方面。”[⑥]张中秋教授认为：“法律文化主要指内化在法律思想、法律制度、法律设施以及人们的行为模式之中，并在精神和原则上引导或制约它们发展的一般观念及价值体系。”[⑦]刘作翔教授认为：“从两个角度来认识法律文化，即作为方法论意义的法律文化和作为对象

---

① 梁治平：《寻求自然秩序中的和谐——中国传统法律文化研究》，商务印书馆2013年版，第1页。

② 参见梁治平：《法辨——中国法的过去、现在与未来》，贵州人民出版社1992年版，第12页。

③ 梁治平编：《法律的文化解释》，三联书店1994年版，第2页。

④ 武树臣：《让历史预言未来——论中国法律文化的总体精神与宏观样式》，载《中国法学史精粹》(2002年卷)，机械工业出版社2002年版，第336页。

⑤ 张文显：《法哲学范畴研究》，中国政法大学出版社2001年版，第235页。

⑥ 何勤华：《法律文化史论》，法律出版社1998年版，第1页。

⑦ 张中秋：《比较视野中的法律文化》，法律出版社2003年版，第29页。

化的法律文化。法律文化既是一种用文化的眼光认识法律现象的思维方式和研究方法,也是一种有实体内容和对象化的文化结构,并且,这两个方面是相互联系着的。"[①]而且"从文化的角度看待法律,我们可以对所有的法律现象进行文化审视和文化解读,它有助于我们克服传统的法律观中将法律视为工具性,或阶级性,或规范性等'一属性'的社会现象,而赋予法律以一种包含人类价值符号、价值体现等目的意义在内的'多重性'社会文化产物,有益于深化人类对法律本质属性的认识"。[②] 季卫东教授认为:"法律文化是社会观念形态、群体生活方式、社会规范和制度中有关法律的那一部分以及文化总体功能作用于法制活动而产生的内容——法律观念形态、法制协调水平、法律知识沉淀、法律文化总功能的总和。"[③]刘学灵教授认为:"法律文化是人类文化的组成部分,它是社会上层建筑中有关法律思想、法律规范、法律设施、法律艺术等一系列法律实践及其成果的总和,它包括以往人类法律实践的结晶,又标志着现实法律实践的状态和发展程度。"[④]张钧教授认为:"法律文化是法律硬件(法律规范、法律制度、法律组织、法律设施)、法律软件(法律学说、法律思想、法律观念、法律精神)以及法律实践(司法判例、法律艺术、法学教育、习俗禁忌)的复合体。同时,因为它是以往人类法律活动的凝结物,也是现实法律实践的一种状态,所以法律文化能够并且应该成为我们认识和解析人类社会法律现象的方法。"[⑤]

对诸多法学前辈对"法律文化"见仁见智的释义,作为后学者不敢妄加评议,但本人非常认可胡旭晟教授把"法律文化"作为一种立场和方法的释义,其观点对本书体系的架构具有启发性的意义,故不惜冒着学术侵权之嫌详细介绍其观点。首先,胡旭晟教授强调法律文化作为一种法律研究的学术立场,至少可以包含以下几个方面的意义或者态度。

第一,它要求我们将法律看作人类自身的一种生活经验。换言之,作为一种立场的法律文化,意味着我们把法律看作人类生活的组成部分,是人类生活经验的总结,其间贯穿着一种经验解释的精神。在一定意义上,"文化是被社

① 刘作翔:《法律文化理论》,商务印书馆1999年版,第67页。

② 同上书,第71页。

③ 季卫东:《中国法文化的蜕变与内在矛盾》,载《法律社会学》,山西人民出版社1988年版,第225页。

④ 刘学灵:《法律文化的概念、结构和研究观念》,载《河北法学》1987年第3期。

⑤ 张钧:《明清晋商与传统法律文化》,法律出版社2006年版,第10页。

会(集团)的成员所掌握和共同拥有的,并且作为社会性的遗产而传给下一代的生活方式”,[①]因此,理解文化必须从人类社会的生活经验出发……法律文化旨在了解不同时代、不同族群的独特生活经验,丰富我们关于人类社会普遍经验的认识,并为我们着手解决现在面临的问题以及未来将遇到的境况提供一种弥足珍贵的经验借鉴。

第二,它意味着对所有法律的一种同情的理解。基于前述对人类社会生活的经验解释,作为一种立场的法律文化,可以有助于我们形成一种语境化的同情理解,从而对“生活于我们之前”和“生活于我们之外”的法律有着一种更加切合实际的认识。任何一个特定的人群都有着自己的社会经验,而且这种经验一经在文化选择的基础上形成和发展起来,也就难以摆脱而去选择另外一种经验生活方式。故此,“任何一个文化和社会都只能以它自己的方式去体验世界,而这意味着它同时失去了以另外一种方式经验世界的可能性”。[②]这种经验的有限性需要我们“力求语境化地(设身处地地、历史地)理解任何一种相对长期存在的法律制度、规则的历史正当性和合理性”。[③] 只有这样,我们才能对“生活于我们之前”和“生活于我们之外”的法律有着一种真正切合实际的认识,而不是仅凭我们的生活经验就对它们妄加揣测或非议。在这个意义上,“文化解释的主旨即是要尽可能摒弃误解、曲解,深入古代人的世界去了解他们独特的经验,同时丰富我们关于人类普遍经验的认识”。[④]

第三,它代表着一种看待法律的合理的相对主义态度。在一种经验解释和同情理解的基础上,作为一种立场的法律文化,可以使我们进一步坚持文化相对性原则,增强我们对异文化法律的认同感。由于我们社会经验的有限性,每个人都可能有意无意地接受了一套固有的价值观,因此,在看待其他人群的社会经验方式上要保持一种完全中立的态度几乎是不可能的。这就要求我们在经验解释和同情理解的过程中,始终坚持文化相对性原则,即“根据文化的自身标准来评判它”。事实上,我们在坚持文化相对性原则而承认任何一种文化的合理性与正当性的同时,也意味着我们是把它视为一个更大的文化或社会的一部分,甚至是整个人类文化或社会的一部分来看待,这有助于我们加

---

① [日]石川荣吉编:《现代文化人类学》,周星等译,中国国际广播出版社 1988 年版,第 5 页。

② 梁治平编:《法律的文化解释》,三联书店 1994 年版,第 62 页。

③ 苏力:《语境论——一种法律制度研究的进路和方法》,载《中外法学》2000 年第 1 期。

④ 梁治平编:《法律的文化解释》,三联书店 1994 年版,第 63 页。

强对人类文化或人类社会的整体把握和普遍认识。因而,不同文化的对立恰恰通过相互映衬或对照而形成一种“文化认同”,从而铸就了人类整体文化的特性,同时也使其本身更具有一种独特的个性……作为一种立场的法律文化,正是力图通过“从对立到认同”的认知模式而对人类历史上以及当今世界上不同的法律作出一种相对合理的解释,从而为探索人类社会的普遍经验提供一种借鉴。

第四,它象征着一种对待法律的整体性考察和开放的心态。作为一种立场的法律文化,可以有助于我们将法律放置在社会和历史的特殊背景下进行一种整体性的考察,并将不同人群的法律都视为人类社会整体文化的一个部分而赋予其特殊意义,这对我们保持一种对待法律的开放心态具有不可或缺的意义。随着实证主义的研究方法蔚然成风,法律越来越被限制在一个比较狭窄的范围之内,法学视域日益脱离文化的整体框架而走向封闭。预支决然不同,作为一种立场的法律文化具有完全开放的性质,它把法律放置在社会或文化的整体架构中进行考察,充分调动各个学科门类的知识和方法,打破了传统学科分界的限制,不拘泥于单一的方法,也不为某一类素材所束缚。这样,“法学家以文化为参照而解释法律,不但可以丰富人们对法律的认知,而且也可以使法学家解释法律的内容不断深化”。不仅如此,由于上述文化相对主义的贯彻,作为一种立场的法律文化,可以有助于我们摆脱种族中心主义的思想窠臼,从而以一种开放的心态面对不同人群的法律制度,并进而对它们进行一种较为全面而客观的分析,为自己的法律理论与法律实践提供宝贵的借鉴。尤其是随着全球化浪潮的到来,保持这种看待不同法律的开放心态,特别显得重要。

第五,它内含着一种对法律的意义追寻。作为一种立场的法律文化,不仅旨在考察法律的现实状态,更重要的是追寻这些法律制度背后所体现或隐藏的意义。诚如一些学者所言:“所谓文化就是这样一些由人自己编织的意义之网,因此,对文化的分析不是一种寻求规律的实验科学,而是一种探求意义的解释科学。”所以,文化解释不只是对一些社会现象的一种表象的“浅描”,更重要的在于透过这些现象作出一种意义的“深描”。① 最先使用“法律文化”概念的弗里德曼就曾指出,法律文化作为公众对法律制度的了解、态度和

① “浅描”“深描”是美国文化人类学家格尔茨所借用的两个重要概念,他认为文化的解释理论正是一种探寻意义的“深描”。

举动模式,是法律行为从而产生的深层次的原因。因此,弗里德曼坚持认为,法律文化是指那些为某些公众或公众的某一部分所持有的针对法律或法律制度的观念、价值、期待和态度。这种概念的界定明显隐含着法律文化的解释功能,是把法律文化作为一种探寻法律或法律制度背后所隐藏之意义的立场或态度来看待。作为一种立场的法律文化,正是以这样的一个角度来探寻法律对于人类社会生活的意义以及人类社会生活本身赋予法律的内在逻辑,从而使法律在人类社会生活中的意义得以清晰地呈现出来。①

胡旭晟教授强调法律文化“作为一种方法的法律文化,是对作为一种立场的法律文化在分析工具层面上的具体运用,或者说是作为一种立场的法律文化在逻辑证明环节上的贯彻、延续和深化。……故而作为一种方法的法律文化,必须综合运用其他各门社会科学的理论、思想和观念:从传统的哲学、经济学、社会学、伦理学、人类学理论到新兴的哲学解释学、现象学、结构主义、符号学观念等等,有时甚至还须借助自然科学的既有成果。可以说,法律文化作为一种方法,其所采用的分析工具和解释方法具有极强的综合性,它甚至可以向一切学科的方法论开放。而我们每多一种分析的工具和解释的方法,法律便会在我们面前多呈现出一层意义,我们的文化解释也就多一份有效性和说服力”。②

当然,人文社会科学没有任何一种研究方法是完美无缺的,具有经验性、整体性和综合性的法律文化作为一种新的学术立场和研究方法,③自身虽有着独特的理论路径和跨学科综合性研究的巨大优势,但也不可避免地存在一点致命的缺陷,如在研究过程中不加以克服,将会弱化法律文化研究结论的说服力,甚至得出误入歧途的谬论。任何研究者都会处于自身特定的经验生活方式中,经验生活的有限性决定了研究者看待另外一些人群的经验生活时,往往不自觉地带有自己经验生活判断的主观性。另外,作为一个整体性的社会现象,文化属于一种集体性的价值观,单独的个人行为或个人现象有可能与其吻合或背道而驰。因此,在社会现象独立于个人的特殊现象时,研究者基于自

① 胡旭晟:《解释性法史学——以中国传统法律文化的研究为侧重点》,中国政法大学出版社2005年版,第42~46页。

② 同上书,第46~47页。

③ 胡旭晟教授将法律文化的立场和研究方法提炼出经验性、整体性和综合性3个特点。具体内容详见胡旭晟:《解释性法史学——以中国传统法律文化的研究为侧重点》,中国政法大学出版社2005年版,第53~57页。

身情感或个人立场作出的解释结论，更加增添了文化解释的个人成见。或许排除文化解释的偏见，排除研究过程中的感情用事，学会用理智而不是感情去思考，应该是我们从事人文科学研究时的第一要务。

对于任何一个社会而言，对因个人争端引起的冲突存在多元的解决途径，①但不可避免的最终选择必然是官方的诉讼，因此选择"诉讼"为切入点，对中国传统法律文化研究的重要性就不言而喻了。一方面，法律最重要的功能之一就是处理纠纷，化解社会矛盾，这一功能的具体运作就是"诉讼"；另一方面，"文本中的法"与"行动中的法"总是存在很大差距，文本中的法律只有转化为现实中的行动才能实现法律的价值，只研究抽象的法律条文，很难把握一个社会法制的真实状态，要全面了解"行动中的法"的全貌，就必须关注一个社会的具体"诉讼"，尤其是全面考察具体"诉讼"是如何实际运作的过程。日本著名学者滋贺秀三认为："社会事实的内部必然有着某种在更广泛意义上的思想。正是在这种事实的深处，或许存在着比思想家们雄辩地主张着争论着的各种命题更为本原的思维架构和条理。这种思维架构和条理不待某人特意提出并加以阐释就被人们视为理所当然，而对于相互对立的思想家的任何一方都是共同的了解和前提。而且，某种事实以及支持着该事实的思维架构如果是某一历史阶段的某一社会所持有的，或者说即使不完全是特有的但却特别显著地表现出来的话，就可以说这种东西不是自然本身而正是文化。在这个意义上，对于所谓法来说具有核心般意味的社会事实就是诉讼的形态……"②

胡旭晟教授指出，对"中国传统法律文化"这样一个研究课题而言，对"狱讼"③（诉讼）全面而细致的研究，应该还有3点特殊的意义：④

---

① 现代社会一般有和解、调解、仲裁、诉讼多元解决纠纷的机制，但诉讼具有终局性和权威性的特点。

② ［日］滋贺秀三等：《明清时期的民事审判与民间契约》，王亚新、梁治平编，王亚新、范愉、陈少峰译，法律出版社1998年版，第1～2页。

③ 现代语义上的"诉讼"一词对应中国古代的法律术语是"狱讼"。据《周礼》记载："以两剂禁民狱，入钧金三日，然后致于朝，然后听之。""以两造禁民讼，入束矢于朝，然后听之。"汉人郑玄注云："狱，谓相告以罪名者。""讼，谓以财货相告者。"西周以后至明清时期，"狱""讼"之别在其后的中国传统社会中不再严格区分。以现在法学原理审视古语"狱讼"，大致而言，"狱"相当于现在的刑事诉讼，"讼"相当于民事诉讼。无论"狱讼"或单独"狱"或"讼"作为表达诉讼活动的古代专有法律术语是没有歧义的，且频繁出现在古代各种文献典籍中。

④ 参见胡旭晟主编：《狱与讼——中国传统诉讼文化研究》，中国人民大学出版社2012年版，第2页。

首先,“狱讼”(诉讼)的考察使“中国传统法律文化研究”真正由抽象的法律条文向法制运行复杂多样的实际状态落实。自20世纪以来,我国学术界对中国法制发展史的研究在主流倾向上总是过于注重抽象的法律条文,在潜意识里总是将国家颁布的一般规则当作实际的法律生活本身,而实际上,假如说“纸面上的法律”与“实际的法律”之间存在差距是一切文明社会的普遍现象,那么这种差距在中国古代社会可能更突出。这一方面是由于中国古代法的“伦理法”性质;另一方面则是因为古代中国最讲“经”“权”之道,尤重“权”字一诀。这样,要掌握古代中国法制运行的实际状况,要揭示中国传统社会里真实的法律生活,就不能不考察其“狱讼”的现实运作和全部的诉讼文化。

其次,“狱讼”(诉讼)的考察使“中国传统法律文化研究”真正具有“文化”研究的意义。在我们看来,所谓“文化”,它不仅仅是活生生的,而且更是一个社会所有成员共同参与、共同创造的,“法律文化”同样如此。但我们以往的研究大多局限于对中国古代国家制定法的研究,而国家严格说来只是少数社会精英的作为,其中不仅没有广大普通民众的身影,甚至也难见下层胥吏的踪迹,这显然不是中国传统社会里全部的法律生活和真实的“法律文化”。事实上,只有密切关注“狱讼”的实际运作,我们才能真正看到幕友胥吏的作为和下层民众的身影;只有认真考察“春秋决狱”“家族司法”“调解”等特殊的司法形式,我们才能真正发现文人士子的智慧和乡绅耆老的创造;只有分析社会的诉讼新历和诉讼态度,我们才能真正了解一个民族最深层的法律生活理念……我们认为,对法律的“文化”研究和“传统”研究而言,这些都是不可或缺且至关重要的。

最后,还需要指出的一点是,对“狱讼”(诉讼)的考察还将使“中国传统法律文化研究”获得一种“从制度分析转向过程分析”(日本学者棚濑孝雄语)的方法论意义,因为“狱讼”(诉讼)的主要意义就在于它代表着一个社会解决纠纷的过程,而对这种过程的重视可以有效地避免我们将学术视野过分地收敛于制度本身,同时促使我们关注法律现实生活各种主体的积极作用,从而有助于我们去揭示真实的法律和真正的法律生活、法律文化。

以明清时期民事诉讼为主题的学术研究,在国内外学者长期努力下,已经取得了许多令人瞩目的研究成果。比较有代表性的著作是日本著名学者滋贺秀三等人的《明清时期的民事审判与民间契约》,该书中共收集了滋贺秀三、寺田浩明、岸本美绪、夫马进4位学者的10篇专题论文,对清代诉讼制度和司法制度进行了全方位研究。滋贺秀三教授对中国法制史研究颇有独到心得,研究领域十分广泛,其中以清代司法制度研究尤为突出。他继承了马克斯·韦伯对中西司法的类型化划分,[①]他认为,如果将欧洲式诉讼看作竞技型诉讼,那么中国传统的诉讼则是"父母官诉讼"。"州县自理"的民事案件处理则遵循"教谕式调解"的信条,"地方长官凭借自己的威信和见识,一方面调查并洞悉案件真相,另一方面又以惩罚权限的行使或威吓,或者通过开导劝说来要求以至命令当事者接受某种解决。在那里,不存在严格依照某种超人格或无个性的规则以及力图形成或获得这种规则的价值取向,也不存在双方当事者不同主张之间制度化的对决、斗争以及第三者对此判定胜负的结构。审判者与当事者之间所达到的最终解决只是意味着纠纷的平息。"[②]围绕这种教谕式的调解,滋贺秀三进一步分析了州县审断所依据的法律渊源,即情、理、法。州县官听讼判断时首先需要考虑国法的规定,但所有判断都必须根据对国法的解释才能作出这种思想方法,从根本上是不存在,况且引用"法"的过程,事实上也会考虑到"理"与"情",就是明清判语中所谓的"准情酌理"。滋贺秀三认为州县官所依据的"情理",其实"是深藏于各人心中的感觉而不具有实定性,但它却引导听讼者的判断"。[③] "情理"只能理解为一种社会生活中规范性的价值判断,特别是一种衡平的感觉,给予每个当事人各自面临的具体情况以细致入微的考虑及尽可能的照顾,试图全面调整人与人之间的关系。

深受滋贺秀三影响的中国法制史研究的"少壮派"学者寺田浩明教授认为,旧中国实行的几乎是一种彻底的"小政府"政策,国家权力既无积极的意图,实际上也无充分的能力来提供以强制力为后盾的制度装置。所以清代中国社会一旦发生纠纷,国家就显得力不从心。而民间依靠双方或多方的契约以及建立在合意基础上的组织同样不足于提供这样的装置或发挥这样的功能作用。当然,在民事规范的形成、确认或实现以及演化等方面,无论国家还是社会又不是完全无所作为的。"考虑到周围民众的注视以及具体审判可能取得的波及效果,地方官不能采取只要当事者愿意息讼就万事大吉的态度。正是出于这样的考虑,地方官的判决要求一定的规则性,而且个别的审判也要照顾到长期的社会性的一般要素。于是,在民众关注下,地方官通过苦心斟酌而

---

① 马克斯·韦伯的司法类型划分理论将中西司法严格区分:古代中国的司法是以司法官员的非专业化和司法裁判的实质化即"卡迪审判"为特点,西方则是法官职业化和裁判形式化。

② [日]滋贺秀三等:《明清时期的民事审判与民间契约》,王亚新、梁治平编,王亚新、范愉、陈少峰译,法律出版社 1998 年版,第 74 页。

③ 同上书,第 14 页。

提示的判决内容(或者说在法庭上确认的民事规范)往往能够发挥一种整理和统和民间大致存在却有许多微妙矛盾之处的共同感觉这样的作用,从而促进对规范共有状态的确认。”①于是便出现了在寺田论文中所描写的官与民、社会精英与民众之间围绕规范秩序的那种运动式的相互作用过程和复杂多样的情景及对规范所具有的那种“首唱和唱和”的效应模式。②

日本夫马进教授关于明清时代的讼师研究的学术论文,从社会学、经济学的角度清楚地揭示了讼师在明清诉讼制度的安排下,其实是一种不可避免的产物。③ 此篇文章一经发表,便在日本的中国法制史学术圈子内获得了相当高的评价,被认为是近年来不可多得的上乘之作。故此篇论文研究的主题、揭示出来的史实以及作者的观察角度,都有利于我们深化和更新关于明清时期民事审判的认识。

另外,美国学者黄宗智的《民事审判与民间调解:清代的表达与实践》(中国社会科学出版社 1998 年版)一书中,则提出了与日本学界不一样的看法。他从运用西方社会科学研究中颇为流行的“国家—社会”二元模式出发,提出了所谓“国家—第三领域—社会”这一研究模式,并进而得出清代的民事审判和民间纠纷的最终解决是在“国家的审判”和“民间的调停”之间的“第三领域”里完成的结论。正是在界定所谓“第三领域”的基础上,黄氏将“听讼”定性为审判而非调解。在他看来,国家审判是依法判案,民间调解是任意行事。他还通过一系列的统计结果指出:清代“听讼”中由地方官依法做出胜负判决的案件占绝大多数,而无胜负妥协结案的只有一小部分。地方官极少在国家法庭上进行说服调解,而大多数是依照律例当庭做出是非分明的判决。而且,虽然在官府判词中很少看到明文引用正式律例的情况,但只要参照《大清律例》的有关条文,便会发现,律例中隐含的法律原则在事实上得到了体现,地方官是严格依循律例办事的。“一方面,县官是皇帝的代理人和地方百姓的父母官。他像皇帝一样,在地方上行使着绝对和不可分割的权力。在处理民事纠纷时他更明显地可以专断独行。另一方面,县官又处在一个又一个严密

---

① [日]滋贺秀三等:《明清时期的民事审判与民间契约》,王亚新、梁治平编,王亚新、范愉、陈少峰译,法律出版社 1998 年版,第 246~247 页。

② 同上书,第 247 页。

③ 夫马进教授认为讼师产生的必然性在于“采取书面主义和受益者负担原则的诉讼制度”。参见[日]滋贺秀三等:《明清时期的民事审判与民间契约》,王亚新、梁治平编,王亚新、范愉、陈少峰译,法律出版社 1998 年版,第 418 页。

组织起来的官僚阶层的底层。这个官僚体系有着一套行为则例及报告和审查制度。在司法领域里，他的行为还进一步受到成文法律的制约，这些法律中既包括原则性的律文，又有实践性的条例。即使在民事案件中，都有可能上诉和覆审，这也是对他的制衡。县官只是个下级官僚，他必须在已确立的制度中循规蹈矩，以免危及个人的仕途。”①黄宗智的结论是清代的纠纷“要么让庭外的社区和亲族调解解决，要么就是法官听讼断案，依法办事”。② 这就与滋贺氏所提及的，清代地方官判语中很少引用律文，是“情、理、法”在发挥着实际作用，并非那种单纯的“依法办案”形成了强烈对照。但正如梁治平所指出的那样，黄氏的研究最明显的缺陷在于他过分突出和强调了民间调解与衙门裁判二者之间的差异与对立。既然并没有截然对立的二元，第三领域就不存在。

张晋藩教授对清代审判制度的研究在国内学术界影响很大。他分析清代的州县审断依据主要有三点：其一，以礼代律；其二，律例条文；其三，人情风俗。其民事诉讼呈现的特点有：其一，诉讼程序简便；其二，审判方式灵活；其三，司法官员的责任严明；其四，监督机制健全；其五，调解制度具有较大局限性。③

中山大学徐忠明教授对明清州县审断的依据、动机、心态等多方面都有所研究，其使用的材料包括地方志、明清笔记、文学作品等，无论从研究的深度和广度而言，都颇有建树。他分析，尽管传统中国社会存在“无讼与教化的社会”的理想，却面临着“好讼与健讼的社会”现实。④ “即使州县衙门以息讼为理由拒绝受理案件，也非仅仅出于道德与无讼方面的考量，更有可能是因为司法资源的匮乏，乃至司法官员的懈怠。”其结果是明清社会已经出现“诉讼爆炸”的景象。⑤ 在各类诉讼中，“原被告双方和司法官员关心的焦点是如何摆平理顺纠纷，如何和息案件”，因此，“只有在所有调解全部失效的情况下，法

---

① 黄宗智：《清代的法律、社会与文化：民法的表达与实践》，上海书店出版社2001年版，第13页。

② 同上书，“序言”。

③ 参见张晋藩、汪世荣、何敏：《论清代民事诉讼制度的几个问题》，载《政法论坛》1992年第5期。

④ 参见徐忠明：《明清诉讼：官方的态度与民间的策略》，载《社会科学论坛》2004年第10期。

⑤ 参见徐忠明：《娱乐与讽刺：明清时期法律意识的另类叙事——以〈笑林广记〉为中心的考察》，载《法制与社会发展》2006年第5期。

律才会成为司法官员必须认真对待的问题”。[①] 调解乃至和息并非出于道德教化的动机，也有技术层面的困难，州县官“把案件批回民间社会，让他们自行调处解决，以期达到息讼之目的，也就成为一种无可奈何的选择”。[②]

中国古代的商人在长期“重农抑商”的基本国策下，处于非常特殊的地位，古代的法律难免对“士农工商”中处于最末的“商”有“特殊关照”。学者张钧指出：“商人的活动，对于当时社会的政治、经济、文化无不产生或多或少的影响，而其活动方式及其势力消长又无不受到当时社会条件等多方面因素的制约，因而，商贾兴衰演变之轨迹必然能够有助于窥探当时整个社会的全貌。但是，由于政治需要或一些其他的原因，正史中关于‘商’的记载或评价往往过于简单或片面，这就造成了后人的种种误解，以及当今学术研究的偏差或者空白。”[③]因此，对古代商人相关诉讼活动的研究，理所当然应该成为法律史学者重点关注的对象之一。

因此，本书将明清徽商置于官方一贯颂扬的“无讼”意识的传统法律文化的背景下，[④]深入挖掘散见于历史资料保留下来明清徽商参与的各类诉讼活动，以法律社会史学的方法去研究应该是一种全新视角，为进一步拓展对明清徽商的法律文化新的研究领域，弥补法律史学术上的空白，奉献自己一份微薄力量。

---

① 徐忠明：《清初绅士中眼中上海地方司法活动——以姚廷遴〈历年记〉为中心的考察》，载《现代法学》2007 年第 5 期。

② 徐忠明：《娱乐与讽刺：明清时期法律意识的另类叙事——以〈笑林广记〉为中心的考察》，载《法制与社会发展》2006 年第 5 期。

③ 张钧：《明清晋商与传统法律文化》，法律出版社 2006 年版，第 2 页。

④ 此处所指传统法律文化的内涵，受本书研究范围所限，论者只是将研究范围界定在“重农抑商”和“无讼”两个基本主题范围之内，今后的学术目标是进一步拓展对徽商的法律文化研究领域。

第一章　传统法律文化的理想境界——“无讼”

第一节　“讼”的解读

中国古代的法律呈现了诸法合体的现象，现代意义上的诉讼法隐含于这个法律体系之中。根据《周礼》记载：“以两造禁民讼”，“以两剂禁民狱”。郑玄注曰：“讼，谓以财货相告者”，“狱，谓相告以罪名者”。可见西周时，诉讼活动已有民事诉讼与刑事诉讼的初步划分。① 由于中国古代的法律体系以刑法为主，必然导致以刑事诉讼为主的诉讼法结构，但民事诉讼从很早开始就大量地存在并不断地发展、完善。②总的来说，在中国古代司法制度中，刑事诉讼与民事诉讼在形式上无明显区分，只是在程序与原则上存在差异，如在刑事诉讼中，司法官吏必须严格依法断罪，否则即应承担相应的法律责任；在民事诉讼不要求严格依法裁断，司法官吏可依法、礼、习惯审理，或调处

---

① 参见张晋藩主编：《中国司法制度史》，人民法院出版社 2004 年版，“绪论”第 3 页。

② 张晋藩先生认为：中国古代民事诉讼制度的发展可以分为几个阶段：(1)民诉与刑诉的初步阶段——两周；(2)民事诉讼的奠基——秦汉隋唐；(3)民事诉讼制度的发展——宋明清。参见张晋藩：《中国古代民事诉讼制度通论》，载张中秋、李鸣主编：《未已集——张晋藩先生教研五十周年纪念》，南京大学出版社 2000 年版，第 15～31 页。

解决民事纠纷,一般不存在上诉问题。①

一、“讼”的内涵

历代学者对“讼”字有多层次的解读,具体如下:《易经·讼卦》上乾下坎。“讼,言之於公也,讼为争讼之意。坎为险陷,乾为刚健,喻人若内怀险陷之心,而外有刚健之行,乃致讼之道。”吕绍刚分析认为:“讼,有孚窒惕中吉。终凶。利见大人,不利涉大川。”其中心的意思是息讼,戒惕谨慎,能不争讼便不争讼。迫不得已非争讼不可时,亦须保持冷静不过激,这样便可得吉。上九有终极其讼之象,故曰“终凶”。把争讼进行到底,无论胜诉败诉,皆凶。“利见大人”,须由有德有位的权威人物听讼,这是息讼的保证。初六……争方初起,问题尚小,尽力妥善解决,不把争执坚持下去,这是最好的。②

《论语·公冶长》:“已矣乎!吾未见能见其过而内自讼者也。”《广雅释诂》的解释:“讼,责也。”“自讼”即为“自责”“自省”的含义,有道德评判的因素。

《说文解字》对于“讼”字的解释为:“讼,争也,从言从公。”《易·序卦》“饮食必有讼”,郑注:“讼,争也”。此处,“讼”与“争”的内涵一致。

《周礼·秋官·大司寇》记载大司寇之职为“以两造禁民讼”,“以两剂济民狱”。郑注:“讼,谓以财货相告者”;“狱,谓相告以罪名者”。由此,大司寇一职就是管理两造争讼的。“以财货相告者”这类情况中的案件纠纷,即可视为现代法学语义中的民事诉讼。

在通常情况下,古人在使用“讼”字时,就是以“争”的含义来解释,对诉讼的行为不予赞赏,甚至持否定态度。了解“讼”字的内涵,有助于我们分析中国古代对于争讼采取的态度的深层原因。同时,也能够更好地理解中国古代诉讼制度的基本程序。

二、先秦诸子对“争讼”的态度

中国古代的主要思想流派——儒家、法家、道家,实质上都不赞成争讼,对于其希望达到的理想社会生活状态都认为要“不争”。

《老子》曰:“不尚贤,使民不争。不贵难得之货,使民不为盗。不见可欲,

---

① 参见张晋藩主编:《中国司法制度史》,人民法院出版社2004年版,“绪论”第3页。

② 参见吕绍纲:《周易阐微》,吉林大学出版社1990年版,第238页。

使民心不乱。是以圣人之治,虚其心,实其腹,弱其志,强其骨,常使民无知无欲。"对于老子来讲,世界上珍奇、贵重的宝贝都是人们产生邪念的根源,所以,"使民不争"成为他对人们生活状态的初始考虑。而对于统治者来讲,他们的治理就是实现这种状态的手段。对于统治者的品德,老子描述:"上善若水。水善利万物而不争,处众人之所恶,故几于道。居善地,心善渊,与善仁,言善信,政善治,事善能,动善时。夫唯不争,故无尤。"在老子看来,至善的美德和水一致,润泽万物而不争。在道家的思想中,统治者同样要遵循这样的天道,才能达到"后其身而身先"的目的。由此,道家的"不争"思想涵盖了整个理论体系的不同适合层次,这个要求是全面的。

法家思想比较注重对人的控制。商鞅从人类社会的原初构想开始,对社会管理的合理性作出了讨论:

天地设而民生之。当此之时也,民知其母而不知其父,其道亲亲而爱私。亲亲则别,爱私则险。民众,而以别、险为务,则民乱。当此时也,民务胜而力征。务胜则争,力征则讼,讼而无正,则莫得其性也。故贤者立中正,设无私,而民说仁。当此时也,亲亲废,上贤立矣。凡仁者以爱利为务,而贤者以相出为道。民众而无制,久而相出为道,则有乱。故圣人承之,作为土地、货财、男女之分。分定而无制,不可,故立禁;禁立而莫之司,不可,故立官;官设而莫之一,不可,故立君。既立君,则上贤废而贵贵立矣。①

商鞅认为,人们之所以需要制度、国家、王者的管理,其原因就是人性中"爱私"的缺陷。人性的这个问题会导致"乱",进而"争""讼"。这时候就需要一位"贤人"制定制度、设立官职、为君主,这样社会才能有序。从今天的角度来看,无论我们认为这个理论是否合理,但是这段史料恰恰解释了法家思想的理论根源——为了遏制纷争、克服人性的弱点才建构了法家思想。从这个部分可见,法家的制度就是为了遏制"争"而设立的。为了实现这个目标,法家提出了"去私"。

是故先王知自议誉私之不可任也,故立法明分,中程者赏之,毁公者诛之。赏诛之法,不失其议,故民不争。不以爵禄便近亲,则劳臣不怨;不以刑罚隐疏

---

① 《商君书·开塞》。

远，则下亲上。故授官予爵不以其劳，则忠臣不进；行赏赋禄不称其功，则战士不用，凡人臣之事君也，以主所好事君。君好法，则臣以法事君；君好言，则臣以言事君。君好法，则端直之士在前；君好言，则毁誉之臣在侧。①

“去私”是社会不同阶级都能共同接受的治理思想，为了实现“去私”就要依靠“法”。

孔子在心目中描绘的大同社会是，“大道之行也，天下为公，选贤与能，讲信修睦。故人不独亲其亲，不独子其子。使老有所终，壮有所用，幼有所长。矜寡孤独废疾者，皆有所养。男有分，女有归。货恶其弃于地也，不必藏于己。力恶其不出于身也，不必为己。是故谋闭而不兴，盗窃乱贼而不作。故外户而不闭，是谓大同”。② 孔子的理想社会排除了人与人的争端，真正实现其“仁”“礼”的治国思想。

至于如何实现理想的社会，先秦诸子都阐述了不同的途径和方法。《老子》云：“绝圣弃智，民利百倍。绝仁弃义，民复孝慈。绝巧弃利，盗贼无有。”③商鞅认为：“故以战去战，虽战可也；以杀去杀，虽杀可也；以刑去刑，虽重刑可也。”④孔子说：“乐至则无怨，礼至则不争。揖让而治天下者，礼乐之谓也。”⑤虽然在途径上出现了分歧，但是可以看出，他们最终要实现的社会理想是相同的，是“不争”的状态。

三、“争讼”的弊端

对于争讼的弊端在中国古代有多角度的阐述，除了记载争讼繁多的史料外，很多官员从成因寻找解决之道，强调争讼对人的负面影响。

对于争讼的弊端，清人裕谦在《戒讼说》中从人性、财产、健康等十个方面作出了最为全面的总结：

讼则终凶，还多不测。……特将戒讼十条录示于后，而民其慎思之，毋负谆谆告诫之意。

---

① 《商君书·修权》。

② 《礼记·礼运》。

③ 《老子·第十九章》。

④ 《商君书·画策》。

⑤ 《礼记·乐记》。

一曰坏心地。大抵好讼者,不论理之曲直,徒欲口气压人,以智胜人,不胜则忿心愈炽。投讼师造机关,颠倒是非,以求必胜,甚或挟嫌图诈,牵砌多人,以致无辜拖累,此讼之足以坏心地。

二曰耗赀材。事无论大小,一经官府茶坊酒肆离他不得,亲友顾问慢他不得,胥役皂隶少他不得,以数年之积蓄,不够一案之花销,官司未定,家赀已破,此讼之足以耗财。

三曰误正事。士农工商各有正务,苟涉讼,身不自由,抛家失业,即有不容已之事,亦因以停搁,此讼之足以误正事。

四曰伤天伦。父子兄弟夫妻至爱,或意见不合,而相责备,或钱财费多,而相怨尤,或事涉牵缠,或株连坐累,此讼之足以伤天伦。

五曰致疾病。思虑伤心,忿怒伤肝,饥渴伤脾,忧郁伤肺,警恐伤肾,走伤血,立伤骨,多言伤气,以致朝行露宿,冒暑冲寒,种种受伤,一时从集,此讼之足以致疾病。

六曰结怨毒。谚云冤家宜解不宜结,不讼则冤怨犹或可解;讼则亲情友谊顷刻顿忘,彼此报复无有穷已,此讼之足以结怨毒。

七曰生事变。公门出入之人,大都好生事端,幸我有事可以渔利,或暗中搬唆,或乘机挑唆,往往事中生事,此讼之足以生事变。

八曰损品望。人无品望者,更历讼事,弥增狡猾,以曲为直,投吏胥觅证佐,所不屑与言者与之言,所不屑与交者,与之交,此讼之足以损品望。

九曰招侮辱。官府廉明,自无枉断,而终讼必凶。尝见好讼人受呵叱,受笞杖,受罚赎,甚而受胥皂之辈恶言相加,意气陵逼,至极不堪,试设身处地,则知气死不要告状,真名言也,此讼之足以招侮辱。

十曰失家教。善教家者,曰仁、曰义、曰礼、曰智、曰信。人既好讼,则居心刻薄,非仁也;事理失宜,非义也;挟怨忿争,非礼也;倾赀破产,非智也;欺诈百出,非信也。家人妇子之见闻,无非恶习,而欲其内外和顺,不至悖常而吧乱德,决无是事,此讼之足以失家教。①

裕谦的总结相当全面地体现了中国古代官员对诉讼的态度,在他们的观念中诉讼就是费时、失业、损人品的事务,并通过这些告诫希望人们不要轻易地涉足诉讼事务。

① (清)徐栋辑:《牧令书》卷十七,道光刻本。

第二节 “无　　讼”

中国古代对于和谐社会秩序的追求,使整个社会理想首先就要求杜绝“争”。相反,“讼”是“争”在司法领域的行为表现,“讼”和“争”可以导致终极社会理想的破坏。所以,中国传统文化中关于“讼”的态度是一直而明确的,即反感的态度。《荀子·宥坐》载:“孔子为鲁司寇,有父子相讼者,孔子拘之。三月不别,其父请止,孔子舍之。”这个案例使我们自然而然地联想到孔子的名言:“听讼,吾犹人也。必也使无讼乎!”意思是说:我虽像别的法官一样审理各种纠纷,但我追求的是人间根本没有纠纷的境界。“无讼”正是中国古代正统法律思想的体现,是法律的终极价值取向,[①]也是统治者永久追求的理想统治状态。“无讼”是一个“几千年的中国梦”。[②]

一、“无讼”理论的发展

古代中国人由天道—自然—和谐的信仰出发,创造出一套与众不同的价值体系。在处理纷繁的人际关系时,他们把宇宙的和谐奉为楷模,力图创造一个合乎自然的社会。在他们看来,这不仅是必要的,而且也是可能的。因为,人道与天道并非全无干系,它们相同乃至相合,天道就在人心之中,并且是人间全部道德的最后依据。人依其天性而生活,理想中的和谐社会就一定能够实现。自然在经验的层次上,这些内在的信念,这一套有关和谐的“玄学”,实际表现为一套关于礼、乐的理论和制度。后者又蕴含在全部的社会制度(当然也包括法律制度)中,渗透在几乎每一个人(当然也包括被统治者)的观念、

---

① 美国法学家庞德认为,“价值问题虽然是一个困难的问题,但它是法律科学所不能回避的。即使是最粗糙、最草率的或最反复无常的关系调整或行为安排,在其背后总有对各种互相冲突和互相重叠的利益进行评价的某种准则。这种准则可能仅仅是保持和平。它可能是保持社会现状。它可能是促进最大限度的自由的个人自我肯定。它可能是一个占统治地位的社会或经济阶级或是争取成为统治地位的阶级的自我利益的实施。它可能是维护和加强一个已经确立的政治组织的权力。如果在有些时候和有些地方,这些价值准则是或多或少无意识地被树立起来的话……所有这些都标志着法律科学的不同时期,因为在每一种场合,人们都使用各种价值准则适应当时的法学任务,并使它们符合一定时间和地点的社会理想。”参见[美]罗斯科·庞德:《通过法律的社会控制》,沈宗灵译,商务印书馆2010年版,第62~63页。

② 范忠信等:《情理法与中国人——中国传统法律文化探微》,北京大学出版社2011年版,第193页。

心态里面。正是这些东西从根本上决定了古代中国人对诉讼的态度。[①]

在儒家典籍中所极力颂扬的尧舜时代，就是“无讼”的美好社会，作为儒家推崇的贤君的垂范——舜本人就是一位息讼止争的能手。《史记·五帝本纪》载“历山之农者侵畔，河滨之渔者争坻”时，为了彻底解决双方纠纷，舜亲自耕于历山一年，亲自渔于雷泽一年，在其言传身教的影响下，最终使“历山之农皆让畔，雷泽之人皆让居”，由此得到了尧的赏识，将王位禅让给舜。儒家极力赞扬的另一古代贤君——周文王在治理西岐时，“笃仁、敬老、慈少、礼下贤者”，流风所及，境内“耕者皆让畔，民俗皆让长”，“民和睦、颂声兴”，甚至各个诸侯有纷争，都前来周国“决平”。[②] 成康之治之所以被史书溢美，主要就是“天下安宁，刑措四十年不用”。

古人相信一点，完善的东西不容触及和重塑，而是要顺其自然。自然的即完善的，自然的即和谐的，正因如此，对待世事的最好态度就是无为，落脚在具体的诉讼活动上即“无讼”。这不但是道家的学说，也是法家和儒家据以塑造其理想的思想基础。归根结底，都是想要回归宇宙原初的和谐，因为他们认为这是最完美的。

道家设计的途径是“无为而治”。老子认为自然宇宙的最初状态是最美好、最和谐的社会，德、仁、义、礼、刑渐次出现，[③]说明符合自然原初最和谐的社会关系受到了严重破坏，因此人类若要恢复最初美好的人际状态，就必须摒弃乱世象征的仁义道德和政刑律令，效法自然，道本无为。无为是最理想的治国之道，“我无为而民自化，我好静而民自正，我无事而自富，我无欲而民自朴”。[④] 当然，老子的“无为而治”并不是要求统治者无所事事，而是反对统治者恣意妄为，主旨即“不扰民”，“治大国若烹小鲜”，为政不要过多扰民，不要多事。老子追求的理想社会是“小国寡民”[⑤]的状态。人民无欲无知，人与人之间相安无事，无争无讼，社会秩序不用强制手段来为维持，这样法律和刑罚

---

① 参见梁治平：《寻求自然秩序中的和谐——中国传统法律文化研究》，商务印书馆2013年版，第213页。

② 《史记·周本纪》。

③ 《老子·道德经》载：“故失道而后德，失德面后仁，失仁而后义，失义而后礼。夫礼者，忠信之薄，而乱之首。”

④ 《老子·道德经》。

⑤ “小国寡民，虽有什佰之器而不用，使民重死而不远徙。虽有舟舆，无所乘之，虽有甲兵，无所陈之。使民复结绳而用之。甘其食，美其服，安其居，乐其俗。邻国相望，鸡犬之声相闻，民至老死不相往来。”

自然就不需要了。庄子更极端地发展了老子“无为而治”的思想，主张绝对无为，认为无为绝对好，有为绝对坏，仁政或暴政、王道或霸道都是有为政治，万万要不得。其猛烈地抨击儒法及名家：“赏罚利害，五刑之辟，教之末也；礼法度数，刑名比详，治之末也。”①同时，其主张取消一切文明制度，使人类回归绝对自然，与鸟兽草木融为一体，过着自由自在的生活。老庄“无为而治”的思想中体现了对乱世现实的厌恶和对美好理想社会的向往。老庄设计的方案可以图示如下。

(法自然·本道)无为→无讼(和谐·复归自然)②

法家设计的途径是“以刑去刑”。法家素来以严刑少恩而著称，通过“法治”实现“无刑”，则是商、韩法家心目中的理想国，走的是“以刑去刑”“杀刑之反于德”的特殊道路。商鞅曰：“治国刑多而赏少，故王者刑九而赏一，削国赏九而刑一。夫过有厚薄，则刑有轻重；善有大小，则赏有多少。此二者，世之常用也。刑加于罪所终，则奸不去；赏施于民所义，则过不止。刑不能去奸而赏不能止过者，必乱。故王者刑用于将过，则大邪不生；赏施于告奸，则细过不失。治民能使大邪不生、细过不失，则国治。国治必强。一国行之，境内独治。二国行之，兵则少寝。天下行之，至德复立。此吾以杀刑之反于德而义合于暴也。”③韩非发展了商鞅重刑的理论，他强调：“公孙鞅之法也，重轻罪。重罪者，人之所难犯也；而小过者，人之所易去也。使人去其所易，无离其所难，此治之道。夫小过不生，大罪不至，是人无罪而乱不生也。一曰：公孙鞅曰：行刑重其轻者，轻者不至，重者不来，是谓以刑去刑。”④法家重刑是为了去私，使民无争，将刑、赏二柄作为实现这一目标最有效的手段。商韩设计的方案可以图示如下。

以刑(重刑)→去刑(无讼)

---

① 《庄子·天地》。
② 参见张中秋：《中西法律文化比较研究》，南京大学出版社1999年版，第328页。
③ 《商君书·开塞》。
④ 《韩非子·内储说上七术》。

儒家设计的途径是“修礼复仁”,在某种意义上也是对后世影响最大的理论。[①] 孔、孟所谓的“仁”或“仁政”实质上就是指天下安宁、和谐的“大治”社会,都以“刑措”(因民无纷争和犯罪而刑罚搁置不用)为标志。孔子为政的目标是“必也使无讼”,唯有通过“修礼”,提倡人人“克己复礼”,[②]才能实现和谐、无争的治世。孟子继承并发展了孔子的“仁学”思想,将之运用于政治上,建构了“仁政”理论。孔、孟儒家设计的方案可以图示如下。

修礼→复仁→无讼(刑措·治世)[③]

汉代以后,公羊学大师董仲舒汲取了殷商以来的天命观和阴阳五行学说,暗合了法家的重刑思想对先秦孔孟之道的着力改造,开启了法律儒家化[④]的历程;先秦时期对立的儒家和法家逐步合流,即“阳儒暗法”的帝国官方主流意识形态最终确立,无论是通过儒家道德教化来“使民无讼”,抑或采取法家严刑峻法来“使民无讼”,总之,反对诉讼和压制诉讼成了传统中国法律文化的基调,[⑤]也逐步演化成后来帝国官方的立法活动和司法实践的指导思想,“安民之道,首先息讼”[⑥]也成为历代司法官员处理民事纠纷与诉讼的基本原则。如西汉韩延寿为太守,“有昆弟相与讼田自言”,延寿认为这是自己“不能宣明教化,至令民有骨肉争讼。既伤风化,重使贤长吏、啬夫、三老、孝弟受其耻”,遂“入卧传舍,闭阁思过……令丞啬夫三老亦皆自系待罪,于是讼者宗族传相责让,此两昆弟,深自悔,皆自髡肉袒谢,愿以田相移,终死不敢复争”。

---

① 梁治平指出:“要切实探究在中国历史上浸淫绵延两千余年的无讼观念的具体形态,必须特别重视儒家的理论。如果说,老子的思想使我们可以更好地从哲学上把握无讼观念的话,那么,儒家的学说则为历史上的无讼观念及其实现提供了极好的说明。”参见梁治平:《寻求自然秩序中的和谐——中国传统法律文化研究》,商务印书馆2013年版,第189页。

② 《论语·颜渊》:颜渊问仁。子曰:“克己复礼为仁。一日克己复礼,天下归仁焉。为仁由己,而由人乎哉?”颜渊曰:“请问其目。”子曰:“非礼勿视,非礼勿听,非礼勿言,非礼勿动。”

③ 参见张中秋:《中西法律文化比较研究》,南京大学出版社1999年版,第329页。

④ 法律儒家化是中国法律思想史的一个重要命题,对此问题研究可参见瞿同祖:《瞿同祖法学论著集》,中国政法大学出版社1998年版,第361~381页。张晋藩:《中国法律的传统与近代转型》,法律出版社2005年版,第17~21页。

⑤ 参见徐忠明:《众声喧哗:明清法律文化的复调叙事》,清华大学出版社2007年版,第183页。

⑥ (清)董沛撰:《汝东判语》卷一《刘金元呈词判》。

自此以后，属下“遍二十四县莫复以辞讼自言者”。[①]

东汉吴佑为胶东相时，“民有争讼者，辄闭阁自责，然后断其讼，以道譬之，或身到闾里重相和解，自是之后争隙省息，吏人怀而不欺”。[②]

清代陆陇其出任知县时，有兄弟为争财产讼于县衙。陆陇其不用正常的诉讼程序，“不言其产之如何分配，及谁曲谁直，但令兄弟互呼”，“此唤弟弟，彼唤哥哥”，“未及五十声，已各泪下沾襟，自愿息讼”。陆知县在判词中写道：“夫同声同气，莫如兄弟，而乃竟以身外之财产，伤骨肉之至情，其愚真不可及也。……所有产业，统归兄长管理，弟则助其不及，扶其不足。”[③]

收录在清代知县蓝鼎元《鹿州公案》中兄弟争产相讼一案例最经典。陈氏兄弟为争夺父亲遗田产七亩，相诉于县。蓝鼎元先令将兄弟二人拘押一室。开始二人相背而坐，三四日后相对叹息。蓝鼎元又将其兄弟二人各所生二子拘来，令各送一子去养济院，以防将来争产。至此二人叩头号哭，请求息讼，表示愿让田与对方。鉴于“为兄则让弟，为弟则让兄”，蓝鼎元最终判决：“今以此田为汝父祭产，汝兄弟轮年收租备祭”。兄弟“悉欢欣感激，当堂七八拜致谢而去”。

由此可见，在崇尚和谐的传统社会中，理想社会的标志是“刑措”“无讼”。民风淳厚，人人揖让有序，法律自可以束之高阁。而争讼、健讼之风的兴起，则成为人心不古的征兆。熟读圣贤经书的司法官们一方面力所能及地运用道德教化手段解决纠纷，以达到和息争讼的效果；另一方面丝毫不加掩饰他们内心对于词讼的厌恶之情，所辖民众争讼不止，被认为是地方长官自身德化不足和缺乏政绩的表现。曾任浙江淳安县令的明代著名清官海瑞，有过这样一番议论：

淳安县词讼繁多，大抵皆因风俗日薄，人心不古，惟己是私，见利则竞。以行诈得利者为豪雄，而不知欺心之言；以健讼得胜者为壮士，而不顾终讼之凶。而又伦理不惇，弟不逊兄，侄不逊叔，小有蒂芥，不相能事，则执为终身之撼，而媒孽讦告不止。不知讲信修睦，不能推己及人，此讼之所以日繁而莫可止也。

诉讼之兴，总被认为与教化不兴、奸邪滥行相联系，因而畏讼、鄙讼、贱讼

① 《汉书·韩延寿传》。

② 《后汉书·吴佑传》。

③ 《陆稼书判牍·兄弟争产之妙判》。

成为官方弘扬的一种社会价值观念。正如山西进士王发越《劝民歌》劝诫百姓不要轻易争讼：

劝尔民，莫轻斗，凡是情理要讲究。人能忍耐自安然，何苦与人结冤仇。休使气，莫逞酒，常言相打无好手。君子不辞唾面羞，英雄也受袴下辱。身体本是父母生，为人岂不惜皮肉？一朝犯法坐监牢，身家性命都难守。自古吃亏讨便宜，那个凶人得长久？劝尔民，莫轻斗，得罢休时且罢休，想前思后。

劝尔民，莫轻讼，有甚冤枉到公庭？邻里口角寻常事，钱债田土有公平。一张纸，进衙门，纵使官清吏不清。莫道官事容易打，废时失业又担惊。若听讼棍来唆拨，代作呈词教上控。诓得银钱到了手，不管曲直与输赢。直到身家吃苦累，那时方悔受愚弄。劝尔民，莫轻讼，乡党都是好亲朋，有甚相争？①

山东曲阜孔庙碑刻“忍讼歌”的描述，更为生动：

世宜忍耐莫经官，人也安然己也安然。
听人挑唆到衙前，告也要钱诉也要钱。
差人奉票又奉签，锁也要钱开也要钱。
行到州县细盘旋，走也要钱睡也要钱。
约邻中证日三餐，茶也要钱烟也要钱。
三班人役最难言，审也要钱和也要钱。
自古官廉吏不廉，打也要钱枷也要钱。
唆讼本来是奸贪，赢也要钱输也要钱。
听人诉讼官司缠，田也卖完屋也卖完。
食不充足衣不全，妻也艰难子也艰难。
始知讼害非浅鲜，骂也枉然悔也枉然。

理想的社会必定是人们无争的社会；争讼乃是绝对无益之事；政府的职责以及法律的使命不是要协调纷争，而是要彻底消灭争端。为了做到这一点，刑罚是必要的，但更重要的是教化。要利用所有的机会劝导人们，以各种方式开

① 道光《巨野县志》卷二三·风俗，载本社编选：《中国地方志集成·山东府县志辑》（第83册），凤凰出版社2004年版，第515页。

启他们的心智，使之重返人道之正。[①] 因为古代的法律，就其本质而言，并非是正常社会生活必需的一部分。我国古代法律，也像其他制度一样，服从于文化的根本追求，乃是实现社会“绝对和谐”的手段，法律设施被建立来究治违礼的行为，官司的职责便不仅是明辨曲直、扬善惩恶，还是要教民息讼、使民无讼，从根本上消灭狱讼之事。

二、“无讼”的成因

古代统治者总是自觉地扮演自然秩序维护者的角色，他们相信，自然秩序本身是和谐的，这种和谐源自道德秩序，灾变则是表明这种和谐遭到破坏的异兆。统治者能够通过自己顺天的行为去影响外部世界的变化，也能够通过教化和刑罚，通过发掘人心中所固有的“道”“理”恢复业已遭到破坏的和谐。

在这里，和谐乃是传统文化的最高价值，也是最高统治者的职责所在。一切文化的设计观念、行为、价值、体制全都围绕这个核心：个体没有独立自在的价值依据，私利、私欲也不曾获得文化上的认可；最高的理想是大公无私，现实的努力是使民不争；法律不是人们提出其主张的依据，而是统治者维护自然秩序的一种手段；诉讼活动是不可避免的，但这一切都在“无讼”的理想指导下展开的；息讼和和解是恢复和谐的好办法，但这并不妨碍疾恶如仇的法官对悖理的行为严加处断。惩恶扬善原是他们的职责所在，而以熟读经书、对圣贤教诲了然于心的读书人治理国家，又可以说适得其所。在这里，法律只是惩恶于后，因此只具有否定的价值，它又因此不能够成为一种正当行业；没有法学家，也没有律师；讼师与地棍被视为一类，教唆词讼更是严重罪名；杀戮的行为被安排在萧瑟肃杀的季节，灾变与异兆又往往成为清理狱讼、减免刑罚的理由……所有这一切，都源自古代中国人独特的宇宙观，源自天道和谐的观念，源自古代中国人对于自然和谐的不懈追求。[②] 天道本和谐，因此人道亦平和。倘有人涉身于冲突，那必是偏离了人道，偏离了人道所本的天道。政府，乃至整个社会的责任，就是要通过教化，通过劝说，也通过警诫，使他们返人道之正，以便维持好整个社会的和谐。这样的态度与做法，不但构成了我们这个民族的文化性格，而且也构成了中国古代法的出发点。

---

① 参见梁治平：《寻求自然秩序中的和谐——中国传统法律文化研究》，商务印书馆2013年版，第213页。

② 同上书，第346页。

在社会关系的领域,中国古代的和谐观念演化为一个具体原则,那就是“无讼”。按照“争财曰讼”的说法,无讼的前提是不争,而这正是我们的先人极欲实现的理想。在中国历史上,这样的理想固然不曾实现过,但是人们也从来没有放弃过实现这样理想的努力。这不只是因为大家相信曾经有过一个合乎这样理想的社会,更是因为在当时人的心目中,这样一种理想还有形而上的依据。人道源自天道,而天道更是自然而且和谐的。从这样的立场出发,争以及因争而起的冲突就成为一件绝对的坏事。因此在出现冲突的场合,重要的事情不是协商冲突的双方,使其行为合于法律,而是彻底地消弭冲突,使之无由发生。同样,法律的作用不是为人们满足私利提供合法渠道,恰恰相反,它是要尽其所能抑制人们的私欲,最终达到使民不争的目的。自然,这一切首先是在礼的名义下,依循礼的原则进行的。于是,法律的适用变成了教化和警诫,无讼的理想化而为息讼的努力,这正是中国古代法的特异之处,也是古代社会人际关系中和谐观的真实内蕴。①

官方颂扬“无讼”的主流意识,那么“无讼”的价值观产生的深层根源②是什么?张晋藩先生对此问题进行了详尽的分析。③

(一)社会根源

中国古代社会结构的显著特点是家与国的一体化。这种独特的社会结构起源于国家的形成时代,随着宗法农业生产方式的确立而得到加强。这种结构导致了“国政”的原型实际上是“家务”,家长父权制也被引入行政领域,君是君父,官为父母官,诉讼为“父母官诉讼”。如同日本法制史学者滋贺秀三

---

① 参见梁治平:《寻求自然秩序中的和谐——中国传统法律文化研究》,商务印书馆2013年版,第200页。

② 无讼的法律传统与古代社会法律运作的多元格局关系极为密切。我国台湾地区学者戴炎辉先生认为,秦汉大一统后,两千年治乱相循,独能屹立不灭者,为乡村、里坊与宗族。在法律运作的形式上,朝廷及地方政府因为力量有限,仅能掌握兵马、财政、户婚、田土及重犯惩罚等重要事项。至于地方治安、微罪处罚、农桑、工贾及轻微民事争执(钱谷、田土、户婚)等项,大率委任地方自治及调处。地方治安除保甲外,多放任人民自行组织,家族、宗族、乡党等地缘团体便是地方治安的基础。民间细故,官既不过问,民又不愿告官,造成放任的地方自治。公刑罚(国法)并未完全垄断惩罚权,诉讼程序上,官方受理告诉后,常有批示当事人就宗族、邻里、行郊或一般公亲人的调处,私人和息,亦准销讼。民间有争执,告官往往是最后手段。公刑罚虽确立,但并未排斥宗族、乡里、行郊的裁决或调处。其裁判间亦有处以死刑、肉刑及其他私刑。一般而言,非至死刑或肉刑,官亦予默许。参见戴炎辉:《中国法制史》,台湾三民书局1987年版,第138~139页。

③ 此处论述参见张晋藩:《中国法律的传统与近代转型》,法律出版社2005年版,第279~283页。

所说:“探索中国诉讼原型,也许可以从父母申斥子女的不良行为、调停兄弟姐妹间的争执这种家庭的作为中来寻找。为政者如父母,人民是赤子,这样的譬喻自古以来就存在于中国的传统中。事实上,知州、知县就被呼为‘父母官’、‘亲民官’意味着他是照顾的一个部分和一个方面而对人民施与的,想给个名称的话,可称之为‘父母官诉讼’。”①

不仅如此,宗法时代所提倡的以血缘为纽带的聚族而居和世代毗邻的地缘关系,特别是农业社会的经济结构,使社会成员如同生活在一个大家庭中,枝蔓相连,很少流动,再加上儒家伦理道德学说的渗透与潜移默化,形成了和睦共处、和谐无争的生活准则,以致发生纷争很少诉诸法律和求助于官府,而是寄希望于纲常礼教的德化作用和族长邻里的调解功能。如同法国勒内·达维德在《当代世界主要法律体系》一书中所说:“他们处理与别人的关系以是否合乎情理为准则,他们不要求什么权利,要的只是和睦相处与和谐。”②在这种思想的笼罩下产生了“以讼为耻”的心理状态。当代美国学者德尔克·波德在研究了中国法律传统后指出:“传统认为,兴讼是道德败坏的标志,而这些人(讼师)就明显地被视为社会稳定的敌人。”③可见,中国古人是由重情而厌讼贱讼,由畏惧舆论谴责而厌讼贱讼。

此外,“法者刑也”的法律观以及由诉讼而带来的无穷讼累,也使人们视诉讼为畏途。在这种情况下,“父母官”以求得和谐为目的的调处,自然受到欢迎。可以说无讼的价值取向,是传统中国的自然农业与社会结构以及现实政治的需求相契合的结果。

(二)思想文化根源

无讼的价值取向也是以中国传统文化深厚的积淀为基础,中国古代的文化崇尚和谐。如同儒家所说:“礼之用,和为贵。”老子的著名论断“人法地,地法天,天法道,道法自然”,也是赞美和谐的。而无讼不过是和谐的家族、和谐的社会在司法上的要求和反映。在自然农业经济生活里成长起来的中国人,一方面表现为对自然的依赖;另一方面也形成了重视群体力量、借以同自然抗争的观念,由此而产生了中国人重和谐的内在要求。

---

① [日]滋贺秀三等:《明清时期的民事审判和民间契约》,王亚新、梁治平编,王亚新、范愉、陈少峰译,法律出版社1998年版,第16页。

② [法]勒内·达维德:《当代主要法律体系》,漆竹生译,上海译文出版社1984年版,第487页。

③ 《清律中的老小废疾》,见 *On Chinese Legal Tradition*(论文集)。

就法律文化而言，中国古代的法律虽以刑为主，但刑罚并不是终极目标。《周礼》所注重的是“刑期五刑，辟以止辟”。法家所主张的是“以刑去刑”，无非是借助刑的手段去实现和谐的无讼的世界。特别是孔子所宣扬的“仁者爱人”“己欲立而立人，己欲达而达人”“己所不欲，勿施于人”的忠恕之道，既反对又鄙视为争而讼。他所主张的“无讼”，是以“贱讼”为前提的，这是儒家理论体系的内涵。伴随着中国封建法律儒家化过程的完成，统治者深知普遍的和谐与稳定，不单是依靠法律与权利义务关系的平衡所能取得的，还需要借助崇礼重德的厚重的中国文化，因此大力提倡兴教化、重人伦、厚风俗、明礼义。统治者在实际的执法施政中积极主张息讼、止讼，以致诉讼在中国古代人的心目中日益变成为礼所不容、为贤者所不肖的卑陋行为。在古代，同时也出现了大量劝诫人们勿轻于涉讼的文章和判词。例如，宋人胡石壁在“妄诉田业”一案的判词中指出：“词讼之兴，初非美事，荒废本业，破坏家财，胥吏诛求，卒徒斥辱，道涂奔走，犴狱拘囚。与宗族讼，则伤宗族之恩；与乡党讼，则损乡党之谊。幸而获胜，所损已多；不幸而输，虽悔何及。故必须果报冤抑，或贫而为富所兼，或弱而为强所害，或愚而为智所败，横逆之来，逼人已甚，不容不鸣其不平，如此而后与之为讼，则曲不在我矣。”宋人在《戒讼录》中还以歌谣的形式，劝诫人们不要涉讼：“些小言辞莫若休，不须经县与经州，衙头府底陪茶酒，赢得猫儿卖了牛。”明时，著名思想家王守仁在《禁省词讼告谕》中说：“近据南昌等府州县人等，诉告各项情词到院，看得中间多系户婚田土等事，虽有一二地方重事，又多繁琐牵扯，不干己事，在状除情可矜疑者，亦量轻重准理，其余不行外。……一应小事，各宜含忍；不得辄兴词讼。不思一朝之忿，锱铢之利，遂致丧身亡家，始谟不臧，后悔何及。……若剖断不公，或有亏枉，方许申诉，敢有故违，仍前告扰者，定行痛责，仍照例枷号问度，决不轻贷。”清代康熙帝还作“圣谕十六条”，以最高的权威告诫国人“……和乡党以息争讼，明礼让以厚风……讲法律以警顽……息诬告以全良善……解仇忿以重身命”。

（三）政治根源

在封建专制国家的统治下，对秩序和稳定的追求永远是根本目标之一。以无讼为法制建设的价值取向，突出地体现了这一点。由于诉讼所涉及的绝不只是双方当事人个人，而常常是一家一族，甚至更多的人都被卷入。胜诉者固然得遂己愿，败诉者也绝不甘心，以致有的诉讼几代未结。这就造成了社会关系的紧张和社会秩序的动荡。因此，统治者宁愿将“细事”之类的争讼，化解于公堂之外。

由于诉讼必然要耽误生产，影响生活，甚而造成家破人亡，流离失所，既影响了国家的赋税收入，而且还极有可能使流离者补充到流民大军中去，这是封建统治者所深忌的。为避免讼累所造成的社会不安因素，于是奖励息讼、无讼，以囹圄清减为治世，以狱讼繁兴为衰世。

有些诉讼，由于执法官贪赃枉法，玩法行私，严重损害了当事人的利益，造成了官与民的尖锐冲突，使固有的矛盾更激化，因而成为一场大动乱的诱因。封建时代的农民起义常常从劫牢反狱开始，不是没有来由的。

有人说中国古代是由卑法而厌讼，这不符合古人的认识水平。法在古代人心中是有权威的。他们不是卑法，而是畏法、疑法。在漫长的古代社会中，真正明法于众的王朝屈指可数，大多数的统治者宁愿百姓蒙昧于法，以便于他们的统治。在严法的威逼下，百姓多为法盲。正由于百姓不知法，才畏法、疑法，从而由畏法、疑法而畏讼、厌讼。

为了减少诉讼，封建统治者除制造无讼的舆论外，还从制度上限制民众的自诉权，譬如卑幼不得告尊长、卑贱不得告尊贵。妇女、残疾、废疾人的诉讼权，或者是有限的，或者完全被剥夺。正是从稳定社会、巩固国家的政治利益着眼，封建政权支持一切形式的调处息讼，尽管它并不见于国家制定法的条文。有的诉讼当事人，拒绝州县的判决，执意上诉的，则被视为“刁民妄滋兴讼成习”，先予杖责之后再行审判。至于上诉的结果，在官官相护、官无悔判的传统习俗的笼罩下不言自明。

三、“无讼”的负面影响

对秩序和稳定的追求永远是法律内在的使命和根本目标之一。中国传统法律文化以“无讼”为其价值取向突出体现了它对这一使命和根本目标的优先考虑与全面追求。张中秋教授分析认为一味弘扬传统“无讼”意识，必然对社会产生三点负面影响：

第一，无讼作为一种价值和理想是建立在非科学认识上的，是一个空想图式。从先秦诸子到汉后诸儒，追求无讼的途径和模式虽各不相同，但他们提出无讼的理论依据却没有本质区别，表现为相同的自然观。在传统中国思想家视野中，自然是和谐的，阴阳法则似乎显示出自然矛盾的对立统一与自然关系的发展变化，但实际上这是一种理论预设；阴阳学说并未科学地揭示自然的物质属性及其内部结构，阴阳法则也不是对自然的矛盾性和运动发展性的科学解释。在阴阳学说那里，自然的本质是不可名状的道，而且根据阴阳法则，自然万物的运动变化都是预定的、连续的，这是基于阳总是要战胜和统摄阴的。这既违背了物质世界矛盾自身的复杂性和普遍联系，也违背了矛盾运动、发展、转化的必然性和偶然性的辩证关系。而传统中国思想家所犯的一个更大的错误是，将他们的自然观简单地附会于根本不同的社会和历史，从天道推及人道，建立起“天人感应”“天人合一”的政治哲学，尔后又依据这样的哲学提出无讼的价值目标，设计出达此目标的各种模式。总之，将纯粹的自然直观化、拟人化，又将直观化、拟人化的自然(观)社会化，这是包括无讼价值取向在内的传统中国文化非科学的认识论根源。

第二，追求无讼的传统法律文化因过分强调秩序和稳定，致使传统中国为了秩序和稳定而丧失了应用的发展。社会历史是发展的过程，秩序和稳定是发展的保障，但两者之间存在一种张力，过分偏重一方必然会对另一方产生破坏作用。现代科学研究表明，一个片面强调秩序、过分稳定的系统必然具有相应的封闭性。在封闭性的社会和意识形态中的生活方式，可能会促进行为的稳定性，并能对信仰和信念起到一种舒适的缓冲作用。但是这种系统的僵化则会妨碍自由行动和富有创建的探索，从而阻碍社会发展。我们不否认无讼世界的设计者们有美好的道德愿望，但他们的这种愿望有违历史发展……传统中国的观念总是把民间的财产、田土、婚姻等民事纠纷视为“细故”，为了不使这些“细故”酿成诉讼，累及无讼，国家和家族都要尽一切努力，哪怕明显地有失公平、曲解律意，也要争取大事化小，小事化了，变有讼为无讼。……到明清时期，随着封建商品经济的发展，少数地区出现了资本主义萌芽，民间的财产纠纷日渐增多，诉讼也大量上升，尤其在江南地区，讼风日盛。然而在这种经济发展迫切需要法律调整和保护时，传统法律和传统文化所培养的官吏仍以无讼为尚，视上述争讼为“刁风”“刁讼”，予以严厉打击。法律对经济的作用或保护或促进或阻碍。以无讼为价值取向的中国传统法律文化与自然的宗法农业生产方式自是相互维护、互相促进的，但对新的带有资本主义萌芽性质的商品经济却是无益的，甚或有扼杀性的破坏作用，这是对无讼片面追求所付出的代价。

第三，在无讼价值观下的民事诉讼变成了一种调解与调判，这就不免导致这样一些后果：法律体系发展的艰难、法律地位的地下、权利意识淡薄等。应该承认，调解和调判在中国历史上发挥过积极作用，也是传统中国法律文化的一笔优秀遗产，对现代中国和世界都有借鉴价值。但要指出的是，传统中国无讼价值观下民事调解与调判，确实产生了不容忽视的消极后果。法律的发展史告诉我们,法律体系特别是私法体系主要是随着对经济生活发展的不断调整而不断发展的。可以说,没有繁荣的地中海贸易,就不会有发达的罗马私法产生的可能;同样,没有对资本主义经济的调整,也难以形成现代民法和国际私法等部门法。传统中国对民间纠纷特别是民事纠纷,一味地进行压制、调解、和息,万不得已时则以刑法处理,这终使中国的民法无由形成与发展,以致中华法系迄清末变法前仍是单一的刑事性法律体系。

由于“德主刑辅”模式的广泛实践,“无讼”价值的巨大召唤,调解和调判是解决人们之间争端的最好办法,所以法律在社会实际生活和人们的心目中势必降到次要地位。正如勒内·达维德所说:“法律并不是解决人与人之间争端的正常方法。法律可以向人们提供行为的准则,或者对违反社会利益的行为构成威胁,从而起有益的作用,但并不存在必须按照字面严格遵守法律的问题;在法律的实施和运用上,必须十分慎重。最理想的是根本不需要援用法律,法院也根本不需要作出什么判决。”①

在西方,法律与权利密不可分,甚至可以相互解释。这是因为法律最早在西方形成于平民与贵族围绕权利而展开的斗争,而一般人之间的纠纷也都是通过诉讼对权利义务的确定来解决的,因此权利成了西方法律和诉讼的核心。但在传统中国,调解与调判的目的不是对双方权利义务的确定,而是为了平息特定的争讼,达到和谐(无讼),所以对于生活在中国传统中的人们,法律是容易理解的,而法即权利却是一个陌生的概念。②

第三节 “厌　讼”

争讼之事不可避免,而直接联系着个人利益的民事纠纷是争讼的主体。但是,真正通过判决解决的民事案件和每天都要发生的争讼的数量相比是十之一二。在诉讼过程中人们更多表现的是“厌讼”的观念,传统的“厌讼”是在“无讼”作用下形成的一种普始性的诉讼观念。无论是官员群体,还是作为普通百姓在处理民事纠纷时所反映的诉讼观念或对民事诉讼的态度却高度一致表现出了“厌讼”的取向。

---

① [法]勒内·达维德:《当代主要法律体系》,漆竹生译,上海译文出版社1984年版,第486页。

② 参见张中秋:《中西法律文化比较研究》,南京大学出版社1999年版,第338~343页。

一、官员的“厌讼”观念

“无讼”是中国古代正统法律思想的体现，是法律的终极价值取向，也是统治者永久追求的理想统治状态。由此，对于“无讼”的法律价值取向的认同，致使对待争讼，尤其是民事类的“细故”的态度，必然认为其违背基本的正统思想之要求，在法律实践中官吏对民事案件更多的是希望双方和息，即通过“息讼”的手段实现“无讼”的目标。其对于官吏的观念之影响主要是对于争讼的“厌”。

从中国古代的政治制度角度，官吏阶层，尤其是州县官阶层的“厌讼”观念，更多地表现了对告诉的厌烦心理，其原因在于：

（一）地方官吏职责的多元化

中国古代的司法活动主要是由地方官吏完成，中央司法机构主要管理一些重大疑难案件及官吏犯罪，如民事类案件这样的“细故”，当然不至于向中央司法机构告诉。地方官吏通常被人们称为“父母官”，主要是由于中国古代给地方官吏设定了非常庞杂的职责。作为一级地方行政长官要管理整个辖区内各种事物，如收取赋税、财政、审理案件、教化辖区内的百姓等，而属吏又为数极少，也不足以辅佐其应付日常工作。作为兼职法官的地方官吏自然没有精力审理为数众多的案件，其对诉讼，尤其是民事类“细故”的厌烦是可想而知的。

（二）官吏考绩制度的影响

作为一个中国古代官员，对其政绩评判的一个主要指标就是诉讼案件的多寡。而考绩结果的优劣直接影响着官吏升迁，所以在观念上的“厌讼”、在案件审理方式上的“息讼”都有官吏为前途考虑的原因。盗贼的多寡、民风是否淳朴是官吏考绩的重要标准之一。如清代《钦颁州县事宜》即训示地方官吏：“州县官为民父母……听讼者所以行法令而施劝惩恶者也，明是非，剖曲直，锄豪强，安良懦，使善者从风而向化，恶者革面而洗心。则由听讼以训至无讼，法令行而德化亦与之俱行矣。”汉代“韩延寿为东郡太守，断狱大減，为天下最口”可见，诉讼率的高低与考绩的优劣有重大关系，所以官吏们从心理上就不喜欢诉讼。

二、普通主体的“厌讼”观念

对于法律管理对象的普通主体来讲，无论是作为单个的个体的观念，还是作为一种群体共同拥有的观念，“厌讼”有“厌倦”的意味，更多的是在一种利益的衡量之后作出的决定。本书所指的普通主体包括普通的百姓，也包括作为法律管理对象的官吏这一具有双重心理的群体。其“厌讼”观念的形成有如下因素：

（一）官方思想的灌输

作为一个生活在传统礼治秩序社会中的人，主流观念的教化，“无讼”“息讼”思想的灌输，必然导致在纠纷出现后人们首先考虑和息，而“无讼”“息讼”观念在思想层面的引导、制度层面上的强制，使广大平民选择了“厌讼”。上文引用的族规、乡约、官吏的文告和官吏在审案过程中的言传身教都是对普通百姓的一种潜移默化的引导。

同时，官员为了追求较低的诉讼率，普遍采用了强制息讼的方法，致使普通百姓对于诉讼有一种“厌讼”的观念。

（二）“惧讼”观念的影响

“厌讼”观念主要是普通百姓的法律心理反应，它实质上反映出百姓对官方司法体现与法制实践的一种信仰危机，是对官方司法腐败的一种不信任的表现。对于民事纠纷来说，最终要招致“破家”之结果，实在是一件不合算的事情。

在司法实践中，民事诉讼的原被告双方要承受与刑事案件中犯罪嫌疑人同样的皮肉之苦以及同样的精神上的威吓。例如，涉讼两造（包括其他干连证人等）一旦到官受审，不仅要下跪叩首，而且还要受到“喝堂威”的惊吓。冯梦龙在《警世通言》中写道：“府主升堂：冬冬牙鼓响，公吏两边排。阎王生死案，东岳摄魂台。”接着，“你看他把惊堂木一拍，好不惊人！不要等到开口，人已被他吓昏了”。此种精神上的折磨足以使普通百姓从心中惧怕，更不用说在审案过程中随时可招致的如打板子、拶指、夹棍等皮肉之苦了。

另外，在吏治逐渐黑暗的社会中，百姓对司法实践更多的是不信任感。《二刻拍案惊奇》中对范弁所作的《戒讼诗》进行了分析：“（这首诗是）劝人休要争讼的话。大凡人家些小事情，自家收拾了，便不见得费甚气力。若是一个不伏气，到了官时，衙门中没一个肯不要赚钱的，不要说后边输了，就是赢得来，算一算费用过的财物，已自合不来了。……又有不肖官府，见是上千上万的状子，动了火，起心设法。这边送将来，便道：‘我断多少与你。’那边送将来，便道：‘我替你断绝后患’。只管埋着根脚、漏洞，等人家争个没休歇，荡尽方休口。”吏治的腐败使百姓对司法实践失去了信心，宁愿通过民间的形式解决纠纷,而不愿将之告诉到官府。

(三)诉讼成本的计算

在中国古代,对于一个平民来说,“厌讼”是在反复权衡了诉讼成本之后做出的决定。《名公书判清明集》中载:“词讼之兴,初非美事,荒废本业,破坏家财,胥吏诛求,卒徒斥辱,道途奔走,犴狱拘囚。与宗族讼,则伤宗族之恩;与乡党讼,则损乡党之谊。幸而获胜,所损已多;不幸而输,虽悔何及。故必须果抱冤抑,或贪而为富所兼,或弱而为强所害,或愚民而为智所取,横逆之来,逼人已甚,不容不一鸣其不平,如此而后与之为讼,则曲不在我矣。”《牧令书》记载:“小而结怨耗财,费时失业;大且倾家荡产,招祸亡身,何不自爱之甚也。每思乡里愚民,生平不见官长,出作人息何等安闲。至一人公,民便难自立,歇家保护作伪多端,累月经年,资斧莫继,兼之胥吏把持,差役勒索,迨得质讯,已费多少花销。……即赢得官司,结下子孙仇怨,倘招来刑辱,传增颜面羞渐,甚至坐狱沉牢,囚系毙命,披枷带锁,桎梏生,无一不缘争讼来也。”

上述引文指出了中国古代计算诉讼成本时涉及的两个方面的因素,即人情成本和经济成本。

1. 人情成本的计算

在中国古代这种熟人社会中,人情因素是“厌讼”思想形成的一个重要原因。

首先,亲戚邻里之间为保特和睦友好的关系而尽量互相忍让。《黄氏日抄·词诉总说》劝说道:“讼乃破家灭身之本,骨肉变为冤仇,邻里化为仇敌,贻祸无穷,虽胜亦负,不祥大焉。但世俗惑於一时血气之忿,苦不自觉耳。”①《萧曹遗笔·太祖高皇帝御制·和睦乡里》教谕百姓:“人生百岁,何幸同乡。……惟我身后,孰为庇佑。子孙千裔,於此共守。……何以关彭,婚姻诞日。何以关戚,死葬疾厄。何以关好,相尚以善。……如鱼同壑,如鸟同林。守望相助,身保家(宁?)。一有疑忌,争讼出兴。小犯笞杖,大则极刑。或出积恨,传及子孙。冤冤相报,灭绝乃已。”②从切身利益及后代的利益着想,和睦是本能的选择。

其次,从面子的角度来看,对于一个普通百姓来说,打官司要忍受人格、心理及肉体等诸多痛苦。其一,在家国一体化的中国传统社会,皇帝号为天下

---

① 《名公书判清明集》。

② 同上。

“君父”，地方长吏视如“父母官”，被称为“大人”“老爷”；百姓庶民则呼若“小人”“草民”“蚁民”等。这一身份等级社会中的差序格局，使小民百姓一旦涉讼，步入公堂，便在身份人格上处于极不利的地位。到了公堂，不论是原告，还是被告，都得长时间跪在县官面前。此外，如上文所述，诉讼程序上的官与民因身份的不同而造成的差异，也对普通平民的人格尊严造成了损伤。其二，在民事诉讼与刑事诉讼没有严格区分的情况下，在刑讯为合法的司法制度里，一夹一拶，小板大棍，皮肉之苦往往难免。“随你凶奸似鬼，公堂刑法不相饶。”真是“大堂之中，公案之上，本官是阎罗天子；书吏是催命判官；衙役三班，好比牛头马面；扳子夹棍，犹如剑树刀山。”①这种公案审案方式，旨在显示王法的威严，从而迫使小民百姓畏服。而且，民间认为受了官府的刑罚即使在阴间也不好过。如《官场现形记》载“王乡绅还在那里生气，嘴里说：‘回去一定拿片子送到衙门里，打这王八羔子几百板子，戒他两次才好！’究竟赵老头儿是个心慈面软的人，听了这话，连忙替他求情，说：‘受了官刑的人，就是死了做了鬼，是一辈子不会超生的，这不毁了他吗。’”②可见，民间对于受过官府刑罚的人存在着歧视的观念，而仅仅因为些许小利的民事纠纷而使在公共生活中受到歧视，则并不是一件合算的事了。

最后，对于民事案件的当事人与刑事案件的嫌疑人采取同样的拘拿方式，有时连民事案件中的证人也被拘禁。《道咸宦海见闻录》中记载：“卡房最为惨酷，大县卡房恒羁禁数百人，小邑亦不下数十人及十数人不等；甚至将户婚、田土、钱债、佃故被证人等亦拘禁其中，每日给稀糜一瓯，终年不见天日，苦涩百倍于囹圄。”③使民事案件的涉讼之人甚至证人受到如此的侮辱，在熟人社会里，当事人在脸面上是很难过得去的。

2. 经济成本的计算

正如滋贺秀三所说：（中国古代社会）是一个由富于理财感觉、擅长经济计算、能够根据需要和实际情况创造出关于契约和产权的种种类型的人们所组成的社会。④ 这样社会中的人们对诉讼成本有本能的认识，它是由中国古代特有的诉讼制度、官僚制度、政治制度所决定的。

---

① 徐忠明：《法学与文学之间》，中国政法大学出版社 2000 年版，第 107 页。

② （清）李宝嘉：《官场现形记》。

③ （清）张集馨：《道咸宦海见闻录》，中华书局 1981 年版，第 95 ~ 96 页。

④ ［日］滋贺秀三等：《明清时期的民事审判和民间契约》，王亚新、梁治平编，王亚新、范愉、陈少峰译，法律出版社 1998 年版，第 54 页。

由于中国古代“父母官诉讼”这种特有的诉讼制度的设定，使官吏的清廉与否、吏治黑暗与否成为决定百姓告诉与否的重要因素之一。官吏们的俸禄并不是很高，有的需养活自己一大家子人尚捉襟见肘，更何况为了升官不仅要钻营巴结上司，还要为自己告老后的下半辈子着想，真正能抵制得住名利诱惑的又有几人？更何况与朝代统治的稳固随之而来的朝政的腐化、吏治的黑暗、捐官的盛行，使诉讼的成本无形地逐渐加大。《官场现形记》中王仁道：“拉了翰林就有官做，做了官就有钱赚”，做官的目的最后就只剩下赚钱一项了。日本著名中国法律史学者岛田正郎指出：“犹如古谚所云：‘衙门八字开，有理无钱莫进来’，其事实上之胜负乃决定于财富之多寡。因此，郑重反复之复审制度，对于百姓而言，仅系增加被剥削之机会而已，而无法期待国家之裁判得令其满意，反之于裁判中愈能发现毫无公平正义之情形，是以在现实生活上常迫使百姓‘宁屈死不讼’，而选择屈死一途。”①官吏们有的贪得非常聪明，如《喻世明言》中描写的滕大尹，不动声色地将埋藏的银子据为己有。更多的是像《负曝闲谈》中的黄乐材一样明抢：接了词状（兄弟争产案），便肚里打主意道：“好买卖来了！”一面准了，拘集两造，当堂判断。弟兄两个呈上一包田契，一包房券，还有二十几个庄折，至少三千一个。他一时没了主意，便发落道：“你们祖上又不曾做官做府，哪里来这许多产业？一定是盘剥重利，所以有这些不义之财！现在本县既往不咎，一概充公便了！”最终将二人的财产据为己有。

有的官吏也许清廉明断，但是他们身边的衙役、门房、幕友、书吏等下属却很难保证都是清廉的，而且这些下级属吏都没有俸禄，主要收入靠陋规和舞弊。《浚川公移驳稿》中记载得比较全面：“各衙门积年主文、书手、老人、皂隶、弓兵、门子、马夫，由其凡百事情，无所不知，经历乖滑，无处不透，是以通同作弊，易如吹毛。主文则改抹文卷，出入罪名；书手则诡寄钱粮，科害里甲；老人则营求管事，欺官害民；皂隶、弓兵则狐假虎威，吓诈良善；门子、马夫则承奉浸润，透漏事情。甚至因而说事过钱，环累官长，拨置违法，害及平人。”诉讼过程中原被告双方都要承担许多额外的费用。以清代为例，原告须交纳挂号费、传呈费、买批费、送稿纸笔费、出票费、铺堂费（开庭费）、踏勘费、结案费、和息费。差役带原被告到堂也有规费。除规费外，胥吏差役还借端向原被告勒索敲诈，并受贿（如故意延迟审判，删改招供），因此胥吏总是尽量企图将更多的人牵扯到讼案中去，以便勒索。犯人和嫌疑犯都由衙役持传票拘送，因此

① 徐忠明：《法学与文学之间》，中国政法大学出版社2000年版，第110页。

他们更有机会勒索钱财。诸如解锁费,如果他们持有堂签,则更凶狠,可以恣意索取财物。正如汪辉祖所讲:“谚云:衙门六扇门,有理无钱莫进来。非谓官之必贪,吏之必墨也。一词准理,差役到家,则有赠之资,探信入城,则有舟车之费。及示审有期,而讼师词证以及关切之亲朋相率而前,无不取给于具呈之人,或审期更换,则费将重出。”其结果是“旷人之工,荒人之业,竭人之膏血,供讼师胥役之一饱。曲直未分,已不知株累几何人,荡析几何家矣。”可见,中国古代诉讼中的差役,甚至门子、马夫等在诉讼中都有很重要的作用。

以上的种种现象无不表明,“厌讼”实际是在反复衡量了人情成本和经济成本之后,作出的必然而又无奈的选择,是对法律制度的设定与司法实践的失望与不信任的态度在诉讼观念上的反映。①

① 本节内容参见吕丽、潘宇、张珊珊:《中国传统法律文化制度与文化专论》,华中科技大学出版社2013年版,第198~203页。

第二章 “抑商”下的明清徽商崛起

第一节 “抑商”法律视野下的商人

一、“抑商”立法的成因

为什么中外各国都会不谋而合地采取抑制商人发展的政策，以强化国家统治秩序呢？据国外学者约瑟夫·江的研究表明，抑商的政策不仅出现在古代中国，在古埃及、古巴比伦、古希腊、罗马、中世纪欧洲，甚至十七八世纪的英格兰、19世纪的法国，这些社会都曾鄙视商人并通过各种法律限制商人的政治权利。[①] 古希腊先哲亚里士多德认为致富有两种方式：一是同国家管理有关系的农林渔猎；二是有关贩卖的技术。在他看来，前者从植物和动物取得财富，事属必需，也顺乎自然，可以称道；后者则是在交易中损害他人的财货为自己牟利，不符合自然法则，应受指责。而建立在货物交易基础上的放款生息行为在其眼里则更是可憎。[②] 古罗马的西塞罗认为商人所从事的职业是卑贱的，甚至是可耻的，“我们必须认为那些从批发商那里买来又直接卖给零售商而从中牟利的人也

---

① [美]陈锦江：《清末现代企业与官商关系》，王笛、张箭译，虞和平校，中国社会科学出版社1997年版，第19页。

② [古希腊]亚里士多德：《政治学》，吴寿彭译，商务印书馆1965年版，第25页、第31页。

是卑贱的，因为他们如果不漫天撒谎，就不可能赚到钱；说实在的，世界上没有比说假话更丑恶，更可耻的了”。[①] 法国直到17世纪买卖货物仍然被视为“贱业”。[②] 18世纪以前，英国的贵族尚以执掌田地为在社会上取得重要地位之唯一可靠方法。商人和制造家，无论他们多聪明、多富足，总以为不及大地主高贵。被人知道是一个工匠或一个商人或者这样人的嫡派子孙，在社会上都是一种玷辱。[③]

德国更是到了19世纪初隶农制被废除后，贵族才开始获准经营商业。[④]

历来以农耕为立国之本的中国，官方需要和所推崇的则是各个社会阶层各司其职、安分守己的士、农、工、商“四民秩序”的划分，[⑤]不仅宣布了“商人”作为一个独立的社会阶层的存在（统治者发展社会经济的客观需要），而且也明确了商人处在四民之末的社会地位，强化对商人阶层的统治（推行贱商、抑商政策的理论依据）。正如约瑟夫·江所言：“商人不仅因为他们的寄生本性而遭到鄙视；而且因为他们威胁到既存的政治权威和支撑该权威的价值体系而被猜疑。”[⑥]商人是传统社会中四个等级中最不安分的，其变动不安的流动性生活方式与农耕社会稳定的生存状态格格不入；商人瞬间就能够积聚富可敌国的财富，也对自视为绝对尊贵的统治权威构成严重威胁——其不仅要在政治上具有绝对权威，而且在经济上也要是最富足的。为了维护统治者心中正当的“四民秩序”，抑制或打击商人就成为必需，这是中国历代统治者对商贾所持的基本态度。

统治者“重农抑商”的基本国策，为什么仅仅是“抑”，而没有彻底“禁”商人呢？主要是因为彻底禁绝商人是不可能的。商业是人类第三次社会分工明

---

① ［古罗马］西塞罗：《西塞罗三论：老年·友谊·责任》，徐奕春译，商务印书馆1999年版，第159页。

② 参见［法］费尔南·布罗代尔：《15至18世纪的物质文明、经济和资本主义》（第2卷），顾良译，施康强校，生活·读书·新知三联书店2002年版，第528页。

③ 参见［美］阿格：《近世欧洲经济发达史》，李光忠译，上海商务印书馆1927年版，第127页。

④ 参见王亚南：《中国官僚政治研究》，中国社会科学出版社2005年版，第98页。

⑤ 《汉书·食货志》载：“是以圣王域民，筑城郭以居之；制庐井以均之；开市肆以通之；设庠序以教之；士、农、工、商，四人有业。学以居位曰士，辟土殖谷曰农，作巧成器曰工，通财鬻货曰商。圣王量能授事，四民陈力受职，故朝亡废官，邑亡敖民，地亡旷土。”

⑥ ［美］陈锦江：《清末现代企业与官商关系》，王笛、张箭译，虞和平校，中国社会科学出版社1997年版，第20页。

晰化的结果。无论人们日常生活需要的必需品(自然经济状态下一家一户无法生产的如盐、铁),还是统治阶级享用的奢侈品都需要有人来经营。意识形态上虽鄙商、贱商,并不代表能够在现实生活取消对商人的客观需求。对此,比较务实的封建统治者心知肚明。

深究我国历代封建王朝推行“重农抑商”的基本国策,刻意以法律压制四民之末——商人力量的发展,其根本原因有三点:

(一)经济原因

就传统的以小农经济为基础的封建社会而言,私人工商业的发展对国家的危害有两方面影响:第一,与国家争夺“山海陂泽之利”。[①] 在“溥天之下,莫非王土;率土之滨,莫非王臣”[②]的君主集权专制封建社会中,一切社会自然资源皆属于帝王私产。私人工商业的发展,必然会大量侵夺封建帝王的私人财富,是封建帝王所不能接受的事实,抑商是必然的结果。第二,与农业争夺过多的劳动力资源,甚至使农田荒芜,威胁国本。中国以农业立国,国家财政收入主要来源于农业。面对数倍于农业的利益诱惑,将会大量出现“舍本逐末”的情形,导致农田荒芜,汉人贾谊曰:“背本趋末,食者甚重,是天下之大残也。”[③]因此,如何将农民束缚在土地上,防止过多的农民弃农经商,对于传统农业大国而言,无疑是稳定社会秩序的头等大事。

(二)政治原因

从维护封建等级秩序和正常的统治秩序的角度出发,抑制商人势力的进一步发展是历史的必然。

第一,在传统封建等级社会秩序要求“衣服有制、宫室有度、蓄产人徒有数,舟车甲器有禁……虽有贤才美体,无其爵不敢服其服;虽有富家多赀,无其禄不敢用其财”。[④] 服饰、房舍、乘坐车舆是“明贵贱,辨等列”的重要标志,因人们的良贱身份不同,官吏的品级不同,使用的生活资料的规格、颜色、形式、装饰均有定制,违者属于败坏人伦,上下僭越。如明太祖朱元璋于洪武十四年(1381年)下令:“加意重本折末,令农民之家,许穿细纱纱绢布,商贾之家,只许穿布,农民之家,但有一人为商贾者,亦不许穿绸纱。”[⑤]但商贾自恃财力雄

---

① (明)李贽撰:《藏书·富国名臣总论》。

② 《诗经》。

③ 《新书·大政》。

④ 《春秋繁露·服制》。

⑤ 《明会典》。

厚，一般都极力追求奢侈的物质享受，不愿接受礼法的约束，时常有僭越礼制之举，他们有的“千金之家比一都之君，巨万者乃与王者同乐”，[①]有的“身无半通青纶之命，而窃三辰龙章之服；不为编户一伍之长，而有千室名邑之役；荣乐过于土封君，势力侔与守令”。[②] 如此种种行为，在统治者眼里，是对贵贱上下有序的等级制度的肆意破坏。

第二，私人工商业的发展容易形成对抗朝廷的割据势力。汉代桑弘羊指出：“往者豪强大家，得管山海之利，采铁石鼓、煮盐，一家聚众或至千人，大抵尽收流放人员也，远去乡里，弃坟墓，依倚大家，聚深山穷泽之中，成奸伪之业，遂朋党之权。”[③]一语中的地指出富商大贾对朝廷的威胁。汉初代国陈稀叛乱、吴楚七国之乱的事实上均有私人工商业势力的参与支持。

第三，商人为了争取市场垄断地位，谋取暴利，会不择手段地巴结逢迎政府各级官员，攀附封建政治势力，寻求政治“保护伞”，导致官与商权钱交易、徇私枉法、贪污腐败。美国汉学家费正清在分析中国古代商业不发达的原因时，指出：“中国商人的心理状态与我们古典经济学家所赞美的西方企业家的心理状态大不相同。按照古典经济学家的说法，经济生活中的人要通过生产来谋取最大的好处，要从所增加的产品来获得市场给予的利润。但按照中国的传统，经济生活中的人经营最得法，不是依靠增加生产，而是依靠增加他在已生产出来的产品中可取的份额。他愿意靠他在竞争中直接胜过他的同伙来发财致富，而不是依靠征服自然或更多地利用自然资源或使用改进的技术，来创造新的财富。这是因为从很早以来，中国的经济就表现为由最大数量的人共同争取少量的自然资源，而不是去开发大陆和新的工业。从事创新的企业、为新产品争取市场的推动力，不如争取垄断、通过买通官方取得市场控制权的推动力来得大。中国的传统做法不是造出较好的捕鼠笼来捕捉更多的老鼠，而是向官方谋取捕鼠的专利。”[④]

（三）伦理文化原因

范忠信教授从“义利之辨”的伦理角度出发，分析了传统重农抑商的原因集中体现在以下四点：

---

① 《史记·货殖列传》。

② （汉）仲长统撰：《昌言·理乱》。

③ 《盐铁论·禁耕》。

④ ［美］费正清：《美国与中国》，张理京译，世界知识出版社2000年版，第46页。

第一，商人或商业对封建等级观念、对君臣上下贵贱尊卑礼治观念，是一种冲击力量。如汉时，“工虞商贾，为权利以成富，大者倾都，中者倾县，下者倾乡里者，不可胜数”。“千金之家比一都之君，巨万者乃与王者同乐”，人称“素封者”。① 这些凭借雄厚的财力，而不是凭借封建帝王诏命获得诸侯般显赫地位享受的人，“馆舍布于州郡，田亩连于方国；身无半通青纶之命，而窃三辰龙章之服；不为编户一五之长，而有千室名邑之役；荣乐过于封君，势力侔于守令”，②严重地威胁着封建宗法专制秩序。工商业主因其出身多卑贱，有富无贵，故必竭力因其富贵之资僭越礼制，彰显尊贵，使封建等级制度的堤防日益溃坏。

第二，商业和商人是对传统的“均平”伦理秩序的破坏因素。孔子曰：“有国有家者，不患寡而患不均，不患贫而患不安。盖均无贫、和无寡、安无倾。”③中国传统的社会生活秩序，就官民关系而言，是贵贱尊卑等级秩序；就民众之间的秩序而言，就是一种“均贫”或“均平”秩序。这是封建专制主义中央集权下的自给自足的小农经济所必需的和必然所致的秩序，这也是一种伦理秩序，这种秩序使民众永远互相分散孤立而不富裕（最高愿望仅是温饱而非富有），使其永远无法以财力与官抗衡。这种秩序与尊卑秩序相辅相成。伦理秩序一旦破坏，贵贱尊卑秩序也难以维护。私人工商业蕴藏着对这种“均平”秩序破坏的天然力量。

第三，在自给自足的自然经济状态下，商业是使社会风气荒淫奢侈的一种破坏性力量。小农社会需要的是愚昧、寡欲、安于现状、商业的活动，必然威胁这种伦理秩序。商业活动会时刻开化民欲、刺激物欲，导致民众丧失安贫素朴之性而贪求财货，使社会风气败坏。

第四，商业使人奸诈，农业使人厚朴，故重农抑商即抑奸诈之俗，长厚朴之风。商鞅云：“圣人知治国之要，故令民归心于农。归心于农，则民朴而可正也。”④《吕氏春秋》云：“古先圣王之所以导其民者，先务于农。民农非徒为利也，贵其志也。民农则朴，朴则易用……民舍本而事末则不令，不令则不可以守，不可以战。民舍本而事末则其产约，其产约则轻迁徙，轻迁徙则国有患，皆

---

① 《史记·货殖列传》。
② （汉）仲长统撰：《昌言·理乱》。
③ 《论语·季氏》。
④ 《商君书·农战》。

有远志,无有居心。民舍本而事末则好智,好智则多诈,多诈则巧法令,以是为非,以非为是。”①因此,若让商人凭富厚衣丝帛服文绣,上僭贵族官僚之特权,使官贵无以显荣,无业可守,下蚀庶民百姓之美德,使百姓知商贾可以显荣,可以僭贵,则皆弃农经商,不务本业,崇尚奢侈。如此,则礼义堤防荡然无存。只有采取种种措施使“农尊而商卑”“农逸而商劳”“农恶商”,②作为国家基础的小农经济才能巩固。③

因此,中国历史上的“重农抑商”政策,完全是国家权衡自身利益后作出的必然选择。④

二、“抑商”法律下中国商人社会地位的演变

《汉书·食货志》开篇曰:“洪范八政,一曰食,二曰货。食谓农殖嘉谷可食之物,货谓布帛可衣,及金刀龟贝,所以分财布利通有无者也。二者,生民之本,兴自神农之世。”按照此记载,自神农之世,既已存在集市交易,⑤有了专门固定的交易市场,就必然会有相应的交易规则和制度加以宏观调整。由于西周之前流传下来的相关史料极为匮乏,时至今日,我们无从知求证当时商业发展的具体情形。

何为“商”人?《白虎通·商贾》曰:“商之为言章也,章其远近,度其有亡,通四方之物,故谓之商也。贾之为言固也,固其有用之物,以待民来,以求其利也,故通物曰商,居卖为贾。”学者对这种注解经文式的记述能否如实反映历

---

① 《吕氏春秋·上农》。

② 《商君书·农战》。

③ 参见范忠信:《中国法律传统的基本精神》,山东人民出版社2001年版,第302~307页。

④ 作为西方法律文化渊源地的古罗马也出现过“重农抑商”的类似情形。学者赵立行研究指出,当经济“繁荣”时,政府无暇顾及商人,对商业持一种自由放任的或者说是漠不关心的态度。相反,只有当经济形势紧张的时候,政府才会对商人和商业关心。罗马帝国后期,这一点变得非常明显。一系列的政策和法令的目的都不过是想方设法不让商业搅乱了罗马脆弱的经济基础,不让自由交换对罗马经济形成威胁,以及从商人那里榨取更多的钱来填补政府的财政亏空。如哈德良皇帝制定法律,尽可能地消灭中间人,将消费者和生产者直接联系在一起;亚历山大·塞弗拉斯时代,则开始取消一切手艺和行业的自由经营,把他们强制合并起来,置于国家严格控制之下;戴克里先时期的法令更加严厉,为了确保国家税收,每个城市对所有职业进行登记,政府甚至管理了金银的供应,规定了工资、价格和工作钟点。参见赵立行:《商人阶层的形成与西欧社会转型》,中国社会科学出版社1996年版,第18~21页。

⑤ 《易·系辞下》载:“庖羲氏没,神农氏作……日中为市,致天下之民,聚天下之货,交易而退,各得其所。”

史真相纷纷提出质疑。中国历史上的商王朝的“商”与商人的“商”之间是否存在某种历史联系呢?①

《尚书·酒诰》中“肇牵车牛,运服贾,用孝养厥父母”②的记载,就如实反映了商族人经商谋生的情况。张光直先生指出:“商人在商代社会中无疑扮演着重要角色;事实上,商王国的臣民都精于商品贸易,他们的后人大多以商品贸易为职业,时至今日商字仍有商人之意,和当时所指的商人为同一个词。”③吴晗也指出,周灭商后,被迁徙的商遗民既无政治权利,又失去了土地,越发只能发挥自己善于经营的长处,以商业为主要职业。久而久之,商人这一表征的词语便逐渐被用以指远途贸易者。

西周的统治者一贯鼓励发展商业,国家对于市场交易的时间、交易的对象等已有详细的法律规制。官府已设置“司市”④“胥师”⑤“贾师”⑥“司虣”⑦“司稽”⑧“质人”⑨“廛人”⑩专职的市场管理官吏,并规定早晨朝市,以商贾交

---

① 相传商族人的祖先王亥曾赶着牛到远方的部落去做买卖。范文澜在《中国通史》记载:“相传王亥驾着牛车,用帛和牛当货币,在部落间做买卖。大概要扩大商业,曾迁居到黄河北岸。后来被有狄族掠夺杀死。王亥弟王恒战败有狄,夺回牛车。”

② 此句话是周公旦东征平定武庚叛乱后,告诫商遗民经营商业,用来孝养自己的双亲。之所以劝商人经商,就是因为经商是商人的传统职业。

③ 张光直:《商文明》,张良仁、岳红彬、丁晓雷译,陈星灿校,辽宁教育出版社2002年版,第235页。

④ 司市是市场最高主管人,《周礼·地官·司徒》载:“司市,掌市之治教、政刑、量度、禁令。以次叙分地而经市,以陈肆辨物而平市,以政令禁物靡而均市,以商贾阜货而行布,以量度成贾而征价,以质剂结信而止讼,以贾民禁伪而除诈,以刑罚禁暴而去盗,以泉府同货而敛赊。大市日昃而市,百族为主;朝市朝时而市,商贾为主;夕市夕时而市,贩夫贩妇为主。”

⑤ 胥师负责辨别货物真伪,《周礼·地官·司徒》载:“胥师,掌其次之政令,而平其货贿。宪刑禁焉。察其诈伪饰行续慝者,而诛罚之。听其小治小讼而断之。”

⑥ 贾师负责管理物价,《周礼·地官·司徒》载:“贾师,各掌其次货贿,辨其物而均平之、展其成而奠其贾。然后令市。凡天患。禁贵续者,使有恒贾。四时之珍异也如之。”

⑦ 司虣负责禁止游食之人、打架斗殴,《周礼·地官·司徒》载:“司虣掌宪市之禁令,禁其斗嚣者,与其虣乱者,出入相凌犯者。以属游食于市者。”

⑧ 司稽负责稽查犯禁和不进行商品交易而进入市区者,《周礼·地官·司徒》载:“司稽掌巡市而察其犯禁者与不物者而搏之。掌执市之盗贼。以徇,且刑之。”

⑨ 质人负责掌管发放“质剂”和度量衡,《周礼·地官·司徒》载:“质人,掌成市之货贿人民牛马兵珍异,凡买卖者质剂焉。大市以质,小市以剂。掌稽市之书契,同其度量,壹其淳制。巡而考之,犯禁之举而罚之。”

⑩ 廛人负责征收商税,《周礼·地官·司徒》载:“廛人掌敛市丝布总布质布罚布廛布。而入于泉府。凡屠者,敛其皮角筋骨,入于玉府。凡珍异之有滞者,敛而入于膳府。”

易为主;午后大市,以百姓交易为主;傍晚夕市,以小贩交易为主。此外还规定了一些禁止流通物,通过立法限制商业的进一步发展。①

春秋之际,周王室逐渐衰微、群雄并起竞胜的乱世局面,客观上为商业的发达提供了一定条件,多元政治格局迫使各诸侯国的最高统治者纷纷把国力的强盛与商业的发达与否联系在一起,他们深刻地认识到:“待农而食之,虞而出之,工而成之,商而通之”,“此四者,民所衣食之原也。原大则饶,原小则鲜。上则富国,下则富家”,“商不出则三宝绝”。② 因此,各诸侯国内推行惠商政策,商贾势力一度十分强大,先有郑国商贾、后有吴越商贾为代表,③当时甚至有谚云“千金之子,不死于市”。④ 可以说,那段时期在中国历史上是商人少有的黄金时代。

但是,进入战国后期,商贾一夜之间却发现他们昔日的社会地位一落千丈,往日的荣耀也没有了,被人以贱类视之,被列为社会末流。

“及周室衰,礼法堕……其流至乎士庶人,莫不离制而弃本,稼穑之民少,商旅之民多,谷不足而货有余。陵夷至乎桓、文之后,礼谊大坏,上下相冒,国异政,家殊俗,耆欲不制,僭差亡极。于是商通难得之货,工作亡用之器,士设反道之行,以追时好,而取世资。伪民背实而要名,奸夫犯害而求利,篡弑取国者为王公,夺成家者为雄桀。礼谊不足以拘君子,刑戮不足以威小人,富者木土被文锦,犬马余肉粟,而贫者短褐不完,食菽饮水。”⑤

上述“礼谊大坏,上下相冒”,“僭差亡极”等严重僭越的社会现象都与商贾联系到一起,各诸侯国主政变革的法家代表人物如李悝、吴起等立足于“富国强兵”的目标,将抑制商贾的发展视为一项巩固政权和稳定社会的重要举

---

① 《礼记·王制》规定:“有圭璧、金璋,不粥于市。命服、命车,不粥于市。宗庙之器,不粥于市。牺牲,不粥于市。戎器,不粥于市。用器不中度,不粥于市。兵车不中度,不粥于市。布帛粗精不中度,幅广狭不中量,不粥于市。奸色乱正色,不粥于市。锦文、珠玉成器,不粥于市。衣服、饮食,不粥于市。五谷不时,果实未熟,不粥于市。木不中伐,不粥于市。禽兽、鱼鳖不中杀,不粥于市。”

② 《史记·货殖列传》。

③ 郑国商人弦高犒劳秦军和范蠡归隐山林变身为富甲一方的“陶朱公”的脍炙人口的典故可为其中代表。

④ 陶朱公有子杀人,囚于楚。朱公曰:“杀人而死,职也。然吾闻千金之子不死于市”,遂遣长子进千金于庄生,求赦其子。后楚王闻说:“陶之富人朱公之子杀人囚楚,其家多持金钱赂王左右”,乃大怒曰:“寡人虽不德耳,奈何以朱公之子故而施惠乎!”令论杀朱公子,明日遂下赦令。事见《史记·越王勾践世家》,足以说明富商当时社会地位的另一面。

⑤ 《汉书·货殖传》。

措。通过贱买贵卖商业活动，商贾轻而易举地就可以获得数倍于农民的利益，他们的存在会使农民竞相弃农经商，一则粮食减产导致国家军粮没有保障，一旦遇到战事，国家即面临亡国危险；二则商人的流动性导致国家没有足够的兵源，于是各国政府纷纷推出重农抑商的措施。

重农抑商的总纲应该始见于《管子·治国》：

凡治国之道，必先富民。民富则易治也。民贫则难治也……昔者七十九代之君。法制不一，号令不同，然俱王天下者何也？必富国而粟多也。夫富国多粟，生于农，故先王贵之。凡为国之急者，必先禁末作文巧，末作文巧禁，则民无所游食。民无所游食，则必农。民事农，则田垦。田垦，则粟多。粟多，则国富。国富者兵强，兵强者战胜，战胜者地广。是以先王知众民强兵、广地富国之必生于粟也。故禁末作，止奇巧，而利农事……先王者，善为民除害兴利，故天下之民归之。所谓兴利者，利农事也。所谓除害者，禁害农事者。农事胜则入粟多，入粟多则国富，国富则安乡重家，安乡重家则虽变俗易习，殴众移民，至于杀之，而民不恶也。此务粟之功也。上不利农，则粟少，粟少则人贫，人贫则轻家，轻家则易去，易去则上令不能必行。上令不能必行，则禁不能必止。禁不能必止，则战不必胜，守不必固矣。夫令不必行，禁不必止，战不必胜，守不必固，命之曰寄生之君。此由不利农少粟之害也。粟者，王之本事也，人主之大务也，有人之涂，治国之道也。

但是在各诸侯国中最具代表性的则是在秦国主政变法的商鞅[①]提出的系统的“抑商”理论。

其一，加重商人的赋税和徭役负担，限制农民弃农经商。商鞅认为农民弃农经商的根本原因在于“农之用力最苦，而赢利少，不如商贾技巧之人”。因此，唯有加重商人赋税和徭役负担，才能有效防止因弃农经商导致过多的农业

① 商鞅（约公元前390～公元前338年），卫国公室后裔，又称卫鞅或公孙鞅。因卫国国力衰微，英雄无用武之地，曾做过魏相公叔痤的家臣。公叔痤深知其才干，临死前向魏惠王举荐，但未获用。公元前361年，商鞅闻知秦孝公下令求贤，便携带李悝的《法经》离魏入秦，通过侯景引荐面见秦孝公畅谈富国强兵之道，深得秦孝公赏识和信任，被任命为左庶长，后升为大良造，成为秦国最高行政长官，于公元前395年和公元前350年两次主持变法，“重农抑商”的政策是其变法的重要内容之一。

人口流失。“贵酒肉之价，重其租，令十倍其朴。”①就是加重赋税，使商贾等人的租税十倍于本钱，迫使游食者减少，转而为农。为了收到预期效果，商鞅还强调“訾粟而税”，②要求缴纳赋税一律纳粟，此举对农民有利而对商人不利。同时，还要从重征收商人的徭役，“以商之口数使商，令之厮、舆、徒、重者必当名，则农逸而商劳。农逸则良田不荒，商劳则去商”，③要按照商人的家口人数征派徭役，令他们奴仆也照册报役，此举势必加重商人的负担，让商人备感劳苦，“两利相权取其重，两害相权取其轻”，如此，商人就会弃商务农，农民也就不再弃农经商了。

其二，“重关市之征”，提高关税，限制商业利润。商鞅说：“欲农富其国者，境内之食必贵，而不农之征必多，市利之租必重。则民不得无田，无田，不得不易其食。食贵则田者利，田者利则事者重。食贵，籴食不利，而又加重征，则民不得无去其商贾技巧而事地利矣，故民之力尽在于地利矣。故为国者，边利尽归于兵，市利尽归于农。边利归于兵者强，市利归于农者富。故出战而强，入休而富者，王也。”④“重关市之赋，则农恶商，商有疑惰之心。农恶商，商疑惰，则草必垦矣。”⑤即通过对商人征收重税，使商贾无利可图，人们自然而然远商贾而回到农田上来了。

其三，禁止商人经营粮食贸易。农业国中粮食是民生根本，在当时社会生产力水平较低的情况下，完全靠天收成的农业会因灾年和丰年更替，极易导致粮价波动幅度很大。粮食就成为商人囤积居奇谋取暴利的重要商品。商鞅指出：“使商无得籴，农无得粜，则窳(yu)惰之农勉疾；商不得籴，则多岁不加乐；多岁不加乐，则饥岁无裕利；无裕利，则商怯；商怯，则欲农。”⑥也就是说，要禁止商人买粮，也要不让农民向商人卖粮。农民不向商人卖粮，懒惰的农民因买不到粮就会安心务农；商人不能买粮，就没有暴利可图，必然弃商务农。即把国家粮食统一管制，是断绝商贾生路最有效的办法。

其四，“壹山泽”。“壹山泽”就是国家垄断山泽之利，实行国家专卖制度。其目的有两个：一是堵塞商人利源，抑商归农，“壹山泽，则恶农、慢惰、倍欲之

---

① 《商君书·垦令》。
② 同上。
③ 同上。
④ 《商君书·外内》。
⑤ 《商君书·垦令》。
⑥ 同上。

民无所于食。无所于食,则必农。农则草必垦矣”。[1] 二是增加国家财政收入,“利出一孔,则国多财;出十孔,则国少物。守一者治,守十者乱。治则强,乱则弱。强则物来,弱则物去。故国致物者强,去物者弱”。[2]

其五,制定歧视性政策,降低商人的政治地位,“僇力本业,耕织致粟帛多者复其身;事末利及怠而贫者,举以为收孥”,[3]让勤于耕种的农奴恢复人身自由,把商贾罚为奴仆,此举可谓极端之举。商鞅严法推行“重农抑商”的政策,为秦国东合六国奠定了强大的经济基础。

秦王朝一统宇内后,无论如何不能容忍一个相对独立于国家政治权力之外的社会力量的存在,更不会允许一些富可敌国的商人凭借财富的力量便想施压于国家政策。此外,商业财富的聚敛往往会加剧土地的兼并集中,使农民大量流离失所,也不利于国家社会秩序的稳定。

梁治平指出:“一般来说,商业活动总是社会经济生活中的活跃因素,而且,商业发展所要求的相应社会制度的细密与复杂,往往超出了崇尚质朴的农业社会可能具有的承载能力。换句话说,商业活动本身所具有的流动性和开放性,对一个建立在自然经济基础上的静止封闭的社会往往是一种潜在的威胁。更要紧的是,商业的发展有可能改变传统的社会结构,首先是使作为社会之最基本单位的家族组织趋于解体。而在中国古代社会的特定文化背景下,这就不仅意味着原有之家族秩序的瓦解,更意味着从根本上破坏中国传统文化的正当性与有效性,而使这民族赖以立身的哲学无所依托。因此,尊农夫而贱商人,这就不但是国策,而且是基于中国传统文化之精神的内在要求了。”[4]

是故,国家不只是轻视商人,更是挫商、抑商。正如瞿同祖先生所述:“商人受到歧视和排挤也许不仅仅是因为统治阶级轻视他们,而且是因为他们的经济实力对受到法律保护的特权阶层构成了不断的威胁。可以将所有的歧视和再三警告看作是社会中坚分子对商人介入其集团带来的威胁的回应。”[5]

秦始皇继续实施商鞅的重农抑商的政策:即位之初,就下令“徙天下富豪

---

① 《商君书·垦令》。

② 《商君书·弱民》。

③ 《商君书·垦令》。

④ 梁治平:《寻求自然秩序中的和谐——中国传统法律文化研究》,中国政法大学出版社1997年版,第140页。

⑤ [美]费正清编:《中国的思想与制度》,郭晓兵等译,世界知识出版社2008年版,第265页。

于咸阳十二万户”,[①]将原来东方六国的旧贵族和当地富商巨贾一切田宅和奴婢没收。公元前219年东巡至泰山,登琅琊台,立石刻载:“上农除末,黔首是富”,[②]第一次以皇帝诏令的形式公布“重农抑商”的政策。明令将“贾人”与“治狱吏不直者,诸尝捕亡人、赘婿”[③]等身份低贱者为同类,秦始皇三十三年(公元前214年),对岭南用兵,更是“发诸尚逋亡人、赘婿、贾人略取陆梁地,为桂林、象郡、南海,以适遣戍”。[④] 让商人与逃犯一起去戍边,“除末”的目标自然而然就实现了。

因专任刑杀,陈胜、吴广揭竿而起,秦帝国二世遽亡。但“汉承秦制”,商贾身处末流社会的地位却难以改变。汉初,“高祖乃令贾人不得衣丝乘车,重租税以困辱之”。[⑤] 第二年,又令“贾人毋得衣锦绣、绮縠、絺紵(音chizhu)、罽、操兵,乘骑马”,并规定“贾人皆不得名田为吏,犯者以律论”。[⑥] 惠帝、高后时,虽也规定“市井之子孙亦不得仕宦为吏”,[⑦]但天下甫定,汉初70多年推行的是黄老“无为而治”的战后休养生息政策,实际上并没有真正实现抑商,“复驰商贾之律”,反倒给了商人迅速发展的一个良机。故司马迁会说:“汉兴,海内为一,开关梁,弛山泽之禁,是以富商大贾周流天下,交易之物莫不通,得其所欲。”[⑧]汉文帝在位,“时民近战国,皆背本趋末”。[⑨] 为此,贾谊痛心疾首呼吁“殴民而归之农,皆著于本,使天下各食其力,末技游食之民转而缘南亩”。[⑩]

汉景帝时期,晁错在《论贵粟疏》对“农夫五口之家”的重重忧虑之言,恰恰反衬出当时商业的兴盛情形:

今农夫五口之家,其服役者,不下二人……勤劳如此,尚复被水旱之灾,急政暴赋,赋敛不时,朝令而暮改。当具有者,半贾而卖;亡者,取倍称之息;于是有卖田宅,子孙,以偿债者矣!而商贾大者积贮倍息,小者坐列贩卖,操其奇

① 《史记·秦始皇本纪》。
② 同上。
③ 《汉书·食货志》。
④ 《史记·秦始皇本纪》。
⑤ 《史记·平准书》。
⑥ 《汉书·高祖记》。
⑦ 《汉书·食货志》。
⑧ 《史记·货殖列传》。
⑨ 《汉书·食货志》。
⑩ 同上。

赢，日游都市，乘上之急，所卖必倍。故其男不耕耘，女不蚕织；衣必文采，食必粱肉；亡农夫之苦，有阡陌之得。因其富厚，交通王侯，力过吏势；以利相倾，千里游遨，冠盖相望，乘坚策肥，履丝曳缟。此商人所以兼并农人，农人所以流亡者也。今法律贱商人，商人已富贵矣；尊农夫，农夫已贫贱矣。故俗之所贵，主之所贱也；吏之所卑，法之所尊也。上下相反，好恶乖迕，而欲国富法立，不可得也。方今之务使民务农而已矣。①

在“罢黜百家，独尊儒术”的汉武帝时期，海内为一，国力强盛，主张“有为”政治，在招抚东瓯，平定闽越、南越后又对北方匈奴展开大规模军事行动历时30年之久，中央财政数次出现“府库益虚”的状况，国家财政极度紧张，而此时富豪商贾则积聚了大量社会财富，“或蹛财役贫，转毂百数，废居居邑，封君皆低首仰给，冶铸、煮盐财或累万金而不佐国家之急”。② 汉武帝认为商贾虽广有钱财，却不支持中央财政，不愿意共患难，反而与国家争夺经济利益。中央政府希望通过夺取商贾之利来增加政府收入，缓解中央财政危机，于是将抑商的基本国策付诸实施，使其系统化，达到了一个新高度，成为后世历代封建王朝抑商的垂范。

第一，重征商税。巧立名目加重商人的赋税，以最大限度使商人无利可图，迫使其放弃商业的经营。汉武帝课征重税“算缗钱”，规定：“诸贾人末做贳贷卖买，居邑贮积诸物，及商以取利者，虽无市籍，各以其物自占，率缗钱二千而算一。诸作有租及铸，率缗钱四千而算一。非吏比者、三老、北边骑士，轺车一算；商贾人轺车二算；船五丈以上一算。”③后“出告缗令”，鼓励人民告发商人逃漏税的方式，变相地直接没收商人的财产。“告缗遍天下，中家以上大抵皆遇告”，“得民财以亿计，奴婢以千万数，田大县数百顷，小县百余顷，宅亦如之，于是富贾中家以上大率破”。④

第二，实行“均输平准法”，推行盐、铁、酒禁榷制度。汉武帝采纳桑弘羊建议，在各郡国设置均输平准官，直接经营郡国对中央贡品的运输和一部分官

---

① 《汉书·食货志》。
② 《史记·平准书》。
③ 《汉书·食货志》。
④ 《史记·平准书》。

营商业,[①]时称“均输平准”,[②]目的在于调剂运输,平抑物价,尽可能地限制富商巨贾的投机活动,维持社会经济秩序。鉴于盐、铁、酒是商贾最为获利的行业,推行由官府专营的禁榷制度,在全国产盐铁之地设立盐官、铁官,管理买卖盐、铁事务。

第三,不断改革币制,以小易大,以轻换重,以铜取金,使货币价值贬值。“变更造币以赡用,而摧浮淫并兼之徒。”[③]通过不断地改变铸币的金属成分、重量和发行量使商贾积累的货币贬值,以搜取民财。

东汉时期,由于社会矛盾复杂,地方豪强势力强大,虽有朝中重臣桓谭上疏,建议朝廷重视“重农抑商”之道:

夫理国之道,举本业而抑末利,是以先帝禁人二业,锢商贾,不得仕宦为吏,此所以抑兼并,长廉耻也。今富商大贾,多放钱货,中家子弟,为之保役,趋走与民仆等勤,收税与封君比入,是以众人慕效,不耕而食,至乃多通侈靡,以淫耳目。今可令诸商贾自相纠告,若非身力所得,皆以臧畀告者。如此,则专一役一已,不敢以货与人,事寡力弱,必归功田亩。[④]

但是东汉王朝中央政府尚没有足够的精力抑制商人的发展,也曾一度出现商业繁荣局面,“今举俗舍本而趋商贾,牛马车舆,填塞道路,游手为巧,充盈都市”。[⑤]

三国两晋南北朝时期处于长期分裂状态,割据政权之间战争不止,社会经济遭到严重破坏,各王朝均强化对盐、铁和军事特殊物资的专卖制度。西晋作为唯一短暂统一的王朝,仍然没有忘记“抑商、贱商”的历史传统,刚刚立国,就下诏:“申戒郡国计吏守相令长,务尽地利,禁游食商贩。”[⑥]为了防止秦汉之际商贾“千里游敖,冠盖相望,乘坚策肥,履丝曳缟”[⑦]的历史重演,不仅严禁贾

---

① 当时官营商业主要涉及王室、政府、军队所需要的各种工业制品,如果这些物品都通过正常的商业程序,将会极大刺激工商业的发展。

② 《盐铁论》解释:往者郡国诸侯各以其物贡输,而便远之贡,故曰均输。开委府于京师,以笼货物。贱则买,贵则卖,是以县官不失时,商贾无所贸利,故曰平准。

③ 《汉书·食货志》。

④ 《后汉书·桓谭传》。

⑤ 王符:《潜夫论》。

⑥ 《后汉书·和帝纪》。

⑦ 《汉书·食货志上》。

人衣丝乘车,还特别对商人的衣着服饰进行苛刻的规定:“侩卖者,皆当着巾白帖额,题所侩卖者及姓名,一足着白履,一足着黑履。”[①]晋武帝时推行平籴法和设立常平仓,稳定粮价,打击商贾从中牟取暴利,政府规定:“禁游食商贩。其休假者令与父兄同其勤劳,豪势不得侵役寡弱。”[②]

隋唐时期,我国封建立法水平达到了鼎盛,尤以《唐律疏议》作为中华法系的代表,成为后世历代王朝效法的典范。鉴于当时唐都长安是一座国际性大都市,唐律调整商业领域达到了前所未有的程度,其商业立法涉及税收制度、市场管理、度量衡统一、对外贸易等诸方面,其中也不乏“抑商”的法律条款。如唐太宗时规定不准商贾出任朝廷命官;[③]唐高宗时对商贾的车骑、服饰作了严格限制,规定“工商不得乘马”,只准穿白衣等。

两宋时期,鉴于对外向少数民族政权辽、夏、金每年支付大量“岁币”,对内“三冗”[④]的大量财政负担,最高统治者一改“重农抑商”的传统,主张“义利并重”的立法指导思想,以期实现富国强兵的目的。这一时期的法令虽然对盐、铁、茶等特殊物资的官营禁榷仍未有丝毫放松之外,但整体上呈现出对“抑商”松动的特点。在朝廷背负“岁币”和“三冗”的财政重负和社会经济生活对商业依赖明显加强的社会背景下,善于审时度势的宋王朝也迫于自身对商业的需要,在一定程度上改变了以往的抑商政策,放松了对商人的压制,转而实行一种与商人共利的政策,以期获得更多的商业利润。自宋太祖开始,几乎历朝都颁布过优恤商贾、减免商税的诏令,以法律严禁各级官吏勒索商贾、滞留刁难商人,并赋予商人自由经营贩卖的合法权利,甚至放宽法度,公开允许商贾中的“奇才异行者”参加科举考试,也为商人步入仕途打开了大门。

明清时期国家立法虽再次回归“重农抑商”的传统,如明太祖朱元璋于洪武十四年(1381年)规定:“令农衣绸、纱、绡、布,商贾止衣绢、布。农家有一人为商贾者,亦不得衣绸、纱。”[⑤]康熙主张:“国家要务,莫如贵粟重农。”[⑥]雍正谕令:“朕惟四民,以士为首,农次之,工、商其下也。汉有力田孝悌之科,而市

---

① 《太平御览》卷八二八。

② 《晋书·食货志》。

③ 《旧唐书·曹确传》记载:“工商之流,假令术逾侪类,止为厚给财物,必不可超授官秩,与朝贤君子比肩而立、同坐而食。”

④ 即冗官、冗兵和冗费“三冗”。

⑤ (清)张廷玉等撰:《明史·舆服制》。

⑥ 张晋藩主编:《中国法制通史·清》,法律出版社1999年版,第415页。

并子孙不得仕宦,重农抑末之意……惟工商不逮,亦非不肖士人之所能及,虽荣宠非其所慕。”①

但是,世界历史上任何地区、任何时期的政府都不得不面对的问题:法律的制定是一回事,而法律的实施是另一回事。任何法律制度在实践中都不可能完全贯彻其本来的立法意图和理念,而必然会产生偏差。面对商品经济的进一步发展和国家财政对工商业的过度依赖,明清统治者一度放松对商业活动的遏制,开始推行一些发展工商业的“便商”“恤商”的措施。

明清时期的“恤商”政策最主要地体现在打破“商贾不得为官”的法律传统,允许商人及其子孙参加科考或捐纳入仕为官,其中“红顶商人”胡雪岩是徽商最典型的代表,官至布政使,授二品顶戴、黄马褂。再者明清时期的“恤商”政策还体现在统治者对商业征收轻税政策。对商业减税,改二十税一为三十税一;定“一条鞭法”废除工商者的徭役,定“摊丁入亩”法令减轻商人的劳役负担,诸多这些“恤商”政策在客观上也为以徽州商帮的迅速崛起提供了法律制度上的保障。②

第二节　明清徽商崛起的因素

一、理学的“新四民论”

宋明时期,程朱理学将正统儒家法律思想进一步哲理化,成为官方主流的法律思想。作为理学大师朱熹③的后人,徽商将朱熹的理学思想进行改造,产生“新四民论”的理论,视“四民异业而同道”,④实现了“儒贾相通”,为徽商的崛起提供了主观条件。

明清以来,随着人口的不断增加,许多地区先后不同程度地出现了因人口增长引起耕地不足的社会问题。明初高巍上书:

今天下之人民,务本者少,逐末者多。为何?盖因务农之家,地有租,丁有役,三时为农,一时输纳,终岁忧勤,举家劳苦,或遇薄欠之岁,俯仰有不足者

---

① 《清朝文献通考》卷二三《职役考三》。

② 具体论述可详见下文徽商崛起的法文化因素之二。

③ 朱熹祖籍婺源松岩里,隶属于徽州府。他曾为号称“半州祝家”的外公祝确立传,可见他本人并不排斥商贾。

④ (明)王阳明:《阳明全书》卷二十五。

矣。今为商贾者,坐列街市,日登垄断,窥时去取,贱买贵卖获十分之利,纳分毫之税,何益于国家用度哉?彼则乘坚策肥,冬温夏凊,妻孥无劳身之苦,饮食有兼羞之膳,四时有适体之服,终岁优游而无粮草督责之患,是以逐末者多矣。①

耕地严重不足的徽州地区,单纯的农业生产已经不足以供养增殖的人口,商业已经变成了人们致富和维持家庭经济的普遍甚至是必要的手段,商业逐渐被人们接受为和农业并列的一种谋生手段,轻视商业的观念已经开始发生变化。

明清时期的士人名儒中都不乏重视商业的人。② 即便是身居内阁首辅之职的大学士张居正也自觉或不自觉地放弃了自然经济卫道士的传统立场,立足于商品经济高度发展的历史实际,旗帜鲜明地提出了“农商并重”的理论,他指出:“古之为国者,使商通有无,农力本穑。商不得通有无以利农,则农病,农不得力本穑以资商,则商病。故商农之势常着权衡。然至于病,乃无以济也。……故余以为欲国力不屈,则莫若省征发,以厚农而资商,欲民用不困,则莫若轻关,以厚商而利农”。③

近代儒学的殿军人物曾国藩在他的家书中也多次将士、农、工、商相提并论,将务农、经商、入仕都看成各自不同“谋食”之道。道光二十二年(1842年)九月十八日的曾氏家书中说:“卫身莫大于食。农工商,劳力以求食者也;士劳心以求食者也。故或食禄于朝,教授于乡,或为传食之客,或为入幕之宾,皆须计其所业,将来不至尸位素餐,而后得科名而无愧……农果力耕,虽有饥馑,必有丰年;商果积货,虽有壅滞,必有通时;士果能精其业,安见其终不得科名哉?即终不得科名,又岂无他途可以求食者哉?”将做官和读书、经商做了比较,“吾细思凡天下官宦之家,多只一代享用便尽,其子孙始而骄佚,继而流荡,终而沟壑,能庆延一二代者鲜矣。商贾之家,勤俭者能延三四代;耕读之家,谨朴者能延五六代;孝友之家,则可绵延十代八代……故教诸弟及儿辈,但愿其为耕读孝友之家,不愿其为仕宦之家。”④

---

① (明)邓士龙:《国朝典故》卷三十九。

② 如明代丘浚、黄宗羲、顾炎武、王夫之等人都提出“农商并重、工商皆本”的理论。

③ (明)张居正:《张太岳先生文集》卷八《赠水部周汉浦榷竣还朝序》。

④ (清)曾国藩:《曾国藩家书》(上),海南出版社1994年版。

近人刘声木有一段《名儒论治生》述说士大夫对治生观念的巨大变化：

孟子以有恒产、有恒心为王政之端，可见人生治生，实为人生之要务。宋司马温公为相，每询士大夫私计足否。人或不悟而问之，公曰“倘衣食不足，安肯为朝廷而轻去就耶！”宋贾黯廷试第一，往谢杜祁公，公无他语，独以生事有无为问。贾退，谓其门下客曰：“黯以鄙文魁天下而谢公，公不问，而独在于生事，岂以黯为无取耶？”公闻而言曰：“凡人无生事，虽多显宦，亦不能不俯仰，由是进退多轻。今贾君名在第一，则其学问不问可知，其为显宦，则又不问可知。衍独惧其生事不足，以致进退之轻而不得行其志焉，何怪之有。”贾为之叹服，朱子谓：粗有衣食之资便可免俯仰于人。元许鲁斋先生谓：为学者，治生最为先务，苟生理不足，则于为学之道有所妨。我朝陆桴亭先生，戒人不可忽视治生，丧其生平。张杨园先生教人以稼穑为治生。倭文端公仁言：治生有道，即为实学友朋中有治生无术，以至身败名裂者云云。

刘声木另专门批按语：“人生当务之急以治生为最要，亦不独儒者为然，但儒者每迂缓不解事，不善治生。历观古今名臣贤士，莫不谆谆以此为首务，予故汇记于此，以当座右铭。”①

在经商乃是治生手段的思潮盛行的历史背景下，徽商借助于对朱熹理学中“人欲”的双重解释，为其整合出“儒贾相通”的“新四民论”，提供了可能性。

在理学大师朱熹“存天理、灭人欲”的哲学思想中，“人欲”一词具有双重含义。第一层含义是指符合天理的人正当的生命欲望，也可以说是“人欲中自有天理”。② 第二层含义则是指与天理对立的人不正当的、过分的生命欲望。所谓的“灭人欲”，是要灭第二层次的“人欲”；对于第一层次的“人欲”，不仅不能灭，还要保护它。

有着悠久理学传统的徽州地区，徽商有着较高的整体文化水平。为了自己的切身利益，徽商群体致力于理学的深入研究，围绕着理、欲之辩的中心问题，充分发挥群体智慧的力量，从不同侧面重铸理学，摘取理学中某些章句、格言，将其整合成为徽商经济利益服务的“儒贾相通”的“新四民论”。

既然“人欲中自有天理”，天理与人欲不是绝对排斥的，徽商将理欲相通引申到士商关系的解释中，对传统理学的“儒贾观”“本末观”加以系统改造、

---

① （清）刘声木：《苌楚斋随笔续笔三笔四笔五笔》（卷四），中华书局1998年版，第309页。

② 《朱子语类》卷一五。

变通和融合,提出了“贾儒相通”的新价值观念,并从不同的角度论证其合理性:

第一,“贾儒相通”体现了名与利的相通。虽说“儒为名高,贾为厚利”,[①]儒、贾两者所追求的目标不一致,但作为“治生”的手段而言,实质上应该是一致的。歙人吴长公自幼业儒,父亲客死异乡后,母亲要求他弃儒业贾,以继承父业。吴长公:“退而深惟三,越日而后反命,则曰‘儒者直孜孜为名高,名亦利也。籍令承亲之志,无庸显亲扬名,利亦名也。’不顺不可以为子,尚安事儒?乃今自母主计而财择之,敢不唯命。”[②]历经一番名与利的思想斗争后,最终吴长公在“名亦利”“利亦名”之间实现了心理平衡,遵从母命,欣然经营父亲遗留下来的产业。

第二,“儒贾相通”体现了义与利的相通。孔子曰:“君子喻于义,小人喻于利。”自古就是士人重义,商人重利,两者的追求是严重对立的。但是饱受儒学熏陶的徽商却认为,士商仅仅在于职业上的不同,“贾而好儒”的徽商同样可以做到重义。从商是为了求利,但徽商的信条是,“职虽为利,非义不可取也”。[③] 当义利不可兼得,徽商宁可失利、不可失义的义行屡见不鲜。如婺源商人朱文炽贩茶去珠江,抵达后错过了大宗贸易的时机,新茶不新了,于是在出售茶叶时自书“陈茶”二字,以示童叟不欺。牙侩劝他去掉“陈茶”二字,可以卖好价钱,朱文炽坚持不允。[④] 徽商吴鹏翔某年从四川运米数万石至汉阳,时值当地闹饥荒,价一路高攀。他没有见利忘义,而使“减值平粜,民赖以安”。甚至,一次从牙行购进胡椒八百斛(一斛相当于十斗),还没付款,发现胡椒有毒,卖主得知愿意收回,但吴鹏翔做出惊人之举,照价买下后付之一炬,因为他担心到退货后,卖主可能会转售于他人,会坑害更多的不知内情的人。[⑤] 徽商“先义后利”“以义为利”的诸多义举,深深得益于平时儒家思想的濡染,黟县商人舒遵刚的一席话可以印证此点。他说:

圣人言,生财有大道,以义为利,不以利为利。国且如此,况身家乎!人皆读四子书,及长习为商贾,置不复问,有暇辄观演义说部,不惟玩物丧志,且阴坏其心术,施之贸易,遂多狡诈。不知财之大小,视乎生财之大小也,狡诈何裨

① (明)汪道昆:《太函集·寿域篇为长者王封君寿》。

② (明)汪道昆:《太函集·明故处士溪阳吴长公墓志铭》。

③ 《汪氏统宗谱》卷三。

④ 光绪《婺源县志》卷三三。

⑤ 嘉庆《休宁县志》卷一五。

焉。吾有少暇,必观四书五经,每夜必熟诵之,漏三下始已。句解字释,恨不能专习儒业,其中义蕴深厚,恐终身索之不尽也,何暇观他书哉!①

徽商以义为利,以书生之道行商,不仅有利于维护自己的商业信誉,而且也有助于在人格上取得与重义的士人平等的社会地位。因此,徽商一再强调:“士商异术而同志,以雍行之艺,而崇士君子之行,又奚必缝章而后为士也。”②

第三,“儒贾相通”体现了经商和做官在“事理”上相通。先为贾者有助于后为政。徽商吴黄谷曰:“余每笑儒者龌龊,不善治生,一旦握符,莫如纵横。习儒旁通于贾,异日为政,计然桑孔之筹,岂顾问哉?”③先业儒者也有助于为贾。徽商张光祖,年少时习进士业,“授春秋三传,领会奥旨,逮壮屡试有司,弗克展底蕴。寻业商,时或值大利害事,每引经义自断,受益于圣贤心法最多”。④ 徽商黄长寿“以儒术饬贾事,远近慕悦”,“虽游于贾人,实贾服而儒行”。⑤

第四,“儒贾相通”表现在或入仕或经商,皆可以实现“大振家声”的目的。徽商吴季长,“孙曾罗列堂中,食指满百,或儒或贾,皆能大振其家声”。⑥ 歙县商人方勉弟,“父贾中州,折阅不能归,伯氏(勉季)为邑诸生矣,仲公(勉弟)顾名思义,蹶然而起曰:‘吾兄以儒致身显亲扬名,此谓之孝;吾代兄为家督,修父之业,此谓之弟。’乃辍家,从父贾中州”。经商发达之后,“以数千缗缮宗祠圮者。”⑦在徽商看来,读书与经商在孝悌上是相通的,经商发达后,为宗族不遗余力地修缮祠堂做贡献,此举与读书做官是同样光宗耀祖的体现。

第五,“儒贾相通”体现在“弃儒归贾”或“弃贾归儒”是可以相互转化的。深受“官本位”传统文化的影响,素来有“万般皆下品,唯有读书高”“学而优则仕”的古谚。士、农、工、商四民之序的社会阶层的划分,已经成为人们脑海中根深蒂固的观念。读书进仕是封建社会中每个人的最高价值追求,只要家庭条件尚可,本人资质尚好,一般从小就从事儒业,专注苦读,以求步入仕途。明清时期,社会并没有为士人步入仕途提供有效的手段支持。举人、进士的名额

---

① 《黟县三志》卷一五。
② 《汪氏统宗谱》卷一一六《弘号南山行状》。
③ 吴吉祜:《丰南志·从父黄谷公六十序》。
④ 《张氏统宗世谱》卷八。
⑤ 《潭渡黄氏宗谱》卷九。
⑥ 吴吉祜:《丰南志·寿季长老侄七秩序序》。
⑦ 李维桢:《大泌山房文集》卷七二。

并没有随着人口的激增而有所增加,考取功名的机会相应变小。当然读书是要有一定的经济基础为保障的,如果连吃饭生存都成为问题,读书就难以继续了。封建社会下“治生”的手段就是农、工、商三业。徽州地狭人稠,耕作“三不获一”,务农之路行不通,手工业又不发达。徽州人欲“治生”,唯有选择经商,“弃儒归商”是大多数人为了“治生”而迫不得已却又切实可行的选择。徽人走上了经商之途,由于善于经营之道,发财致富者不少。治生的问题解决了,年轻时曾经有志于儒业者,复又“弃贾归儒”。许多徽商都是“易儒而贾,以拓业于生前;易贾而儒,以贻谋于身后。”[①]正如汪道昆指出:“夫人毕事儒不效,则弛儒而张贾;既侧身飨其利也,及为子孙计,宁弛贾而张儒,一张一弛,迭相为用,不万钟则千驷,犹之转毂相巡,岂其单厚计然乎哉,择术审矣”。[②]

第六,“儒贾相通”更多地表现为徽商力求集亦儒亦贾两种功名于一身。[③]清人沈垚在《费席山先生七十双寿序》中指出早在宋代就已经出现了士商合流的趋势:

宋太祖乃尽收天下之利权归于官,于是士大夫始必兼农桑之业,方得赡家,一切与古异矣。仕者既与小民争利,未仕者又必先有农桑之业方得给朝夕,以专事进取,于是货殖之事益急,商贾之事益重。非父兄先营事业于前,弟子即无由读书以致通显。是故古者四民分,后世四民不分,古者士之子恒为士,后世商之子方能为士。此宋元明以来变迁之大较也。天下之士多出于商,则纤啬之风日益甚。然而睦姻任恤之风往往难见于士大夫,而转见于商贾,何也?则天下之势偏重在商,凡豪杰有智略之人多出于焉。其业则商贾耳,其人则豪杰也。为豪杰则洞悉天下之物情,故能为人所不为,不忍人所忍。是故为士者转益纤啬,为商者转敦古谊。此又世道风俗之大较也。

……元、明来,士之能至通显者大概资于祖、父,而立言者或略之,则祖、父治生之瘁,与为善之效,皆不可得见。[④]

“商而兼士”是徽商追求的最高价值目标,虽然徽商未必个个都能入仕,

① 婺源《三田李氏统宗谱·环田明处士松峰李公行状》。

② (明)汪道昆:《太函集》卷五二。

③ 时下流行“儒商”一语,可能是对商人较高的舆论评价。

④ 《落帆楼文集》卷二四。

但一般都具有较高的儒家文化修养。所以“虽营商业者,亦有儒风”,[①]能“扫尽市井中俗态,虽不服儒服,冠儒冠,翩翩有士君子之风焉”。[②] 汪道昆说:“余唯乡俗不儒而贾,卑议率左贾而右儒,与其为贾儒,宁为儒贾,贾儒则狸德也,以儒饰贾,不亦蝉蜕乎哉?”[③]徽商郑作“尝读书方山中,已弃去为商。挟束书,弄扁舟,孤琴短剑,往来于宋楚间……识者谓郑生,虽商也,而实非商也。”[④]这正是徽商普遍心态的真实写照,也是他们孜孜不倦追求将经商、读书两种功名融为一体的最高理想。

在这种对理学改造后的贾、儒相通的商文化的熏陶下,徽商不仅在道义上正大光明地追求利,而且还将利与传统儒家伦理的孝悌、价值尺度的义相通,体现了理学“人欲中自有天理”的精神,实现了理、欲相通。

理、欲相通,实则儒、贾相通。因此,徽商首先对“商居四民之末”的传统价值观进行了修正,提出了“四民异业而同道”[⑤]的“新四民论”新的价值观,世代业儒的徽商大家族汪氏“古者四民不分,故傅岩鱼盐中,良弼师保寓焉。贾何后于士哉!世远制殊,不特士贾分也。然士而贾,其行士哉,而修好其行,安知贾之不为士也。故业儒服贾各随其矩,而事道亦相为通”,[⑥]一语道出徽商的心声。《歙风俗礼教考》亦指出“商居四民之末,徽俗殊不然”,显然徽州人已经颠覆了传统四民的价值观。

再者,在本末关系上,徽商一贯主张“本末交相重”。明弘治、正德年间歙县籍徽商许大兴曾云:“予闻本富为上,末富次之,谓贾不耕若也。侮郡保界山谷间,即富者无可耕之田,不贾何待?且耕者什一,贾之廉者亦什一,贾何负

---

① 《婺源县志稿》(抄本)。

② 婺源《湖溪孙氏宗谱》卷一《萃峰孙公传》。

③ (明)汪道昆:《太函集》卷五四《明故处士溪阳吴长公墓志铭》。

④ 歙县《郑氏宗谱·明故诗人郑方山墓图志》。

⑤ 余英时认为明代大儒王阳明最早提出士、农、工、商平等的“新四民论”,体现了16世纪以后儒家在四民论上的变化。参见王阳明《节庵方公墓表》略云:苏之昆山有节庵方公麟者,始为士,业举子。已而弃去,从其妻家朱氏居。朱故业商,其友曰:“子乃去士而从商乎?”翁笑曰:“子乌知士之不为商,而商之不为士乎?”……阳明子曰:“古者四民异业而同道,其尽心焉,一也。士以修治,农以具养,工以利器,商以通货,各就其资之所近,力之所及者而业焉,以求尽其心。其归要在于有益于生人之道,则一而已。士农以其尽心于修治具养者,而利器通货犹其士与农也。工商以其尽心于利器通货者,而修治具养,犹其工与农也。故曰:四民异业而同道。”(四部备要本《阳明全书》卷二十五)

⑥ 《汪氏统宗谱》卷一六八。

于耕？古人非病贾也，病不廉耳。”[①]汪道昆对传统的“重本抑末”进行了有力的批判：“窃闻先王重本抑末，故薄农税而重征商，余则以为不然，直壹视而平施之耳。日中为市肇自神农，盖于耒耜并兴，交相重矣。耕者什一，文王不以农故而毕蠲；乃若讥而不征，曾不失为单厚。及夫垄断作俑，则以其贱丈夫也者而征之，然而关市之征，不逾什一，要之各得其所，商何负于农？”[②]

正是凭借着徽商“儒贾相通”和“本末交相重”的价值观，造就了徽州名门望族与商贾合流，使徽商以崭新的角色出现在商业领域中，确立了明清封建社会的十大商帮之首的历史地位。

其一，在“儒贾相通”的商文化熏陶下，在徽州地区形成了贾与儒的良性循环。徽商在经商致富之后，大多会致力于“延师课子”。如大盐商鲍柏庭，“延明师购书籍不惜多金。尝曰：富而教不可缓也，徒保资财何益乎。”富而教子的目的是“大吾门”“亢吾宗”。徽商子弟以“业儒”考取功名而官居高位者，没有不关心本籍商贾利益的。明嘉靖万历年间，被人称为“天下两司马”[③]之一的徽州盐商后代汪道昆，曾经猛烈地批判传统“重农抑商”的国策，大胆地提出农商“交相重”的观点，要求明统治者对商人要“壹视而平施之”，采取“从商之便”的恤商政策。清康熙帝时，歙县商人子弟徐承宣官至工科给事中，也曾针对当时农商赋税负担繁重的情况，直言上书：“请禁赋外之赋，差外之差，关外之关，税外之税，以苏农困，以拯商病。”[④]通过徽商子弟、族人、同乡业儒，徽人在全国各地为官很多，这对于徽商而言，无疑是一个官场上的政治保护伞，对于徽商经商的好处是难以一笔尽述的。

其二，在“儒贾相通”商文化的熏陶下，造就了集贾、儒一身的徽商具备了封建社会下的良性的竞争机制。明清时期，随着商品经济和社会分工的不断发展，商业联络网日益扩大，商品与货币的运动也日益错综复杂。当时，市场上的商品供求关系变化多端，“每日都有许多单方面的商品形态变化同时进行”。[⑤] 只有具备较高文化素质的徽商，从中国古代无数文化典籍中汲取丰富的政治、经济、人才管理、谋略、运筹、伦理等思想精髓，才能够在商业活动中准确地分析市场形势，在取予进退之间不失时机地作出正确判断，以获得厚利。

---

① 《新安歙北许氏东支世谱》。
② （明）汪道昆：《太函集》卷六五《虞部陈使君催政碑》。
③ 汪道昆曾与当时文坛巨擘王世贞先后官兵部，世人称为“天下两司马”。
④ 徐承宣：《赋差关税四弊端》，载《清经世文编》卷二八。
⑤ ［德］卡尔·马克思：《资本论》（第1卷）。

此外,自身具有较高儒学的修养,也十分有利于徽商攀缘封建政治势力。徽商的四大产业的主干是经营盐业,盐业是国家专卖[①]的重要商品,其利润最厚,获取食盐的专卖权理所当然地成为诸多商帮竞相追逐的目标。然而,唯独徽商受到官府的青睐,长期垄断经营两淮盐场的专卖权。其原因是多方面的,但其中最重要的因素是徽商善于利用儒学作为与官府的黏合剂,这是其他商帮无法比拟的。

二、明清“恤商”的商业立法

作为国家最高统治者,立足于长治久安和实现国富民强的终极目的是处理一切问题的出发点。对商人的态度也不例外。当自己的统治不需要商业流通时,就采取抑商的政策,制定抑商的法律制度;当自己的统治需要商业流通发挥作用时,就采取纵商的政策,或至少是在一定程度上放松对抑商法律制度的执行力度。

商品流通离不开商人,市场发展离不开商人,与明清时期商品流通和市场发展相适应,商人的经济实力不断增强,社会地位不断提高。因为商品流通扩大引起的商业税剧增,成为国家财政收入的主要来源。统治者对商业的依赖性越来越强,与此同时,随着社会人口的激增,土地资源显示出大量短缺的迹象,如同秦汉时期将全国劳动者限于“务农”已经不再现实了。

在这种社会背景下,明清统治者有意无意地逐步改变了以往重农与抑商并行的政策,在积极采取重农的同时,常常不再提及抑商,在一定程度上为明清时期商业发展创造了条件,顺应了商品经济的发展。在明清统治者的政策视野中,商业不再是必须铲除的祸害,而是可以利用的对象了。

因此,随着明清时期商品经济的不断发展,商业发展的潮流已经侵蚀着社会生活的每一个角落,作为调控社会秩序最重要的工具——法律对此现象不能不有所反映,对商人活动提供基本的法律保障,为商业的健康发展提供必要的法律空间,因为“法律发展的重心不在于立法,不在于法律科学,也不在于

---

① 学者汪崇筼指出封建朝廷对食盐实行垄断专卖的目的有两点:(1)盐是人民生活必需品,须保障供给。即从稳定社会角度出发,朝廷不许任何私人对盐实行垄断。(2)朝廷要在对盐的供给过程中获利,且随着时间的推移,这种获取是越来越多。参见汪崇筼:《明清徽商经营淮盐考略》,四川出版集团·巴蜀书社2008年版,第19页。

司法判决，而在于社会本身”。①

与唐律相比，明清律例新增设了8个篇目，即《公式》《田宅》《课程》《钱债》《市廛》《仪制》《军政》《河防》。其中，新增有关商业管理方面的律文更应值得关注：

第一，《户律·课程》。沈之奇在《大清律辑注》指出“历代未有其目。《唐律》赋税课，杂见于各条，无专名也。至明始立此篇，国朝因之。货物之税曰课，额征之数曰程。”该篇原小注说：“课者税物之钱程者。谓物有贵贱，课有多寡，如地利之有程限也。”显然这是明清统治者专名针对工商业税收而创立的法律，表明随着明清商品经济市场化的发展，商业在国家税收中的重要地位日益引起统治者的高度关注，需要有专门立法加以规范。

第二，《户律·市廛》。沈之奇指出：“市廛之事，《唐律》在杂律中，明分出名篇而增改焉，国朝亦乃其名。贸易之地曰市，市之邸舍曰廛，皆言牙侩所犯也。”《市廛》篇目包括“私充牙行埠头”“市司评议物价”“把持行市”“私造斛斗秤尺”“器用布绢不如法”5条。其内容对于“处于专制统治时代、自然经济占支配地位时期的中国，‘市廛’五条，基本上能满足维护商事交易所需要的安全、公平、合法、等价等市场秩序的要求”，②也充分体现了明清统治者非常关注市场交易安全，通过立法加强对市场秩序的监督管理。

“私充牙行埠头”是指牙行埠头，必须具备法律规定的条件并进行注册以取得合法资格——“官给印信文簿”，即“牙帖”，才能从业。从沈之奇的《大清律辑注》可推知本条款的法律价值体现在以下3点：(1)对于牙行埠头者，有利于“防止非分之为，诓骗之弊”；(2)在商人方面，凭借牙行、埠头进行货物交易之时，由于牙行、埠头“有产业可以抵还”，因而“无亏折之患”；(3)从国家管理方面，有经过注册备案的牙行、埠头对“客商货物”进行稽查，使政府能够了解和掌握全国商业经济的运行状况，“且可以防意外之变”。确立商人主体的合法资格，保障交易安全、迅捷和井然有序，充分体现了该律文蕴含的法律价值。③

---

① ［美］埃尔曼：《比较法律文化》，贺卫方、高鸿钧译，生活·读书·新知三联书店1990年版，第9页。

② 孙丽娟：《清代商业社会的规则与秩序——从碑刻资料解读清代中国商事习惯法》，中国社会科学出版社2005年版，第69页。孙丽娟进一步指出“市廛”五条成为明清商业社会中调整商事关系规范中的“帝王条款”。

③ 律学家薛允升对此律条的法律价值评价道：“此条《唐律》无文，然亦《明律》中之最善者。”参见（清）薛允升：《唐明律合编》卷二七《明律》“私充牙行埠头”的按语。

“市司评物价”，赋予行人（牙人）评估物价的职能，是为了更好地维护市场交易中的买卖公平性、价格合理性、交易迅捷等秩序，同时明确规定了牙人评估物价时如果因为主观方面出现“令价不平”的状况所应承担的相应法律责任。

“把持行市”，此条是对《唐律·杂律》中“买卖不和较固”的发展，按照《大清律例》的规定，“把持行市”的情况有以下3种：(1)“凡买卖诸物，两不和同，而把持行市，专取其利”（沈之奇语：公然强恃以取利）；(2)“贩鬻之徒，通同牙行，共为奸计，卖已之物以贱为贵，买人之物以贵为贱”（沈之奇语：暗地作弊以谋利）；(3)“见人有所买卖在旁，混以己物。高下比价，以相惑乱而取利”（沈之奇语：惑乱取利）；最终会导致“皆扰害市廛”（沈之奇语），因此需要严禁上述“把持行市”行为，从而有利于维护商人之间自由、公平、合理的商业贸易关系。

“私造斛斗秤尺”，目的在于统一度量衡，其法律价值在于用法律的权威性来维护商业交易的公平性、便捷性以及防止和严惩欺诈行为。

“器用布绢不如法”，本条是专门以“民间”的商业交易行为为调整对象，显现了国家立法对于民间商业交易行为的特别关注和法律规制，其主要意图在于维护市场秩序、保护交易安全和防止欺诈交易行为。

上述两篇律文皆从明代开始独立成篇，恰恰体现了明清统治者能够顺应社会商品经济的日趋发展形势，为维护良好有序的市场环境，致力于完善各项保护商业发展的法律制度，同时在客观上为徽商的崛起提供了法律制度上的有力保障。主要体现在以下三点：

1. 推行“恤商”政策，减轻商业税

明清时期，随着商品经济的发展，商业在国家经济中的地位大大提高，历代统治者都一度放松了对商业发展的重重遏制，尽力推行一些“恤商”政策，减轻商业税。

所谓“恤商”，就是设身处地地替商人着想，对商人给予种种照顾。明太祖朱元璋在建国之初，推行“便商”之法，规定“凡商税，三十税一，过取者以违令论”。[①] 洪武元年（1368年）诏令“田器等物不得征税”，[②]洪武十三年（1380

① 《明太祖实录》卷一四。

② 《明太祖实录》卷三零。

年)令“军民嫁娶丧祭之物,舟车丝布之类皆勿税”。[①] 明成祖继续推行轻税护商政策,永乐元年(1403 年)定制:“凡军民之家,嫁娶丧祭,时节追送礼物,染练自织布帛,及买已税之物,或船只车辆,运自己物货,并农用之器,各处小民挑担蔬菜,各处溪河小民货卖杂鱼,民间家园地塘采用杂果非兴贩者,及民间常用竹木蒲草器物,并常用杂物,铜锡器物,日用食物,俱免税。”[②]永乐十年(1412 年)又下令:“各处巡按御史及按察司官体察闸办课程,凡有以该税钞数倍增收,及将琐碎之物一概勒税者,治以重罪。”[③]仁、宣以后,商税名目日渐增多,税率不断加重,自然导致商业逐渐衰落。

清取代明王朝,继续实行“恤商”政策,减轻商人的税负。顺治初年,在全国设常关 13 处,规定各省关税,船不抵关,货不抽税,并且针对明末滥征私税弊政,先后制定了《芜湖等关抽分例》《闽浙收税例》等地方性税则,整顿税吏,减轻商税,使商业得以在战乱后步入正常发展的轨道。康熙五年(1666 年)刊刻《关税条例》置于各省关口,“严禁各关违例收税,及迟延措勒之弊”,严禁地方官滥收私派,并针对各关征税超额,主管官员可以加级记录而导致各关违例任意征税的弊端,指责说:“重困商民,无裨国计。朕思商民皆我赤子,何忍使之苦累。今欲除害去弊,必须改辙易弦,所有见行例收税溢额即升加级记录,应行停止。”[④]雍正虽坚持士农工商分等级的观点,“朕惟四民以士为首,农次之,工商其下也”,在位期间不仅制定《各关征税则例》,颁行天下,并下令废除传统的商人“当官”[⑤]制度,主张官府所需物品,应照时价向商贾购买:“各省大小以衙门,遇有公事需用物件,无不出自民间。在洁己爱民者给发官价采买,仍不累及小民。而贪鄙之员,则恣行科派……即发官价,亦必低渐抑扣,十不偿五。……敕令各省督抚,严行禁止”。[⑥]

但康熙、雍正时期的“恤商”立法多为表面举措,并无多少实际社会效果。

---

① 《明太祖实录》卷一三二。

② 《明会典》卷三五《户部二十二商税》。

③ 同上。

④ 《清朝文献通考》卷二三《职役考》三。

⑤ “当官”据《清朝文献通考》卷二三《职役考》记载:“凡一应工料食物器皿等项,有一项设立一项总甲,支值官府,名为当官。所有需用之物,票著总甲,从各铺刻期即缴。因而总甲串通奸胥蠹役,以当官为名,从中渔利,或佬端多派,运回私室;或指官吓诈,婪财入已,即发官价,亦必低渐抑扣,十不偿五。”即官府根据需要,可以直接向行户索取或征调,行户必须无偿地向官府提供物资或劳役。

⑥ 《清朝文献通考》卷二三《职役考》三。

真正落实“恤商”立法,为商业发展真正提供便利条件,还应该是在乾隆时期。乾隆元年(1736 年)重新制定《各省税课则例》,设立“纳税串根”和“造报底册”,既避免对商人重复征税,又能够杜绝商人脱漏税。将各省应纳课例,“刊刻木榜,大书设立关口,使商贾一目了然”。[①] 乾隆十三年(1748 年),又制定《广东太平关收税则例》,对 95 种货物重新确定征税比例,如玉器者收课银 4 分,未成器每斤仅收 1 分 7 厘,税率折合仅仅数十百分取一,普遍采取“薄征”来恤商,客观上保护工商业的进一步发展。

2. 加强市场管理的立法,规范牙行制度,保护了商业的进一步有序发展

牙行,[②]是指在封建社会中为买卖双方磋商贸易,从中收取佣金的店铺,简称行栈。它在商业化的作用如同西欧十六七世纪的交易所,两者的区别在于,西欧的交易所是大小商人、银行家和经纪人聚谈贸易的处所,中国的牙行汇聚百货、评议货物价值,联络客商和铺户,代客纳税,是沟通交易的中介机构。[③] 明清时期,牙行和牙人在传统商业贸易中起到了非常重要的中介作用,官府自然而然加大了对牙行制度的监督和管理。

开国之初,朱元璋为了防止牙行诓骗商民,曾一度明令禁止,令“天下府州县镇店去处,不许有官牙、私牙……敢有称系官牙、私牙,许邻里坊厢拿获赴京,以凭迁徙化外。若系官牙,其该吏全家迁徙;敢有为官牙、私牙,两邻不首,罪同”。[④] 但随着商品经济的不断发展,该法律规定很难在实际生活中推行。于是,《大明律》首创了牙行、埠头的管理法规,规定“凡城市乡村,诸色牙行,及船埠头,并选有抵业人户充应。官给印信文簿,附写容商船户,住贯姓名,路引字号,物货数目,每月赴官查照。私充者,杖六十,所得牙钱入官。官牙、埠

---

① 《清朝文献通考》卷二七。

② 《辞海》中对可行的解释如下:(1)中国旧时为买卖双方说合交易并收佣金的居间商行。明清规定设牙行须经官府批准,所领凭证名“牙帖”;领帖缴帖费,每年缴税银,称“牙税”。通商港口经营对外贸易的商行也是牙行;宋有“牙侩”,元有“舶牙”,清有“外洋行”。近代牙行又称行纪、牙纪。(2)牙商的行会组织。唐宋代以后,牙商众多,出现了行会性质的牙店或牙行组织。负有代官府监督商人纳税的责任。(3)中国南方对市集的一种称谓。

③ 沈之奇在《大清律辑注》中解释说:“凡城市集镇,贸易货物去处,则必有牙行。各路河港,聚泊客船去处,则必有埠头。此二项人,皆客商货物凭籍以交易往来者也。有司官必选有抵业人户充应,彼重身家,自知顾惜,而无非分之为,诓骗之弊,即或有之,亦有产业可以抵还,无亏折之患。官给印簿,附写查照,则客商货物,皆有所稽查,且可以防意外非常之变,此立法之意也。”

④ 《古今图书集成·食货典》卷三二二《杂税记考》七。

头容隐者,笞五十,革去”。[1] 就是要求牙商、埠头由有家业者充任,经官府批准后发放牙帖,牙帖的有效期一般为一年,期满,则须申请换帖。牙行、埠头领取官府发放的印信文簿,如实登记客商船户的身份和经商情况,每月向当地官府呈报,对集市交易的客商有监督的法律责任。不经官府批准而私充牙商、埠头者,处以杖刑,牙钱由官府没收。官牙、埠头胆敢隐瞒包庇非法经营者,处以笞刑,革职停业。

清律沿用明制,对牙行、经纪制度相关问题进一步规范化。乾隆四年(1739年)定例:“民间行户,地方官于请领牙帖时查其为人诚实,家有产业者,取具邻保甘结,方准给帖承充。其素无赖,毫无产业者,不许滥给。仍将承充牙行经纪姓名,按季册报布政司存查。如有滥行给帖,以致吞欠客本,即行揭报,将滥给之地方官,照滥给牙帖例,降一级调用。”[2]对于地方官滥给牙帖而上司失察者,规定上司要承担连带责任,其上司罚俸禄一年,司道罚俸禄六个月。上司如果徇纵者,则降两级调用。

另外,为了防止牙行借助官府势力把持行市,保障正常而有序的商业贸易活动,明清律中都明令禁止官员、士绅经营商业,充当牙行,以防止他们利用自己特殊身份垄断市场,损害市场的公平交易原则。乾隆八年(1743年)的上谕对此有最好的诠释:

民间贸易,官为设立牙行,以评市价,所以通商便民,彼此均有利益也。是以定例,投认牙行,必系殷实良民,取有结状,始准给帖充应。盖殷实则有产可抵,良民则无护符可恃,庶几顾惜身家,懔遵法纪,不敢任意侵吞,为商人之害。乃闻各省牙行,有以衿监任充者,每至侵蚀客本,拖欠货银,或恃情面而曲为迟延,或藉声势而呈其勒捐,以致羁旅远商,含忍莫诉,甚属可悯。从前外省衙门胥吏。有更名换姓兼充牙行者,已经降旨敕部定议,严行禁革,积弊始除。而衿监充行,其弊与胥役等。应将现在牙行,逐一详查,如有衿监充任者,即行追帖,令其歇业,永著为例。嗣后如有仍蹈故辙,而州县官失于查察者,著该上司查参议处。[3]

---

① 《大明律》卷十《户律七市廛·私充牙行、埠头》。

② 郭成伟、田涛点校:《明清公牍秘本五种·钱谷指南》,中国政法大学出版社1999年版,第416页。

③ 《钦定大清会典事例》(光绪朝)卷一三三,光绪十二年本。

明清时期的远程商业贸易活动在官府的牙行制度保护下得以发展起来，通过当时流行在商人手中的《商贾便览》册子可为一佐证，手册内容有专门教授商人如何识别和选择妥实可靠的牙行，对各种牙行、埠头有详细的分析，告诫行商一定注意：

凡写船必由船行行纪，前途吉凶，得以知之，间有歹人窥视，虑有跟脚熟识，不敢轻妄……买卖要牙，装载须埠。买卖无牙，称轻物假；卖货无牙，银水低假。所谓牙者，权贵贱，别精粗，衡重轻，革伪妄也。写船不可无埠头，车马不可无脚头，船无埠头，小人乘间为盗，车无脚头，脚子弃货中途，此皆因小失大。①

规范市场秩序，建立良好的贸易环境，是官府设置牙行的初衷，力图使它不仅发挥校勘度量衡器、平准物价、提供居间中介服务等职能，还能够对商人的人身安全和商品货物不受非法干扰遭受损失起到强有力的官方保障作用。

3. 明清统治者不断完善盐法，客观上为徽商的崛起提供了便利条件

盐是人们日常生活必不可少、需求量极大的消费品。历代王朝无不实行榷盐专卖制度，由官府垄断食盐的贸易。明清时期，随着人口的激增和盐业生产的进一步发展，盐的供销量与日俱增，盐课的收入越来越高，已经成为国家财政收入的重要组成部分。

为了最大限度地保障盐课收入，明清统治者十分关心盐政，重视国家盐法的各项制度的健全，充分顾全到“国课”“商资”“民食”三者之间的关系。② 为保障国家盐课收入，国家不得已被迫让渡盐商一部分利益。在这种形势下，能够与官府结合的盐商，凭借着盐业的垄断特权，成为封建社会商业中获利最多的一个行业。精明又善于经营的徽商自然不会放过这一牟利的行业，于是盐业逐渐成为徽商四大主营业之首。③《歙志》亦载：“其货无所不居，其地无所不至，其时无所不骛，其算无所不精，其利无所不专，其权无所不握，而特举其

① 鞠清远：《校正江湖必读》，载陈亚平：《清代法律视野中的商人社会地位》，中国社会科学出版社2004年版，第88～89页。

② 《清经世文编》卷五十《盐法刍言》中清人汪甡指出：“民食壅则商资困，商资困则国课诎，一弊无不弊矣……商恃民以销盐，国恃商以办课，呼吸相通，首尾相应，一利兴而利无不兴矣。”

③ 徽商的四大主营业为盐业、茶业、典当业、木业。

大,则莫如以盐策之业贾淮扬之间而已。”[①]

但徽州盐商的成功不是一蹴而就的,而是经历了漫长而曲折的发展过程。明初“开中法”实行时,晋商是盐业的主要群体。随着明清统治者不断完善国家盐法,客观上为徽商(盐商)的崛起提供了便利条件,因此徽商才有机会与晋商一争高下,在竞争过程中把握国家盐法变革的有利时机,从而走向了成功。

明王朝将蒙古人的残余势力驱赶到漠北,但蒙古各部仍时常南侵,严重威胁到明朝的统治。明王朝为了防止蒙古人入侵,消极地采取了一系列防御措施,其中一项就是沿长江设立九大军镇,驻扎庞大的军队,作为一道坚固的军事防线。《明史·兵制》载:“初设辽东、宣府、大同、延绥四镇,继设宁夏、甘肃、蓟州三镇,而太原总兵治偏头,三边制府驻固原,亦称二边,是为九边。”

九镇的驻扎军队需要庞大的军需供应,明初实行的依靠士兵屯田和各地百姓运粮的措施已经远远不能满足庞大的军需供给。洪武三年(1370年),“开中法”应运而生,以解决九镇军队与马匹的粮食和饲料的问题。

“开中法”规定了商人运销食盐必须经过:(1)“报中”:令商人搬运军粮至西北边塞,在指定的仓库交纳。由官府按粮食的多寡、边塞的远近酬给盐引。所谓“盐引”就是行销食盐的凭证。行盐必须有引,无引之盐,即为私盐,《大明律》[②]规定,百姓各种买卖私盐的活动都是严重的犯罪行为。(2)“守支”:商人持盐引到指定盐场守候支盐。盐的生产者称作“灶户”,隶属于官籍,所生产食盐必须全部上交官府,由官府给予一定数量的工本米(后改为纸钞)。(3)“市易”:商人运盐到指定的地区销售。销售完毕,即向所在地盐政机关退还盐引。

明王朝推行“开中法”的目的就是利用商人为国家运送军粮,达到“转运费省而边储充”的目的,即便给商人取得食盐设置重重困难也无所谓。因为“虽然官员要同商人进行各种交易,但是他们从来不认为政府同商人之间的关系是一种契约关系。在他们看来,国家高高在上,凌驾于契约关系之上,每个国民都有为其服务的义务。商人们被希望利税,而且希望是自愿地参加政

---

① 万历《歙志·货殖》。

② 详见怀效峰点校:《大明律·户律》卷五《课程》第1条之规定,凡犯私盐者,杖一百,徒三年。若有军器者,加一等。诬指平从者,加三等;拒捕者,斩;盐货、车船、头疋,并入官。引领牙人及窝藏、寄顿者,杖九十,徒二年半;挑担、驮载者,杖八十,徒二年;非应捕人告获者,就将所获私盐给付告人充赏;有能自首者,免罪,一体给赏。若事发,止理见获人盐。当该官司,不许展转攀指。违者,以故入人罪论(谓如人盐同获,止理见发。有确获,无犯人者,其盐没官,不须追究)。

府活动。然而，当无利可图，没有自愿者经销食盐时，官员认为征召商人去完成这项任务是完全公平合理的事情，就像他们要求普通老百姓服役一样。在某些情况下，商人事实上被期望在同政府进行交易时，要承担一定损失。他们可能认为这些损失在某种程度上是特许经商的费用。"①

即使在理想的条件下，一个商人要完成上述三道法定手续大约需要两年的时间，期间饱受报中、守支之苦，一旦获得食盐的合法经营权后，竟得以高于购价数十倍的价格销售，在扣除运送军粮、守候支盐、运盐行销各环节的费用后，获得的纯利润仍然非常可观。史称明初开中法"榷利甚微，而商获甚厚"。② 在高额利润的驱动下，不少徽商不畏艰辛，业已投身于盐业的经营中。由于当时招商报中地点，多处于远在千里之遥的西北边塞，山高路远的自然屏障，使深处内地的徽商此时尚无法与处于地利之便的山西晋商一争高低。

明朝中叶，随着商品经济的进一步发展，"开中法"规定的以军需物资交换盐引的报中办法饱受商人诟病，加之地方豪强凭借自己的特权强占盐引，使商人手中的盐引多数不能按时支取，困于守支，大大挫伤了商人报中的积极性；再者，"开中法"严禁余盐私卖的禁令被打破，出现了享用食盐专卖权的"内商不能速售，边商之引又不贱售"的尴尬局面。"开中法"无法继续实行下去，变革盐法成为历史必然。

成化、弘治年间的盐法变革，也为徽州盐商的崛起提供了法律制度上的最佳时机。这一时期盐法的变革主要体现在以下三点：

第一，禁止买卖盐引的禁令放宽。明初规定在报中环节，商人必须本人亲自到指定盐场支取盐引，不允许他人代支，从而严禁盐引私自买卖的活动。但是，明朝中叶，随着官场的腐败之风盛行，豪强非法强占盐引、把持盐利的弊端愈演愈烈，最终造成部分盐场无盐支给报中的商人。甚至有许多盐商守支多年至死而领取不到盐，不得不由子孙代为守支。代支先例一开，商人将盐引转卖与他人代支的做法随即产生。这就为身处内地而财力雄厚的徽商提供了便利，无须长途跋涉运粮赴边，或在边塞募人耕作支边换取盐引。

第二，"开中折色法"的出台。为了进一步消除盐商转运边境之苦，提高盐商报中的积极性。弘治五年(1429 年)，户部尚书叶淇实行"开中折色法"，

---

① 黄仁宇：《十六世纪明代中国之财政与税收》，生活·读书·新知三联书店 2001 年版，第 209 页。

② 万历《歙志》卷一十。

将已经存在的纳银办引的习惯上升为一项法律制度,其具体办法为:盐商纳银于盐运司,由盐运司发放盐引。再以盐商所缴纳的银两拨付给九镇边塞,用以采购军需物资。让盐商免除了赴边纳粮之苦,边商与内商之别不复存在了。“开中折色法”使地处扬州(两淮盐运司所在地)不过百里的徽商经营盐业,获得了地利之便。

第三,余盐开禁。盐场灶户按照规定足额上缴灶课后,所剩之盐为余盐。余盐不允许私藏,应悉数上交官府,由官府按量付与工本钱,私卖余盐者治罪。随着生产技术的进步,灶户生产的余盐量激增,官府付与的工本钱有名无实。灶户为了改善生活,多私下交易余盐;盐商也希望多收购一些余盐获取更多利润,于是余盐私自买卖的情况多有发生,屡禁不止。明政府逐渐放宽余盐买卖的禁令,允许盐商在守支不足数量之时,可以“买补余盐”抵数。余盐买卖的开禁,使善于经营的徽商直接与灶户交易成为可能,便利用垄断特权,通过预付款压价购盐,从中牟取更多暴利。于是,徽商把握了这个千载难逢的机遇,在与晋商争夺两淮盐业经营的竞争中取得了绝对优势。

万历四十五年(1617年),为了进一步克服盐引壅滞的弊端,明政府采纳盐政大臣袁世振的建议,实行纲运制。具体做法是,将持有旧引的盐商分为十纲,编入纲册,每年以九纲行新引,一纲行旧引,照此办法,10年之内就可以将积引全部疏销完毕,而纲册编定后则“永留与众商,永永百年,据为窝本”。此后每年派行新引时,都以纲册所记载的各商原有引额为据,册上无名者,不得参加。[①]纲运制是将原来分散运盐的运商组成商纲,结帮行运。既然盐的承销要结帮,使大批重视血缘亲族关系的徽州盐商获得了累世专享行盐专卖的垄断特权。

满人入主中原之后,废弃明朝的“开中法”不用,而全面推行纲法。为了强化盐商世代享有垄断利益,顺治十七年(1660年),清王朝在纲法的基础上,创立了公垣制度,规定各盐场设置公垣,由专职官员启闭。令所有盐户将生产的食盐悉数上缴入库。商人持盐引到指定的公垣买盐。凡是在官府指定的公垣之外存放、交易食盐皆治罪,此举杜绝了私卖食盐的现象,确保食盐专属于官府授权的盐商运销,为徽州盐商世代占窝行盐,把持食盐专卖牟取暴利提供

① (明)袁世振:《皇明两淮盐政编》卷四。

了便利条件。[①]

在明末清初的战乱之际，纲盐法和公埋制并未给徽州盐商带来实际好处。自康熙亲政以来，清廷采取一系列“恤商裕课”措施，整顿盐业，纲盐法和公埋制对盐商的好处才日益凸显。康熙九年（1670 年）下了一道较严厉的斥责各处盐官肆意增加浮课[②]的“上谕”，“各处盐差官员因循陋规，巧立名色，额外加派，苦累商民，殊为可恶。据（巡盐御史）席特纳等所奏，淮商六大苦，掣挚三大弊端等项，情节俱实。各盐差积弊作何禁止，官员作何处分，著再严切明白奏议。”[③]雍正在位时间虽然不长，但落实“恤商裕课”政策比其父更加得力。雍正五年一道“上谕”：“据两淮巡盐御史噶尔泰奏称：乙巳纲盐商呈称，感戴抚恤皇恩，盐丰课裕，家足户盈，情愿公捐银二十四万两，以充公用，以达微忱等语。朕轸恤众商，是以减除浮费，加添盐觔。种种施恩之处，无非欲使众商均沾利益，资本饶裕，并不计其感激报效也。伊等上年公捐银两，朕因其既已捐出，难于退还，故令即于本地建立盐义仓，以裕积贮，备地方之用。今伊等又复公捐，大非朕意。但据噶尔泰所奏，众商情愿恳切，着将此项银两令众商各暂行存贮，将来遇有公事运用之处，再候谕旨。或将此项任伊等资生利息，亦从其便。”[④]至此，徽州盐商逐渐进入发展的鼎盛阶段。民国《歙县志》载：“邑中商业以盐、典、茶、木为最著，在昔盐业尤盛焉。两淮八总商，邑人恒占其四。各姓代兴，如江村之江，丰溪澄塘之吴，潭塘之黄，岭山之程，稠墅潜口之汪，傅

---

① 除国家法律的变革对推动徽州盐商的崛起起了很重要的作用外，徽学研究的学者也认真分析了徽商在两淮盐业经营的优势还有其他一些因素：地缘优势；“儒贾”文化优势；政治优势；宗族支持优势。参见张海鹏、王廷元主编：《徽商研究》，安徽人民出版社 1995 年版，第 167 ~ 184 页。

② 官员公然敲诈勒索盐商的陋规浮费屡禁不止，至康熙四十三年（1704 年），江南总督阿山访得两淮盐院勒索摊派共计 13 项浮费：（1）盐院差满之时，赏给各差役银一万六千八百两。（2）盐院差满起行，送远近别敬共银二万一千六百两。（3）馈送官员及过往程仪杂费等项银三万一千六百余两。（4）盐院书差每引带盐七斤，收银四分二厘，计银五千六百两。（5）隔年未经过所残引，次年续过，书差每引带盐五斤，收银三分，约计银子五六千两不等。（6）书差随费每引收银一分六厘，计引收银八厘，计银一万六百六十余两；书差重收桅封，每引八厘，共计银一万六百六十余两。（7）北桥承差指守桥，每引收银一厘，计银一千三百三十两余两。（8）隔年残引未曾过所，至新院到任过所，又复派规费一钱几分不等。（9）盐每引额重二百五十二斤，过所称掣间有多出盐斤。令商人纳价，并发仓堆储，勒赎变卖。（10）新院到任需用，向有力商家豫借，每年因升出利银三四万两。（11）每年新院到任，于额设承差二十名之内点用一名，名曰发收，一任内事无钜细，皆系经手，鱼肉众商。见嘉庆《两淮盐法志》卷四十《优恤一》。

③ 光绪《两淮盐法志》卷一《制诰》。

④ 雍正《两淮盐法志》卷一《恩纶》。

溪之徐，郑村之郑，唐模之许，雄村之曹，上丰之宋，棠樾之鲍，蓝田之叶皆是也。彼时盐业集中盐场，全国金融几可操纵，致富较易，故多以此起家。”①光绪年间《两淮盐法志》的列传中记述了80多名盐商的代表人物，其中徽籍盐商竟占了60人之多。

16～18世纪，无论是商业税和牙行制度的改革，还是盐法专卖制度的演变，充分证明了明清政府已开始不自觉地注意从法律角度来维护商人的合法权益。虽然在主观上，政府扶持商人的目的，是出于维护社会安定，调解官与商、商与商、商与民之间在经济活动中的矛盾，以从商人身上攫取更多的财富，但政府的“恤商”政策及政策法规等制度安排方面的诸多变化，客观上有利于商品经济的发展和商人社会地位的提高，并具有极大的社会示范效应，这恰恰也是徽商能够迅速崛起不可缺少的客观条件。

三、徽州宗族法的不断完善

“重农抑商”的传统生活中，商人外出经商面临的生存环境十分险恶，经常遭到寓居地土著居民的排斥，其他地方商人的竞争、盗贼的抢劫和贪官污吏的敲诈勒索。依靠个人力量闯荡江湖是十分危险的事，稍有不测，难免财毁人亡。在这种形势下，徽商能够迅速崛起，成为明清时期十大商帮之首，②有一个非常重要社会条件不可或缺，那就是依靠徽州地区强大的宗族势力，不断完善宗族法，从而为徽商的发展提供了强大的支持作用。

宗族，“族者，凑也，聚也，谓恩爱相流凑也。生相亲爱，死相哀痛，有会聚之道，故谓之族也”。③ 自两宋以后，随着租佃制的普遍推行，大批失去土地却获得一定程度人身自由的农民游离在社会上，在统治者看来，这类农民必然是社会不安定因素。因此，需要在广大农村建立一种新的社会组织，以便将人身自由性更强的农民容纳其中，从而达到稳定社会秩序、巩固国家统治的目的，

---

① 民国《歙县志》卷一。

② 明清十大商帮是指安徽的徽商、山西的晋商(一流商帮)、江苏的洞庭商、江西的江右商、浙江的宁波商和龙游商、福建的闽商、广东的粤商、山东商、陕西(秦)商(二流商帮)。商帮之所以为商帮的4个重要标志：一是经商的人数众多，而且分别出自同一地区。二是商人的活动范围广泛，在相当大的区域或在全国市场发生影响。三是商人的经营项目增多，各种行业相互补充配套，构成体系。四是在商人之间和商号内部通过一定的组织形式联系，凝聚起来，发挥了商人群体的优势。参见吴慧主编：《中国商业通史》(第3卷)，中国财政经济出版社2005年版，第754页。

③ 《白虎通德论》卷三《宗族》。

于是一种以伦理原则结合而成的特有宗法性群体组织出现了,[①]到了明清时期,各地普遍建立了宗族组织,并相应制定宗族法,[②]以调和宗族内部各种社会关系。明清时期,宗族几乎控制了当地基层社会的行政、司法、经济以及社会生活、风俗、习惯等各方面,政府常常听之任之,使得宗族成为封建基层社会中实际上的管理者。

徽州地区历来以宗族势力强盛著称,宗族法也非常完善,并明确规定以族产为强大后盾,在经济上全力支持族人积极参与经商。因徽州处在山区,地狭民稠,不可能人人都将务农作为“治生”的唯一手段,很多宗族法明文规定,本族子弟践商立业,可以从宗族公产中获得一定补助,以作求师和差旅的费用。当然,宗族法规定以族产资助族人立业谋生,“既能减轻日后赡贫济急的负担,也能进一步体现宗族共同体的社会职能,与每一成员加强感情上的交流。而且,对于宗族来说,这也是一种投资。族人一旦经商获利,发迹起家,无论在道义上,还是根据宗族法的规定,他都有义务割产捐族,以报初始接济之恩。……在宗族看来,商人纳钱捐官,与科举入仕一样,亦可以光宗耀祖,振兴门庭。这也是宗族积极支持族人经商事贾的一个重要原因”。[③] 据日本学者滕井宏教授研究,徽商的原始资本一般可分为共同资本、委托资本、援助资本、婚姻资本、遗产资本、劳动资本和官僚资本 7 种类型,除了劳动资本外,其他资本来源大多与宗族的支持分不开的,凡“官有余禄”或“商有余资”者,大都倾

---

① 中国宗法社会经历了三个历史阶段,即春秋以前的宗法式家族制度;魏晋至唐代世家大族式家族制度;两宋以后族权式家族制度。

② 中国政法大学朱勇教授指出“宗族法是封建国家法律的重要补充形式。宗族权贵为了维持宗族社会秩序的安定,同时也为了保护自己的特殊利益,以国家法律、民间习惯及纲常礼教为原型,删减增补,加工整理,使其成为宗族内部具有普遍约束力的宗族法,并以宗族自身力量和国家力量作为其强制执行的保证。”参见朱勇:《中国法律的艰辛历程——清代宗族法研究》,黑龙江人民出版社 2002 年版,第 68 ~ 69 页。上海社会科学院法学研究所费成康研究员也认为家法族规(后者就是宗族法)通过以下 5 点,明显具备了法律属性:一是家法族规体现了统治阶级的意志;二是家法族规的制定大多经过了某种程序;三是家法族规是由强制力保证执行的;四是家法族规几乎都是成文的;五是家法族规虽非由关立法者或立法机构所制定,但得到官方的支持和提倡。这些成文的家法族规的制定和颁布几乎始终得到了官府的鼓励和支持,其中的一部分还得到了地方官府直至皇帝本人的批准,并由官府出示公布。它们的实施也基本上得到了官府的支持。显然,这些规范已被纳入了国法的体系,起到了补充国法的作用。参见费成康:《中国的家法族规》,上海社会科学院出版社 1998 年版,第 167 ~ 175 页。

③ 朱勇:《中国法律的艰辛历程——清代宗族法研究》,黑龙江人民出版社 2002 年版,第 219 ~ 220 页。

力资助族人业贾。

在宗族的大力支持下，徽商脱颖而出成了明清时期十大商帮领军人物。宗族对徽商的崛起与发展起着巨大的推动作用，主要体现以下3点：

1. 在宗族势力的支持下，徽商易于在各地建立区域性或行业性的市场垄断地位

通过贱买贵卖同一商品，获得商业利润是封建商业逐利的本质。欲想将商业利润最大化，唯有形成市场垄断地位，排斥同行的竞争。徽商深谙此道，依靠庞大宗族势力的人、财、物的大力支持，通常都会把持某一行业的全部业务，形成区域性或行业性市场垄断。

徽商自古以来就有举族迁徙经商的传统。[①] 徽人外出经商，在当地市集城镇站稳脚后，其族人和乡党随之而来。[②] 徽商具有牢固的宗族意识和强烈的地域观念，所用之人，非同宗同族，即本村本里，商业上的主从关系加上宗族上名分关系和地域上的同乡关系，使徽商在内部形成一种强大的合力，从而不断推动商业发展。如婺源籍商人程栋在湖北汉口“颇得利，置产业”，“凡亲友及同乡这，借住数月，不取伙食，仍代觅荐生业”。[③] 黟县籍商人朱承训在江西吴城镇，对“乡人觅业而来，与失业而贫者，因材推荐”。[④] 使族人乡党势力不断扩大，形成了人力、财力的优势地位，从而达到排斥竞争对手的垄断目的。

休宁县徽商多从事典当业经营，他们为了建立行业性垄断市场，与异帮商人展开了残酷的商业竞争，通常采取的竞争策略是族人乡党从事同一行业，凭借宗族势力的雄厚商业资本，采取一致行动，降低典利，击垮本薄利高的商帮。《金陵琐事剩录》中记载：“当铺总有五百家，福建铺本少，取利三分、四分。徽州铺本大，取利仅一分、二分、三分，均之有益于贫民，人情最不喜福建，亦无可

---

① 徽籍著名学者胡适强调注意徽人经商举族移徙的传统与建立垄断的关系时指出：“县志应注重邑人迁徙经商的分布与历史。县志不可但见小绩溪，而不见那更重要的大绩溪，若无那大绩溪，小绩溪早就不成局面。新志应列大绩溪一门，由各都画出路线，可看各都移殖的方向，及其经营的种类。”

② 《明清徽商资料选编》记载：“歙、休两邑民皆无田，而业贾者遍于天下。自寇乱，破家荡产者大半。夫两邑人以业贾故，挈其亲戚、知交而与共事。以故一家得业，不独一家食焉而已。其大者能或千家百家，下亦至数十家数家。”《金太史集》卷四，转引自《明清徽商资料选编》，安徽黄山出版社1986年版，第46页。

③ 《婺源县采辑·孝友》。

④ 同治《黟县三志》卷七。

奈何也。”①正是凭借身后强大宗族势力的支持，徽商在全国各地轻而易举地形成了垄断市场。

2. 在宗族势力的支持下，徽商依附于封建政权，借助政治势力的庇护，垄断特殊商品的专卖权

“中国商人的心理状态……从事创新的企业、为新产品争取市场的推动力，不如争取垄断、通过买通官方取得市场控制权的推动力来得大。中国的传统做法不是造出较好的捕鼠笼来捕捉更多的老鼠，而是向官方谋取捕鼠的专利。”②美国汉学家费正清一语道破了在传统官本位的封建体制下，商人想要谋求发展，必须不遗余力地寻求官府的鼎力扶持，形成垄断性经营地位，才能够获得巨大成功。

如何依附于封建政权，进而攫取到垄断专卖特权，谋取更大的经济利益呢？徽商自有其得天独厚之法宝：

一是延师教子，重视培养子弟读书科考入仕，使徽籍子弟任职于政府的官僚集团，充当行业性或区域性政治代理人。儒家的宗旨在于“治国平天下”，为此就必须走“学而优则仕”的道路。“儒风独茂”的徽州巨族大多渊源于躲避中原战乱之祸的士族世家，人人都把业儒视为人生第一选择。“养非贾不饶，学非饶不给”③为学必先治生，只有衣食饱暖，才可以没有后顾之忧勉力向学。经商仅仅是为了“业儒”创造条件的手段而已。

再者，明清时期，科举考试向所有民人子弟开放（除了少数被编为贱籍的“贱民”例外），非但不限制商人子弟应试做官，而且还专门为商人子弟（尤其是盐商子弟）设立商籍制度，④配有专门的名额，鼓励客居异地商人子弟科考

① （明）周晖：《金陵琐事剩录》卷四。

② ［美］费正清：《美国与中国》，张理京译，世界知识出版社1999年版，第46页。

③ 《太函集》卷四二。

④ 商籍始于明万历年间，按视南浙盐务叶永盛看到山陕新安诸商有子弟者，以外籍不得入试，惜其才，为请于朝，得特立商籍，取入儒学七名，商人德之，自此商人占籍应试被确定为国家政策，不仅为商人的聪慧者进入仕途铺平了道路，而且客观上也表明了明清时期商人政治地位和经济力量的上升。

入仕。政府设立商籍,是对商人"挟资远来,为国输将"的一种奖励政策,①体现了国家对商人的"优恤盛典",同时也为商人子弟步入仕途打开了登进之门。在这样的社会氛围中,商人改变自身社会身份和社会地位的机会也必然会迅速增加。据学者何炳棣考证研究:"平均商人家庭经过两代或三代之后,即非原先同样的社会身份。事业上几乎当盐商家庭达到小康时,年轻的成员就被鼓励从事学术,最终是从政,结果使得商人家庭的商人成分越来越淡。这样的社会变质过程具有高度的选择性。因为除了勤勉聪明的条件之外,还要有好运,才能在上层的科举考试中成功,并且成为统治阶级的一员。然值得注目的是,人数约三百人或更少的运商和场商的家庭,在顺治三年至嘉庆六年(1646~1802)间,居然造就了139个进士和208个举人。"②

从"东南邹鲁"走出来的徽商自是不甘落伍,非常重视培养子弟读书做官,常常将此举列为家法族规之首:"族中子弟有器宇不凡、资禀聪慧而无力从师者,当收而教之,或附之家塾,或助膏火,培植得一个两个好人,作将来楷模,此是族党之望,实祖宗之光,其关系匪小。"③他们源源不断输送资金捐办书院,④支持子弟习儒入仕。⑤ 诸多徽商子弟通过科考跻入仕途之后,⑥既可以充当同乡商人的政治代言人,"凡有关乡闾桑梓者,无不图谋筹划,务获万全",也可以为徽商通过"叙族谊"联络封建政治势力提供条件。据朱彭寿《旧典备征》统计,有清一代各省状元数,安徽居第三,计有9人。安徽有8府5州,其中仅徽州府便占4人。同时,徽商自身也具有相当文化修养,亦贾亦儒,有利于同官府的交往。

二是捐纳入仕。除了商籍之外,徽商子弟入仕的另一重要途径就是捐纳。

---

① 康熙五十年(1718年)苏州织造李煦上奏称:"徽商行盐年久,大半家于扬州,故徽州反无住居,且自扬至徽,道途千里。窃两淮商人,原籍或系山西、陕西,或属江南之徽州。其西商子侄,或随父兄在两淮,不能回籍考试,因另立商籍,每逢岁考,童生取入扬州府学,定额十四名。徽商子侄,因原籍在本省,不得应,回籍考试,甚属艰难。今徽商求将子侄照西商例,亦于扬州府学额取十四名,免回籍应考。"这充分反映了政府对盐商的优待与奖励政策。

② 何炳棣:《扬州盐商:十八世纪中国商业资本的研究》,载《中国社会经济史研究》1999年第2期。

③ 休宁《茗洲吴氏家典》卷一。

④ 道光《徽州府志》载明清时期"天下书院最盛者,无过东林、江右、关中、徽州"。

⑤ 参见唐力行:《徽州宗族社会》,安徽人民出版社2005年版,第167页。

⑥ 叶显恩统计,徽州六县考中进士者,明代共有392人,清代共有226人。这些数字仅仅是徽州本籍应试而考中者,不包括寄籍考中者。另《歙事闲谈》载清代仅徽州歙县籍在朝中高官有大学士4人,尚书7人,侍郎21人,都察院御史7人。

所谓捐纳,①即为花钱买官。与苦读考取功名的崎岖小路相比,花钱买官衔或功名则不失为一条捷径。明清时期,历代帝王每当遇到筹饷、赈灾、备边或兴办工程等国家大事,都把捐纳视为解决中央财政困难的重要途径。尤以乾隆年间尤盛,将捐纳分为“常例”和“暂行事例”两类。所谓常例亦称常捐,是为由户部捐纳房主持的经常性捐纳,如捐纳贡监、捐纳虚衔、捐纳封典、捐加级等。② 所谓暂行事例则往往是遇到重大军事行动、工程建设或遇有灾荒办赈乏资而特开的捐例,也成为大捐。这类捐纳事例常因一时间需要筹集巨款,为鼓励富绅积极捐输,对捐纳者所开的捐例待遇特别优厚,并可以捐纳实缺官职,于铨政关系密切。

捐纳名义上是面向全国所有官绅军民的,捐纳为官者也非全是商人。但

---

① 民国学者加腾繁指出“所谓捐纳,即纳财授官,不外是卖官的意思。这种事例由汉残存,其后也时常表露。然而明之景泰以后,忽然繁盛起来。但当时尚有给国子监生的资格,或不过给予州县佐贰官一类之卑职。清代到了康熙帝平定三藩之乱以后,才开始捐例,其后历朝每有军事大土木等,需要多额的费用就施行捐纳,殆为常例。”参见加腾繁:《中国社会史概述》,载《食货半月刊》,1936 年第 3 期。另学者陈亚平考证捐纳制度的渊源时指出:捐纳之盛,始于明朝,到清同光之时达到极端,成为满清王朝的一大弊政。但捐纳之制,并非明清开其端。秦始皇帝四年,蝗灾,百姓纳粟千石,拜爵一级。这是捐纳拜爵的开始。西汉始创官员赀选之制。名臣司马相如曾经以赀为郎,事效景帝,为武骑常侍。东汉安帝永初三年(109 年),又以国用不足,令民入赀拜官。唐肃宗至德二年规定,纳钱百千文,与明经出身,不识字者加三十千,是唐代已有捐纳出身之制,且不识字者也可以纳钱取得出身。宋绍兴六年(1136 年)正月诏书,纳粟别伦名目授官,毋得注亲民刑法官,已授者并罢。自今到部隐漏不实者,抵其罪。时论者谓,县令民之师帅,刑罚之官,人命所系,不可轻以授人。比年军兴,以纳粟得官者不谓之纳粟,或以上书文理可采,或论献纳助国,与理选限。原朝廷之意,欲激劝其乐输,使得为官户,而铨曹别无关防之法。近年以来,固有得县令,亦有得司法者。此曹素未尝知政务,直以多赀,一旦得官,若遂使之临县议刑,其不称职必矣。欲下吏部立法关防,仍先改正,固有是旨。是为宋代捐纳得实授县令等亲民官之证。参见陈亚平:《清代法律视野中的商人社会角色》,中国社会科学出版社 2004 年版,第 117~118 页。

② 乾隆三十五年(1770 年)“推广常捐”上谕:“从前暂开捐例,原属一时权宜,究与事体非宜,停捐以后,曾有奏请再开者,朕皆斥而不允。今国家帑藏充盈,方屡次加恩蠲粮赋,惟期藏富闾阎,国用无虞不足。开捐一事,竟当永远统治。至于现行事例,如报捐贡监并微末职衔,及封典、加级等项,皆于名器无妨,原可仍听照旧捐纳。因思未登仕籍之人,冀邀冠服章身,并有加捐实级请封,藉以显扬者,自属人之常情。且所指只系虚衔,既无碍正途铨选,亦不致滥窃误公,若只以末职卑阶为限,未免阻人希荣之念。或可推广其例,量以何衔为止,俾伊等各随所愿,量力报捐。至降革留任人员,原属因公处分,且其人尚不至于摒弃,是以量予加恩,俾得在任自效。但一经议处,即停升转,直至数年无过,方准开复。从前曾有捐复之例,复经部议删除。第念此等人员,未尝无可及锋而用之人,若以微眚淹滞,亦觉可惜,自当仍准援例捐复,俾得黾勉自新。以上各条,应如何定例之处,著军机大臣会同各部详悉妥议具奏。”参见刘锦藻撰:《皇朝续文献通考》卷九十三《选举考十》,民国商务印书馆影印十通本,1936 年版。

捐纳是以财力的多寡为保障的,“凡属出赀效力,按其多寡,酌与议叙,分别录用”,[①]商人作为富有阶层,可以说是捐纳政策的直接受益者,它为商人直接开启了入仕之路。而“对于商人来说,求得官位,是一种社会荣誉,是他的事业成功的装饰,同时,对于现实的商业活动,也可以带来有形或无形的利益。”[②]王亚南指出:“中国人传统地把做官看得重要,我们有理由说是由于儒家的伦理政治学说教了我们一套修齐治平的大道理;我们还有理由说是实行科举制而鼓励我们‘以学干禄’,热衷于仕途;但更基本的理由,却是长期官僚政治,给予了做官的人,准备做官的人,乃至从官场退出的人,以种种社会经济的实利,或种种虽无明文规定,但却十分实在的特权。那些实利或特权,从消极意义上说,是保护财产,而从积极意义上说,则是增大财产。”[③]财大气粗的徽商凭借雄厚的经济实力作为支撑,在捐纳入仕方面具有非常明显的优势,许多徽商子弟都是通过此途径顺利步入仕途。

在徽商眼里,捐纳巨资买官的做法是为国尽忠、尽孝的“义举”,不仅可以博得“急公好义”的名声,而且在取得官爵后也便于其在商业活动中谋求更多的经营特权,一举两得的做法,正是徽商“义中取利”的妙招。因此,徽商在这方面的投资是不计成本的。[④] 明万历年间,歙县盐商吴时佐兄弟5人,为国捐银30万两,朝廷旌表其功,竟一日之内同时授予5人内阁中书之衔。[⑤] 歙县籍盐商鲍志道,在乾隆、嘉庆年间担任扬州总商20年,多次捐输,先后被敕封为“文林郎内阁中书”“候补道”“直奉大夫内阁侍读”“朝议大夫刑部广东司郎中”“中宪大夫刑部广东司郎中”“朝议大夫掌山西道监察御史”等头衔。据学者何炳棣统计,从顺治元年到嘉庆六年间(1644~1802年)共有180个盐商家庭成员通过捐纳为官,[⑥]其中自然不乏大量的徽籍盐商。

食盐自古以来就是国家专卖禁榷的重要商品。明清两朝,盐法几经变更,历经明初开中制、万历间纲法、清道光票法。无论如何变革,盐商与官府之间

---

① 王先谦:《东华录》,光绪二十五年本,转载陈亚平:《清代法律视野中的商人社会角色》,中国社会科学出版社2004年版,第126页。

② [日]寺田隆信:《山西商人研究》,张正明等译,山西人民出版社1986年版,第278页、第280页。

③ 王亚南:《中国官僚政治制度研究》,中国社会科学出版社1981年版,第112页。

④ 《二刻拍案惊奇》卷一五载“原来徽州人一个癖好,是乌纱帽。红绣鞋,一生只为两件事不争银子,其其余诸事悭吝极了”可以作为一例为证。

⑤ 见《丰南志》第4册,卷一零。

⑥ 参见何炳棣:《扬州盐商:十八世纪中国商业资本研究》,载《中国社会经济史研究》1999年第2期。

的关系都是较为密切的。尤其是实行纲法的200多年间，既是两淮盐商最兴盛的阶段，也是他们同封建势力关系最默契的时期。为了取得对两淮食盐专卖的特权，各大商帮展开了激烈的竞争。能否在残酷的竞争中取胜，保持世袭的专卖权，不是取决于资金是否雄厚，而是取决于他们与封建政治势力关系的密切与否。徽州盐商子弟正是凭借科考和捐纳两种途径，促成徽州盐商成为“官商”，[①]帮助其在残酷的竞争中击败了财力雄厚的晋商，[②]垄断了利润最大的两淮盐场的食盐专卖权。除了占据地理上就近的便利条件以外，最主要的原因就是徽商善于借助宗族势力的支持，通过“业儒”的手段，与封建政权有着更密切的联系，精通儒学的徽州盐商充分利用儒学作为与官府的黏合剂，是其他商帮望尘莫及、无法比拟的。特别是在“康乾盛世”时期，两淮盐业兴旺发达，盐政事务繁多且关系国计，官府经常聘请有文化的盐商充当盐政官员的助手，“贾而好儒”的徽商不可避免地就会受到官府的特别器重和青睐。同时，盐政衙门的官员，尤其是巡盐御史和盐运使，多是封建文人，盐商攀缘他们，自身也必须有一定文化知识背景，才易于实现与封建势力相结合。

3. 在宗族势力的支持下，徽商在经商各地建立会馆，整合分散的徽商形成群体力量，进一步提高徽商的市场竞争力

随着明清时期商品经济的发展，市场贸易的规模日益扩大，各商人群体对市场占有份额的争夺也日渐激烈，还依靠传统一家一户的经营力量已经无法应对行商过程中所遇到的复杂问题，而且也没有力量抵御外来商帮的竞争。

徽商大都是行商，长期在外经商，客居异地他乡，但却具有浓厚的乡土宗族观念。这也是徽商内部凝聚力的源头，使远在故土之外的徽商们面对残酷

---

① 嘉庆《两淮盐法志》载，成为官商的途径有二：一是淮商登仕版，别立户籍，号曰官商，凡官吏需索，诸浮费皆不及；二是商籍行盐者，子孙官于朝，遂自立为官商，凡应出正项公费，或减半，或者竟有不出者。

② 清御史刘于义上奏雍正帝说：“山右（山西）积习，重利之念甚于重名，子弟俊秀者多入贸易一途，至中材一下，方使之读书应试。”雍正帝在批谕中说：“山右大约商贾居首，其次者犹肯力农，再次者入营伍，再下者方令读书。”从中可知，与徽商业儒截然相反，晋商不重视读书，一等人经商，二等人务农，三等人当兵，四等人读书，应该也是两大商帮此起彼落的重要原因。两个极具代表性的商帮对待儒学科举不同的态度取决于：(1)两地文化传统的差别，山西有着悠久的经商传统，而徽州则是文风昌盛的“邹鲁之乡”；(2)两地地理环境的差异，山西交通发达，地理位置优越，有利于经商，而徽州交通乏便，由于生存条件艰难而不得不经商；(3)两地宗族势力的强弱不同，山西地处中国北方，宗族势力薄弱，而徽州势力则极为强大，宗族力量使徽商为亢宗大族而业儒。

的市场竞争,同舟共济,结成牢固的商帮群体,以求共同发展。于是,徽商借助于宗族势力的支持,在行商聚居之地建立徽商会馆。[①] 徽商会馆与欧洲中世纪自治城市中的行会“基尔特”纯粹是地域性或行业性的组织不同,徽商会馆具有浓厚的血缘色彩,并以理学宗法制度维系内部关系。唐力行教授认为:“会馆是封建商业竞争的产物,而会馆的作用却是维护本帮商人的垄断利益。”[②]他指出徽商会馆在商业活动所起到的作用主要表现在:

(1)联合徽商力量,摆脱牙人的控制

明清时期的牙行既是联络客商和铺户、代客纳税、沟通交易的中介,又是国家管理稽查客商、收取商业税课的重要工具。明清时期,商人在全国各地从事大宗商品贩运活动,处处离不开牙行为其提供方便。唯有在得到牙商的积极配合时,才可能及时地从分散的小生产者手中购得大宗价廉物美的商品,并会在销售地点以比较有利的价格及时将商品抛售出去;唯有得到运输行业牙商的积极配合,才可能雇得合适的车船脚力,安全迅速地组织货运。如果牙行处处刁难诓骗,那么商人非但无从获利,反而难免遭遇财毁人亡的厄运。徽商为求贩卖活动顺利获利,在异地行商,非常留心选择值得信赖的牙行。《商贾格言》云“凡买卖货物,不须问其信实行家”“千里路上访主人(牙行主人)”[③]正是徽商心态的真实写照。

牙商原来只是交易的居间人,本身并不参与交易。但随着商业的进一步发展,某些牙人逐渐积有资金兼营商业,而某些商人也往往借助政治势力领取牙帖兼营牙行,形成了亦官亦牙的垄断性的经营模式。在这种经营模式下,商人既是评定物价、主持交易的中介人,又是交易中的买方或卖方,因而可以任意压价收货或抬价售货,从中牟取暴利。交易中处于不利者如不听其摆布,则他们便可以利用官牙的特权给予各种刁难。徽商为了自身商业利益,不但强调慎择牙人,而且千方百计地扶植徽州牙商的势力,利用乡族关系把商与牙紧紧地结合起来,从而摆脱异地牙人无休止的敲诈勒索。是故,徽商通常以当地所建会馆作为桥梁,汇集众徽商雄厚财力,广泛结交官宦,逐渐争取到亦官亦商的经营特权,把持市场、垄断贸易。

---

① 会馆一般是由流寓客地的同乡人所建立的专供乡人集会、寄寓的场所,一般也是商帮在异地建立的地缘组织。

② 唐力行:《徽州宗族社会》,安徽人民出版社 2005 年版,第 169 页。

③ (清)谢光燧:《商贾启蒙·商贾格言》。

(2)扶植和扩大本帮商人势力,形成市场垄断

徽商多是行商,异地经商时常遭到地方势力的欺凌,徽商在各地所建会馆联络乡谊,聚合众商力量“以众帮众”,加强商帮的内部凝聚力,做到“商贾在外,遇乡里之讼,不啻身尝之,醵金出死力,则又以众帮众,无非亦为己身地也”。[①] 同时,徽商会馆大多置有义冢、殡舍、归局、善堂等设施和机构,能够筹资办理一些同乡的公益事业,用以济助同乡客死无归者,处理善后,或施送棺木,或提供寄柩、埋葬的场所,或资助归葬费用。[②] 徽商通过会馆作为纽带力行善举,把患难相恤的桑梓之谊展现得淋漓尽致,增强异地行商的徽籍商人的内部凝聚力,易于在各地结帮,建立市场的垄断地位。

(3)作为本帮商人的代表与当地官府交涉有关商业纠纷的事宜

会馆不仅为徽籍商人提供行商的便利,而且当徽商的利益和所在地发生利益冲突时,总是会馆出面与官府交涉,最大限度地维护徽商群体的利益。

徽州布商号汇聚异地苏州,徽州布商收购的大批棉布素来是由踹坊进行平整加工,然后远销全国各地。嘉庆道光年间苏州各踹坊私自创立了“随牌领踹”规矩,不许布商择坊发踹,借机垄断把持,抬价勒索布商。徽州布商将此事诉诸官府,据理力争,最终获得胜诉。并经由官府牌批准,勒石立碑,明文规定:“嗣后尔等踹坊领踹布匹,毋许再立随牌名目,硬行霸折,应听铺号自行择坊发踹,不得垄断把持……”碑文末署名“发新安会馆竖立”字样。[③] 这充分表明在这场纠纷中,当地新安会馆发挥了举足轻重的作用。

杭州作为四大主营业之一的徽州木商聚集之地,徽州木商在当地筹建了木商公所,面对贩运漂木至杭州的途中,因官府巧立名目、关卡林立,以至于陷入“商族大困,有濡滞数月,不得过着”的经营困境,代表徽州众木商与督办浙江通省厘捐总局、司、道反复交涉,使徽州木商取得了免验单。“经过二卡,免其照票,呈单验明放行”,[④]解除了“商旅大困”的威胁。其中最典型的例子是徽州木商所编《徽商公所征信录》记载:规定徽州木排自严州纳税后,即当一路放行,直抵杭州,沿途关卡,不许留难勒索;徽商由钱塘江运至杭州的木材,在望门江外的永昌坝搬入运河,禁止坝夫、排工多索运价而故意拖延时间,以

① (清)顾炎武:《肇城志》(第3册)。

② 参见王廷元、王世华:《徽商》,安徽人民出版社2005年版,第46页。

③ 《明清苏州工商业碑刻集》,第80页。

④ 宣统《徽州公所征信录》。

免木材被潮水飘散;徽商的木排被冲散者,沿河居民捞取后,应由徽商按规定价格给予酬金,不许额外多索,更不得藏匿不还;徽商的木材按规定的时间经运河北运,在此期间,沿途货船必须让路,不得阻碍;候潮门外沙地3690余亩,向为徽商堆贮木材之处,禁止当地百姓围垦等诸多官方文告,都表明一点,徽州木商合法的经营权益正是通过木业公所出面据理力争才获得官方的法律认可的,木商公所对徽商自身维权的重要意义可见一斑。

在强大的宗族势力的支持下,徽州商人以其牢固的血缘、地缘关系为联系纽带,故能结成牢固的商帮。他们每到一地经商,一旦得以立足,总是呼亲唤友蜂拥而至,借助群体的力量谋求发展,从而形成垄断某些市场、把持某些行业的局面。这对徽商势力的发展当然是有利的。但是血缘、地缘关系毕竟是附件性质的关系,当步入近代社会以后,这种关系日益暴露出其狭隘性和保守性,阻碍着徽州商人向近代商人的演变。①

① 参见王廷元、王世华:《徽商》,安徽人民出版社2005年版,第50页。

第三章　官方的表达——明清民事审判制度

第一节　明清民事诉讼的审判制度

在明代，基层组织里甲老人拥有民事和轻微刑事案件的审判权。洪武十四年(1381 年)，明太祖朱元璋诏示天下编订赋役黄册，在全国推行建立里甲(明代中后期改为保甲)制度。里甲成为县以下乡级基层行政组织，里甲长执掌征收赋税、维持治安、管理流民等职权，并在里长之外设置“年高为众所服者”的老人，[①]用以“导民为善，平乡里争讼”。[②] 洪武二十七年(1394 年)四月十三日，明太祖因各地民众因小事而越诉至京师，严厉禁止越诉，专门下诏规定：“命有司择高年人公正可任事者，理其乡之词讼，若户婚、田宅、斗殴则会里胥决之。事涉重者，始白于官。若不由里老处分径诉县官，此之谓越诉。”[③]明确了里老对

---

① 所谓里老人，一般也称“里老人制”或者“老人制”，作为评价为“中国历史上几乎独一无二的例外情况”一直是海外学者尤其是日本学界对明史研究非常关注的一个热点。对于明代老人制研究史的内容参见[日]中岛乐章：《明代乡村纠纷与秩序》，郭万平、高飞译，江苏人民出版社 2010 年版，第 52～58 页。

② 《续通典·食货》(七)。

③ (清)顾炎武：《日知录》卷八。

民事诉讼和轻微刑事案件第一审的管辖权，并且这一规定终明之世不变。

洪武三十一年（1398年）三月十九日户部《教民榜文》①的颁行，②进一步规范和扩大里老的司法审判权限，使之成为名副其实的第一审基层组织。其中《教民榜文》序文交代颁行《教民榜文》缘由，官吏人才难得，不能公正处理诉讼，向京师越诉者络绎不绝。因此，对于民间户婚、田土等诉讼，应先交各里老人、里甲进行裁决；第1条明确规定了里老处理民事纠纷的程序，民间的户婚、田土斗殴等纠纷所有涉及"细故"的诉讼，不允许直接向地方官起诉，首先由各里老予以理断，如不经里老直接向官府起诉者，不问虚实，先杖六十，然后退回里老理断；第2条规定里老受理诉讼，开会剖断，允许他们使用竹篾、荆条进行处罚，里老应当受理的诉讼包括户婚、田土等全部民事案件和斗殴等轻微刑事案件；第3条规定老人经里内众人推选，选出公正、有声望者3人至10人组成，里甲老人剖决民事诉讼，一般在里内的申明亭决议。若有涉及其他里的案件，则会同该里的老人共同裁决；为了防范里老司法腐败，第5条规定某里老人有难以处理的案件或与老人的子弟亲戚相关案件，则会同相邻的里老予以裁决；第7条规定若老人自身违法犯罪，也有相邻的里老召开会议理断，若是轻罪，就地裁决，重罪则移送官府处理；第11条规定里老受理刑事案件的范围，除第10条规定的奸盗、诈伪、人命等重大刑事案件以外的轻微刑事案件，如当事人希望和解，不愿到官府起诉，被告也认罪，也可以交由里老处理；第13条规定里老剖决民事诉讼时，不能设置牢狱拘禁当事人；第14条规定里老待管内民众有事而亲自陈告时，才能进行审理；第23条规定里老要告诫里内民众，若为小事发生纠纷，应当相互让步，尽量避免诉讼，若民众不得不提起诉讼时，里老先慎重衡量案件轻重进行判断，避免轻率地向官府提起诉讼。

---

① 《教民榜文》由序文和41条构成，第1条至第14条以里老处理里内纠纷的相关规定为主，第15条至第41条是以老人为主进行教化和治安维持、劝农、水利等相关规定。具体内容参见［日］中岛乐章：《明代乡村纠纷与秩序》，郭万平、高飞译，江苏人民出版社2010年版，第75~77页。

② 朱元璋颁行《教民榜文》诏谕户部尚书郁新等文武百官："自古人君，代天理物，建立百司，分理庶务，以安生民。当时贤人君子，惟恐不为君用；及为君用，无不尽心竭力，效其勤劳……奈何所任之官多出民间，一时贤否难知，儒非真儒，吏皆猾吏，往往贪赃坏法，倒持仁义，殃害小民，致令民间词讼皆赴京来，如是连年不已。今出令昭示天下，民间户婚、田土、斗殴相争一切小事，须要经本里老人里甲断决，若系奸盗、诈伪、人命重事，方许赴官陈告。"确立里老人理诉的目的就是要充分发挥基层里老人的道德影响力，劝谕乡民和睦相处，以减少民间词讼，防止乡民越诉，在减少官府管理成本的前提下，加强对基层社会的控制。这种里老人的基层理讼制度，堪称中国历史上一部极具特色的民事和民事诉讼法规。

老人、里甲解决民事纠纷多采取调处和息的方式,其调处的地点一般设在里内的申明亭。当然,里甲老人对民事纠纷的调处并没有法律上的执行力,愿和者,听;不愿和者,准予告官。里老的调处在传统社会中有其存在的合理性,在实践中对于民事纠纷的化解确实起到了重要的作用。

面对里老呈报的各类民事诉讼,州县官认为:民事纠纷从争诉双方当事人来看,可以说是非邻即族,非亲即故;从案由来看,系户婚、田宅、斗殴等“细故”,对簿公堂往往因一时意气所致。本着“息讼宁人”的态度,采取调处手段来解决民事纠纷,不仅是可能的,而且也是相当必要的,为了实现“无讼”的理想境界,调处显然比强行判决的效果要好得多。

有别于里甲老人的民间调处不同,州县调处属于官方一种,它虽不是法律规定的必经程序,但在明代的司法实际运作中发挥着极其重要的作用。官府调处一般由受理案件的州县官对当事人进行情理说服,有时也令亲族乡邻一起参与调解,尊重并征求他们意见。对于不服里老调处而起诉的民事案件,里老调处的决议对州县调处具有重要的参考意义,但州县为了息讼宁人和无悖于儒家礼教精神作为出发点,调处时带有很大的强制性,即便是漠视当事人合法权益且不公平的调处,当事人也会无奈被迫接受。

凡当事人不服调处(无论里老民间调处还是官府调处)或官府认为不应调处的案件,唯有通过审判的方式来结案。明代参照刑事案件程序来处理民事案件,其具体审理程序一般是:先根据原告的诉状填写有关司法文书,并传讯原、被告双方和有关证人到堂。州县官在审理时,听取和核实各方的供词,如供词不一致,责令各方当庭对质,州县官通过“五听之法”①察言观色以初步辨别真伪,进而对伪的一方采取笞、杖拷讯,查明事实,依律例或引律比附裁判。

明代法律对民事诉讼并没有明确的审级规定,也就是说,当事人对于官方的民事判决结果不服的,理论上可以一直上诉。但上诉必须自上而下逐级进行,不得越诉。“凡有告争户婚、田土、钱粮、斗讼等事,须于本管衙门,自上而下,陈告归问。”②

---

① 源于西周时期成为传统中国社会法官判断证据、认定案情的“五听”审断方法:一曰辞听(观其出言,不直则烦);二曰色听(观其颜色,不直则赧然);三曰气听(观其气息,不直则喘);四曰耳听(观其听聆,不直则惑);五曰目听(观其眸子,不直则眊然)。参见《周礼·秋官·小司寇》,括号为郑玄注释。

② 《明会典》卷二一一。

明代的州县一般只受理比较重大的和不服里老调处的民事纠纷；府一般只能作为民事诉讼的上诉机构，但对于府所在地的民事案件或其所管辖州县重大的民事纠纷也可以受理；对于不服府的复审判决或其初审判决的，都可以逐级上诉到省一级的按察司，乃至中央一级的通政司。

明代中央设有两个专门受理各地逐级上诉的机构，即登闻鼓院和通政司，但民事诉讼必须只能由通政司[①]受理方为合法。通政司受理上诉的民事案件后，须移交给刑部行使最终的审判。刑部接到通政司转发的民事上诉案件，先审查上诉是否合法。如系不合法上诉，诸如没有经过地方机构逐级复审或审断不明，一般要发回原应复审机构复审；如系合法上诉，则按照被告户籍，交管理该辖区的清吏司问理。对于比较特殊复杂的"事干田土事情"，则"照例行各该巡抚、巡按，督同所在官司，拘集里邻，从公查勘，问拟断结"。[②] 如年久不能决绝者，则奏请皇帝差遣官员前去会勘处理。[③]

清代是中国封建社会的末代王朝，法律制度相当完备，但仍然没有现代法学语义中的刑事诉讼和民事诉讼的明确概念划分。随着明清时期商品经济的发展，民事法律关系大量涌现，作为最后一部封建法典——《大清律例》对民事案件的管辖、受理、审判等程序都有前所未有的详细规定。[④]

关于普通主体民事案件的管辖，清代从司法经验中总结出"民间细故"易于当地查明事实、调查取证和迅速审结，因此《大清律例》规定："户婚、田土、钱债、斗殴、赌博等细事，即于事犯地方告理，不得于原告所住之州县呈告。"[⑤]即规定民事案件均由案件发生地的州县行使管辖权。对于客商（包括徽商和晋商）在异地经商所发生的钱债纠纷，也只能向所在州县陈告。《大清律例·刑律·诉讼·越诉》条例附例规定："省直客商于各处买卖生理，若有负钱债等事情，止许于所在官司陈告，提问发落。若有蓦越赴京奏告者，问罪递回。

① 《明会典》卷一七八规定："其户婚、田土、斗殴、相争、军役等项，具状赴通政司，并当该衙门告理，不许径自击鼓，守鼓官不许受状。"

② 《明代律例汇编·刑律·诉讼》。

③ 参见张晋藩主编：《中国司法制度史》，人民法院出版社2004年版，第335~336页。

④ 清代州县的审断一般分理、准、审、断四步：告诉人将词状递送到县衙，州县受理该词状，此程序为理；州县根据词状对案情做出大略判断以确定是否进入审理程序，若批示审理此案，则为准；州县对批准后的案件进行调查、堂审的程序为审；审理中的案件如果未能通过和息等其他方式解决，州县就会做出官方的裁断，这个阶段则为断。参见里赞：《晚清州县诉讼中的审断问题——侧重四川南部县的实践》，法律出版社2010年版，第45页。

⑤ 《大清律例·刑律·诉讼·越诉》。

奏告情词不问虚实,立案不行。"

关于起诉问题,清代规定原告起诉,必须向官府呈递符合法律要求的诉状(包括正状和副状)。诉状有严格的形式要求:

第一,文字有限定,"故状刊格眼三行,以一百四十四字为率"。[①] 当事人唯恐表述不清,常常在呈状之外,另外呈补充案情的"投状"。投状虽为《大清律例》所禁,但在实践中禁而不止,且对州县官进一步了解案情有相当的帮助。

第二,诉状的内容必须包括案发时间、案情梗概、被告姓名住址、告诉人及报告、代书的姓名住址和告诉人的签押等,最主要的内容是该案件的具体诉求和事实经过。一般对于所告之事不得称疑,不得于呈词内牵连无辜及原状内无名之人,不得呈控不干己之事,尤其对其所请求的内容要符合法律、情理,并有实体的请求权等,是为官府能否受理的实质性要件。

第三,凡告田园、房屋、坟墓、钱债、婚姻、继承、行账等,均需交验粘连契券、绘图、婚书、行单相关书证,从而显示了书证在民事诉讼中的重要作用。此外,人证诸如土地纠纷要求有地邻;债权债务纠纷要求有中保;婚姻纠纷要求有媒证等,当事人不提供上述有关人证,官府也不受理。[②]

第四,代书诉状不得增减事实。《大清会典》明确规定:"嗣后凡有控告事件者,其呈词俱责令自作,不能自作者,准其口诉,令书吏及官代书,据其口诉之词,从实书写,如有增减情节者,将代书之人照例治罪。"清朝规定没有书写能力的起诉者可由经官备案的"官代书"承办书写呈词事务。为了防止代书人挑词架讼,增减情罪,雍正七年(1729年)定例规定:"内外刑名衙门,务择里民中诚实识字者考取代书。凡有呈状,皆令其照本人情词,据实誊写,呈后登记代书姓名,该衙门验明,方可收受。无代书姓名,即严行查究。其有教唆增减者,照律治罪。"

关于案件受理问题,清代规定,只有州县名为正堂,执掌正印,才有权受理案件,州县官对于民事案件的准理与不准理,既依律例,又据证据而定,一般反对滥准和轻下批词。正如《牧令书》所言:"吾谓户婚田土,当视其情词虚实,

① 黄六福:《福慧全书》卷一一。

② 黄六福《福慧全书》有述:"凡告户籍者,必以族长坟产为定;告婚姻者,必以媒妁聘定为凭;告田土者,必以契券地邻为据……此其定式也。式定则不敢脱毋以全虚,字数则不得浮词以饰听矣!若状式有违,不与准理。"

不易滥准。不准者必指批其不准之故，毋使再来翻渎，不可粗心浮气，略观大意，必不得混渎一语批出了事。”

在受理日期上，清代的“农忙止讼”较之宋明时期的“务限法”有更为全面而细致的规定：“每年自四月初一至七月三十日，时正农忙……其一应户婚、田土等细事，一概不准受理。自八月初一以后，方许听断。若农忙期内受理细事者，该督抚指名题参。”①每年自四月初一至七月三十日为农忙时期，一切户婚田土事件以及斗殴细事，不准受理。放告期内则每逢三、八日，如有民人呈控，通常由州县官亲自收呈。②

但“农忙止讼”非绝对化，乾隆二年条奏“州县自理词讼，务须分别事情轻重缓急，随时酌准，不得藉称农忙，概置民瘼于罔闻”③和乾隆十年条奏“地方于农忙停讼期间，凡遇坟山土地等项，务须随时勘断。至自理案件，倘事关紧要，或证佐人等现非务农，即不得以时值停讼，藉词推诿，亦不得滥差羁候，致滋扰累各等因，俱奉旨通行，遵照在案。再户婚田土似在应停之内，然抢亲、赖婚、强娶、田地界址、买卖未明，若不及早审理，必致有争夺之事”④均被最高统治者采纳，促成《大清律例》新增条例强调，在非放告期内，“若查勘水利界址等事，现涉争讼，清理稍迟，必致有妨农务者，即令各州县亲赴该处，审断速结。总不得票拘至诚，或致守候病农”。⑤

州县收取诉状后通过迅速浏览案情，判断哪些案件没有必要审断，哪些案件应当进入审理程序。前者批“不准”，⑥后者批“准”。一旦州县官在状纸上批示“准，传讯”的民事案件，由州县官签发传票，唤被告到庭，或一并传唤乡约地保及证人。在审理中须严格根据原告诉状推问，不得于本状外别求他事，

① 《大清律例》卷三十《刑律·诉讼·告状不受理》附例。

② 放告日当堂收呈的具体场景参见黄六鸿：《福惠全书》记载：凡遇告期，乡民远来城市，免令守候，升堂宜早，先为放告，后为投文。放告时，官坐卷棚，桌置墀砌上，安放重压纸一枚，东角门放告状人鱼贯而进，不许投文混入其内。逐名挨次，将状展开，亲压桌上，仍退跪阶下，随命直堂吏点明张数，高声报若干张，逐张唤名点过甬道西，由西角门鱼贯而出。点名时有应名不对及举动可疑者，即取状审讯，如系顶替匿名，立时差牌拘拿，雇请匿名之人，一并究惩。收状已完，即将白纸封束，写明内共若干张，呈堂朱笔点封，门子接置文匣带进内衙。

③ （清）陈宏谋：《牧令书·申明农忙分别停讼檄》。

④ 同上书。

⑤ 《大清律例》卷三十《刑律·诉讼·告状不受理》附例。

⑥ 清律规定，原则上州县不得拒绝词讼，有告则准，但有例外情况：赦前事呈控者；呈词内牵连无辜者；事不干己而呈控者；无故不行亲者；被囚禁人呈控者；老幼笃疾妇人呈控等。参见那思陆：《清代州县衙门审判制度》，中国政法大学出版社2006年版，第67～69页。

否则以故入人罪论。一旦原被告双方接受调解或自行和解,也可以“具甘结”撤诉,官府准予销案。

关于调解问题,清代统治者特别青睐用调解的手段达到息讼的良好社会效果,无论顺治的《圣谕六条》、康熙的《圣谕十六条》,还是雍正的《圣谕广训》都含有强调调解息讼的内容。在最高统治者大力倡导下,清代的调解日趋制度化和普遍化。清代调解可以分为州县调解和民间调解。[①]

下文重点介绍一下官方的州县调解。州县调解是在州县官主持下的诉讼内调解,有时州县官通过“不准”状的办法,促成双方和解。虽然《大清律例》并没有规定调解息讼是法定必经程序,但在司法实践中,常常被州县官优先考虑。调解息讼而讼清狱结,既是考量州县官治绩优劣的重要指标,也是大计考课官员的主要内容,“凡自理词讼,随到随审,虚衷剖断,从不稽延拖累”[②]的州县官,常常在大计考课中获得优等。因此,州县官处理自理词讼的民事案件,多是先调解,调解不成,最终才予以判决。如康熙年间的河北灵寿县知县陆陇其,每次处理民事案件,传唤原被告到庭,劝导双方当事人:“尔原、被非亲即故,非故即邻,平日皆情之至密者,今不过为户婚、田土、钱债细事,一时拂意,不能忍耐,致启讼端。殊不知一讼之兴,未见曲直,而吏有纸张之费,役有饭食之需,证佐之友必须酬劳,往往所费多于所争,且守候公门,费时失业。一经官断,须有输赢,从此乡党变为讼仇,薄产化为乌有,切齿数世,悔之晚矣。”[③]

州县官除亲自坐堂调解外,有时也会批令乡保调解,并加派差役协助,属于半官方调解方式。乡保根据批令,召集原被告双方进行调解,并将调解的情况和处理意见上呈官府。如调解不成,需要禀复说明两造不愿私休,然后由官府提讯一干人证;如调解成功,则上呈说明案件事实与自理意见,请示官府结案。乡保对调解的行为及其后果负责,官府变成了审查、批准调解的监督者。因民事纠纷多发生在乡里之间,耳目所闻所见,实情一目了然,因此这种半官方性质的乡保调解方式,是一种非常有效的形式。凡是调解结案,当事人双方须写具“甘结”呈报官府,州县官要在“甘结”上批示。

关于判决问题,清代的民事判决称为“堂断”或“堂谕”。“堂断须依律例,

---

① 民间调解是诉讼外的调解,一般有宗族调解和乡邻调解。具体内容参见张晋藩主编:《中国司法制度史》,人民法院出版社2004年版,第431页。

② 《通永道大清册》,载《顺天府全宗》档案12号。

③ (清)吴炽昌:《续客商前话》卷三。

律例未规定时,依情理断之。"①民事案件的判决大多数是依律例为据,清代有关民事法律条文散见于《大清律例》《户部则例》《清会典》以及其他有关则例和事例中,它们是审断民事案件首先遵循的实体法依据。除官方律例之外,州县官也经常依据情理裁判民事案件,就是以儒家宣扬的礼的基本原则、乡土熟人社会公认的道德规范和各地习惯作为裁判的依据。② 在民事审判中,援引律例或礼法并用或遵循习惯等做法的目的非常明确,就是务使判决充分体现因地制宜、因时制宜、因俗制宜的要求。诚如汪辉祖所言"人情俗尚,各处不同,入国问禁,为吏亦然,初到官时,不可师心判事,盖所判不协舆情,即滋议论。持之于后,用力较难,每听一事,须于堂下稠人广众中,择传老成数人,体问风俗,然后折中剖断,自然情法兼到。一日解一事,百日可解百事,不数月诸事了然,不惟理事中肯,亦令下如流水矣。"③

关于上诉问题,民事案件一般以当事人自愿声称接受州县判决为结案条件,但如当事人不服州县判决,一般可以比照刑事案件逐级上控于府、道、省,直至京控,没有严格审级的限制,但禁止越级上控。如若未控州县即控道府,未控道府即控院司,以及未控院司即行"京控"者,皆为"越诉"。越诉者治罪。《大清律例·越诉》规定:"凡军民词讼,皆须自下而上陈告,若越本管官司,辄赴上司称诉者(即实亦),笞五十(须本管官司不受理,或受理而亏枉者,方赴上司陈告)。若迎车驾及击登闻鼓申诉而不实者,杖一百(所诬之实之)。事重(于杖一百)者,从(诬告重罪)论。得实者,免罪。"在附例中规定:"凡在外州县,有事款干碍本官不便控告,或有冤抑审断不公,须于状内将控过衙门审过情节开载明白,上司官方许受理。若未告州县,及已告州县,不候审断越诉

---

① 那思陆:《清代州县衙门审判制度》,中国政法大学出版社 2006 年版,第 221 页。

② 里赞认为情理作为裁判依据的理由有两点:一是州县审断民事纠纷,不太会依据诉讼当事人既不熟悉也不能完全理解的律例条文来说服他们,而更多依靠大家都懂的"道理"来说服当事人。在公开堂断的情形下,就算州县考虑到援引律例,也未必将具体的律例条文作为审断依据在判词中反映出来,而毋宁是以老百姓可以理解的变通表达方式来取得当事人的认同。二是地方社会的稳定状况是考察州县任职的重要因素,地方稳定的标准之一就是"无讼",则"息讼"自然是州县努力的一个重要方向。州县对案件的审断必然要考虑到审断的结果不仅要让两造接受,更要为其所辖地方主流意见接受。基层民人通晓律例者不多,"通情达理"者不少。无论从当时的社会诉求来看,还是从堂断的效果来看,州县似无须严格"依律而断",若真严格依律,恐怕效果还不一定好。由于地方民意也可能影响到州县的升迁,为了地方安宁,也为了自己的仕途考虑,州县在处理纠纷时,严格诉诸律例并非其首要的选择,"动之以情,晓之以理"自然成为审断的常态。参见里赞:《晚清州县诉讼中的审断问题》,法律出版社 2010 年版,第 141 页。

③ (清)汪辉祖:《学治臆说》。

者,治罪。”“词讼未经该管衙门控告,辄赴控院、司、道、府,如院、司、道、府滥行准理,照例议处。其业经在该管衙门控理。复行上控,先将原告穷诘,果情理近实,始行准理。如审理属虚,除照诬告加等律治罪外,先将该犯枷号一月示众。”

一旦民事案件上诉至京控,都察院或步军统领衙门收呈之后,通常发回本省复审,并不送刑部审理。《大清律例·刑律·诉讼·越诉》第332条附例规定:“至钱债细事争控地亩,并无罪名可拟各案,仍照例听城坊及地方有司自行审断,毋得概行送部。”

由于民事诉讼案件数量多而又烦琐,如听任当事人逐级上诉,不仅使司法机关不堪负荷,也会影响农业生产和社会秩序的稳定。特别是民事争端多属细事,与国家统治的直接联系较少。因此,乾隆三十四年(1778年)又定例规定:“其仅止户婚田土细事,则将原呈发还,听其在地方官衙门告理,仍治以越诉之罪。”理由是“以外省州县小民敢以户婚田土细事来京控诉,必非安分之人,仅将原呈发还,无以示儆……仍治以越诉之罪。”①即使京控民事案件,一般均批回州县重审,只有极少数牵涉原州县官曲法枉断的案件,才由上级府、道、省提审。对于京控案件的当事人,即便所控情节属实,也是原呈发还,还在“必非安分之人”的主观认定下,对当事人治以越诉之罪。这种结果只能造成一个恶果——为了维护自己合法权益而不断上控,顽强抗争的当事人受到不公正的处罚。在司法实践中如何让当事人上控,既可以达到申冤维权的目的,又可以避免不公正的惩罚。不少官员就此棘手难题,提出了相应的解决方法,其中陈宏谋有见地的主张最具有代表性:“赴上控告者,查系原未在县控告,即系越控,或予责处,或批赴县具告。已告而未审者,上司察核报册内,如捏造已结,立即指名行提县承究处。如原造未完,即发签勒限十日内审结,于该月自理词论内,登覆某日完结字样通报。至于已审断结之事,如所告情事已无可疑,即可指明批驳不准。如尚有可疑,未甚平允,止批仰某县送卷查阅。该县止须将审后粘连之卷,即日送详。详文止须数句,不必录供叙案,上司查阅,断案平允者,将卷随详批发,并令将刁告之人提到责处,不须再审。如不平允,然后提审。赴司道以上具告者,将县卷发府提审改拟,知府审明,止将谳语叙之,连县卷送阅,不必叙供具详,以省繁牍。但不得仍发原审衙门,致滋回护冤累,

① 《大清律例·刑律·诉讼·越诉》。

如此分别办法，层层责成，官无滥准批查之烦，民难施呈捏词翻告之计矣。”①

第二节　官府对徽州“好讼”之风的应对

面对徽州地区民间日渐盛行的好讼之风，②上至封建帝王，下至地方各级官员无不采取以教化与打压并用的手段，造成民众“耻讼”或“惧讼”心理，③以此减少民众的诉讼活动，努力实现“无讼”的境界。④

① （清）陈宏谋：《牧令书·越告》。

② 安徽大学徽学中心主任卞利教授分析明清徽州健讼的原因有三：一是伴随着徽州社会经济的发展，田宅、山林和债务等纠纷与诉讼案件空前增多，而且此类案件又十分复杂，远非宗族族长或里老人、里甲等基层组织所能解决。二是明代中叶以后徽州社会“告讦成风”，尤其是一帮游手好闲之徒和讼师、徽商的大量介入，使原本简单的民事纠纷与诉讼变得异常复杂。三是明代中叶以后里老人徇私枉法现象增多，老百姓对其失去信心，多将诉状径直呈递官府。参见卞利：《国家与社会的冲突和整合——论明清民事法律规范的调整与农村基层社会的稳定》，中国政法大学出版社 2008 年版，第 305 页。

③ 关于中国古人的避讼意识，艾马克有相反的解释：“谣谚里疾法畏律，避官司唯恐不及，很难遽以推论人们痛恶司法体系，反而可以显示卷入司法体系之情事实属常见——无论愿意与否。与上述传统中国的预设相反，民谚里谴责打官司花费需索、危机四伏，不仅非指中国人死活不进衙门，反而明白暗示着官司诉讼非常普遍。”参见艾马克：《十九世纪的北部台湾》，第 156 页，转引自徐忠明：《众声喧哗：明清法律文化的复调叙事》，清华大学出版社 2007 年版，第 202 页。

④ 北京大学法学院邓建鹏博士对于官方面对健讼的问题所采取的对策有其独到的观点：“中国古代的经济发展重心至唐宋之际移到长江以南，在社会经济的发展、人口的剧增的背景下，利益纷争加剧促使民众大量涌向官府提交诉状。这种时人称之为健讼的行为反映了民间寻求公共权力以主动、积极的姿态主持裁决私人利益纠纷。争讼当事人纷纷要求官府按照公平道义的原则界定私人之间的利益界限，而不是完全考虑小农社会的三纲五常、亲亲尊尊道德原则。这种在外在形式上呈现的利益竞争冲击了中国传统农业社会的既有道德，其挟带的界定私人权利及功利算计的趋势与封闭的农业社会秩序格格不入。同时，健讼也影响了当局既有的政治与司法机制；增加处理案件的官员以及司法制度作相应变化将意味着国家必须投入大量的经费。如果放手容忍民众自由出入官府的诉讼大门，则相应的司法制度与官方的道德原则、话语都必须做彻底的改变。但是官府既不愿面对一个随之而来的诉讼爆炸的社会，又不可能从根本上改革专制政权之下的司法制度，比如通过征收重税扩大司法机构的设置及相关人员的数额，或者收取讼案当事人的案件受理费作为支撑足够的司法人员的俸禄的方式，从而向民众完全敞开诉讼的大门，改变宋至清代有限的地方官员普遍无法接纳数量庞大的诉状的局限性。因此面对大量健讼现象的产生，历代王朝不得不一再采取诉讼分流的方式，从听由地方官全权自理词讼以至令村族调解所有民事争讼，限制私人自由进出向官府呈递诉状的道路（尽管不是完全堵塞）。同时，历代王朝以息讼的官方姿态直接作为健讼的对立面，试图从整个社会塑造出人们在观念、态度、意识上远离诉讼的心理状态。”参见邓建鹏：《健讼与息讼——中国传统诉讼文化的矛盾解释》，载《清华法学》（第 4 辑），清华大学出版社 2004 年版。

一、推行乡约制度，定期宣讲圣谕，以德化民

明初，太祖朱元璋强调“明礼以导民，定律以绳顽”，特别重视对民众的教化，谕令天下“恭惟朝廷，率由旧章，敦崇礼教，举行乡引，非为饮食。凡我长幼，各相劝勉，为臣竭忠，为子尽孝，长幼有序，只友弟恭，内睦宗族，外和乡里，无或废坠，以忝所生”，督励各级地方官吏奉行教化百姓为己任。

“康乾盛世”的奠基者康熙，作为清朝的第二代皇帝，坚持传统儒家“明刑弼教”的思想，重视以德化民，强调“有天下者，唯贵以德化民，使之无讼”。[①]于康熙九年颁行“圣谕十六条”，告诫全国上下民众息讼止争：

> 敦孝悌以重人伦；敦宗族以昭雍睦；和乡党以息争讼；重农桑以足衣食；尚节俭以惜财用；隆学校以端士习；黜异端以崇正学；讲法律以儆愚顽；明礼让以厚风俗；务本业以定民志；训子弟以禁非为；息诬告以全良善；诫匿逃以免株连；完钱粮以身以省催科；联保甲以弥盗贼；解仇忿以重身命。[②]

为了落实明清最高统治者的圣训，徽州地方各级官府重视提倡建立乡约，[③]明嘉靖五年（1526年），应天巡抚陈凤梧行文徽州府各县，率先在徽州地区推行乡约制度。徽州府各县纷纷响应，祁门县还专门将此段告示文字镌刻在石碑之上，[④]在当地士绅的大力支持下，一时间，徽州府成为全国乡约建设

---

① 《清圣祖实录》卷三四。

② 《清圣祖实录》卷三四。

③ 安徽大学徽学研究中心主任卞利教授认为乡约“是自宋代以来历经明清而被普遍推广实行的一种民间组织形式，是居住在乡村或城镇中一定范围的人群，为了御敌卫乡，劝善惩恶、励行教化、保护山林或应付差役等共同目的，依地域或血缘关系而建立起来的一种民间组织”，徽州地区是明清时期全国乡约发展和运作较为迅速和规范的地区之一。具体可参见卞利：《明清徽州社会研究》，安徽大学出版社2004年版，第73～87页有关“明清徽州的乡约”的论述。

④ 该碑文现立于安徽省祁门县彭龙乡彭龙村路旁，载“于本里内，推选有□德者一人为约正，有德行者二人副之。照依乡约事宜，置立簿籍两扇，或善或恶者，各书一籍。每月朔一会，务在劝善惩恶、兴礼恤患，以厚风俗。乡社既定，□后立社学，设教读以训童蒙，建社仓以备四荒，而古人教养之良法美意率于此乎寓焉。果能行之，则雨阳时若，五谷丰登而赋税自充；礼让与行，风俗淳美而词讼自间。何待于□□□，劳于听断，而水旱盗贼亦何足意乎！此敦本尚安之□，良有司者，自当加意举行，不劳催督。各将领过乡约本数，建过乡约处所，选过约正约，副姓名，备造□□，各另径自申报，以凭查考。其举之有迟速，行之有勤惰，而有司之贤否于此见焉。定行分别劝惩，绝不虚示。”

得最为发达地区。

明清两代徽州知府在大力提倡乡约的公文中，都明确要求各地以宣讲明太祖的《圣谕六条》和清圣祖的《圣训十六条》为根本任务，《徽州府志》载："明太祖有《劝民六条》：孝顺父母，尊敬长上，和睦乡里，教训子孙，各安生理，毋作非为。令木铎于朔望向民间宣之。今圣上（指康熙皇帝）有十六条劝民，命乡约时时宣讲，更为明详。"①因此，徽州各级官吏札令"乡约大意，惟以劝善习礼为重。不许挟仇报复、假公言私、玩亵圣谕"，②"慎举绅士耆老足以典型闾里者一二为约正，优礼宴待，颁发规条，令劝宣化导。立彰善瘅恶簿，俾民知所劝惩"。③ 以乡约为阵地，通过道德教化入手，匡正民风，革易陋习，以期从正面消除民众争讼之心。这类乡约不仅是指导民众行为的准则，而且也成为地方司法官审断民事案件、教民息讼的原则。按照清政府的要求："州县放告收呈，须坐大堂，详察真伪，细讯明确，如审系不实不尽者，则以圣谕中息诬告以全良善教之；审系一时之忿，及斗殴并未成伤者，则以诫仇忿以重身命教之；审系同村相控者，则以和乡党以息争讼教之；审系同姓相控者，则以笃宗族以昭雍睦教之。"④

二、设置障碍，使民众产生"畏讼""惧讼"心理，以达到减少民间诉讼活动的目的

为了实现"无讼"的价值目标，明清统治者几乎无所不能地动用一切手段来限制和禁止民间诉讼，⑤人为地设置各种诉讼障碍，造成民众产生"畏讼""惧讼"心理，以达到减少民间诉讼活动的目的。康熙宣称："若庶民不畏官府衙门，且信公道易伸，则讼事必剧增。若讼者得利，争端必倍加。届时，即以民之半数为官为吏，也无以断余半之讼案也。故朕意以为对好讼者宜严，务期庶

---

① 康熙《徽州府志》卷二《舆地志下·风俗》。

② 隆庆《文堂乡约家法》。

③ 乾隆《绩溪县志》卷三《学校志·乡学附乡约》。

④ 《牧令须知·听讼》。

⑤ 明清时期法律规定"农忙止讼"，即从每年四月初一到七月三十日，除了谋反、叛逆、盗贼、人命重案外，一律不准告状，受理诉状的官员也要受到处罚。即使在准予诉讼的月份，也有日期的限制，明清规定"放告日"，清代每月逢三、六、九才准予告状，一个月才9天，以后又改为逢三、八日放告，一个月6天，一年48天。

民视法为畏途，见官则不寒自栗。”①正如美国一历史学家所述：“假如人们不害怕法庭，假如他们抱有信心，觉得在那里总是能得到快捷、圆满的审判，那么诉讼势必会增加到一个可怕的数量。由于人在涉及自身利益时容易自欺，纷争于是就会漫无止境，帝国的一半人会无力解决帝国另一半人的诉讼。因此，我想，那些诉诸法庭的人不会得到任何同情，这样一种对待他们的态度，使得他们厌恶法律，并且一到司法行政官面前就浑身哆嗦。”②这仅仅是官方一厢情愿而且不切实际的期待而已。

面对徽州日益盛行的“好讼”之风，为官一方的父母官一方面颁行大量的官府告示，加强对民间诉讼的规范管理。在“无讼”的主流意识下，作为地方父母官通常会将“化民无讼”“使民无讼”作为自己施政的最高目标。在徽州各地官府规范民间诉讼的官府各类告示中，尤以休宁县令廖腾煃颁布的“告词规条示”和徽州知府吴宏颁布“词讼条约”最具有代表性。

休宁县令廖腾煃上任 2 年后，鉴于休宁县诉讼风气日甚的现实，反求诸己，归咎于自己“德行浅薄”，没有实现“化民无讼”的目标。因此，廖腾煃从“小民因讼破家，而奸胥讼棍反借生涯”的现状入手，制定了告理词讼的“条规”：

为讼实害民、弊宜尽革事。照得本县莅任两载，自愧凉德，不能化民无讼。然讼重之弊，不竭力革除，致使小民因讼破家，而奸胥、讼棍反籍觅生涯，尔民膏血，几为吸尽。本县忝为民牧，安忍视吾赤子有剥肤吸髓之惨，而不急为之救耶？今严设端本澄源之法，实心力行，以培地方元气。所有条目，开列于左：

——告词仍遵前颁状式，务要开明道里远近、居住都图，兼写代书姓名，审实果是诬告，以凭拿究。如有奸民不书姓名，以白纸连篇累牍者，概不准理。

——诉词务要写明某人于某日告，在城限三日内赴诉，百里内限五日诉，百里外限十日诉。倘逾期不诉者，先责十板，然后审理。原被告到单，俱以诉词到案日为始，限亦如前；违期不到者，并责。总之，远者不出二十日，近者不出十日。不但可免尔民守候之苦，仰且尽革书役沉阁之弊。

① ［法］勒内·达维德：《当代主要法律体系》，漆竹生译，上海译文出版社 1984 年版，第 487 页注 2。

② ［美］诺内特、塞尔兹尼克：《转变中的法律与社会——迈向回应型法》，张志铭译，中国政法大学出版社 1994 年版，第 47 页。

——准理词讼，始终概不添差，惟给纸皂纸牌自拘，原告领牌，亲交该保甲，保甲即交被告。逾期不诉者，责被告。倘原告匿牌不交，诳禀添差者，即拘保甲讯实，除告词不准外，仍将原告倍处。其有保甲隐匿不交者，罪亦如之。

——批委约保共处事件，乃本县爱民息讼之意，务宜极力秉公调处。如果恃强不遵劝谕，方许据实回呈；如有偏袒索谢、致生事端，审实，受贿者，枷号本村十五日，责二十板，革役；若偏袒而未受贿者，惩责免枷，以杜扛讼之弊。

——批仰图正、册里、画手查覆事件，务宜照册照步，据实回覆。如敢恃权在手，轻重游移，偏袒受贿者，审实，枷号一月，责三十板，革役；如偏袒而未得脏（笔者认为应该是“赃”）者，重究，免枷。

——告词之后，只许一诉一到，不许添补人犯，亦不许补投一词。违者，除不批发外，仍行责惩，以清案牍。①

基于同样的认识和社会现状，徽州知府吴宏颁布了严格规范民间词讼的“词讼条约”：

为晓谕事：照得本县身为膺民牧，原欲为尔民伸冤理枉，除暴安良。凡职分之所当然，未尝少惮劳瘁。但刁健之风虽所在有之，从未有如从未有如休邑之甚者。每见尔民或以睚眦小怨，或因债负微嫌，彼此相讦，累牍连篇，日不下百十余纸，及细阅情节，又并无冤抑难堪。本县逐加裁决，有批示不准者，亦念尔等不过一朝之忿，且冀少逾时日，则其气自平，诚欲为尔民省争讼，以安生理之至意。不料尔等嚣竞成风，无论事情大小，动称死不离台，固结仇连，不准不已，风何薄也。诸所由，必因刁恶讼师，专在衙门包告包讼，幸准则彼自居功，坐诬则与彼无涉，置身法外播弄愚民。每一念及，辄为发指。此辈若不早知敛迹，一经本县廉访得实，定当详究。按以重典，断不姑容以为民害也。今农事

① （清）廖腾煃：《海阳纪略》卷下《告词规条示》。学者韩秀桃教授分析本“告词规条示”立足于官与民的思想，主要从4个方面来规范民间词讼。从“民”的角度来讲，一是强调民间词讼必须遵从一定的格式，也就是词讼的形式要求，告词写明原被告及干证姓名和居住地方、代书姓名及戳记，坚持一词一事不得添加。二是强调那些交由乡约、保正调处的事件，以及委托乡里图正、册里、量手、画书查证的案件，受委托的乡里头面人物必须秉公断案，不得受贿偏袒、枉法裁断，否则要受到责惩。从“官”的角度来讲，一是明确民间词讼案件的基本审限，这样“不但可免尔民守候之苦，抑且尽革书役沉阁之弊”。二是角力其民间自理词讼案件原告自拘制度，以减少民众讼累。参见韩秀桃：《明清徽州的民间纠纷及其解决》，安徽大学出版社2004年版，第214页。

少暇，开忙例届，诚恐好讼之徒，仍蹈故习，所有条约，合行开示。为此示仰代书及投词人等知悉，嗣后民间讼牒，务照后开款式，恪守遵行，如敢仍前混渎，除以违示不准外，仍拿代书究责。凛之。

——凡民间口角细事，亲邻可以调处，些微债负，原中可以算清者，不得架词诳告。其有户婚、田土不明，必待告理者，代书务宜问明原告，照依事情轻重，据实陈述。如隐匿真情，移轻作重谎告者，审实，拿代书严究。

——所告事情，务必开明起事年月，不得混写上年、先年等字，希图含混。

——词讼止许一告一诉，临审再各投到呈一纸，不得重复渎陈。词内务要遵用新颁副状格纸，照式誊写，附入正词之内。正状批发，副状存宅，以便不时查阅。如无副状者，不准。至各诉词并到呈内，必开明某月某日某人具某事词，奉批云云字样。不开者，不准。

——妇人必真正孀妇无嗣，及子幼而事不容缓待者，方许出名告状，仍令亲族弟侄一人抱告。如有夫男之妇，擅自出头者，定拿夫男重责。

——词内不许混引远年及赦前旧事，摭拾人罪。违者，不准。

——告词投到正副各词，俱要代书戳记。如无，不阅。

——关系钱粮并编审之事，俱开手本具禀，亦不得混写无益不关紧要之话。

以上条约，务宜遵守，如敢故违，决不轻恕。①

从“词讼条约”的规定来看，吴宏的“词讼条约”除了遵循一般意义上“告状不理事项”之外，更侧重于两个方面严格词讼：一是鼓励亲邻调处解决民间一般纠纷，要求民间的一般词讼，尽量能够通过亲邻调处方式了结，也就是要求那些民间口角细事，亲邻可以调处的，就不得架词诳告。二是强调民众在词讼过程中要能够如实陈述，不得隐情欺骗，更不得诳诬扛告。

另外，徽州一府六县都无一例外地依照国家律法严惩“教唆词讼”的讼师活动。讼师的存在并非是产生“好讼”的原因，但是讼师的大量出现却是“好讼”的现实反映，并且在某种程度上对徽州的“好讼”之风起到了推波助澜的作用。明清时期的司法审判制度本身也存在一定问题，易于被讼师钻法律空子。一是讼师知道在民事诉讼中夸大其词未必会受到惩罚，不追究诬控事实

① （清）吴宏：《纸上经纶·卷五·词讼条约》，载《明清公牍秘本五种》，郭成伟、田涛点校，中国政法大学出版社1999年版，第219～220页。

上是“开诬陷之门而长健讼之气也”。[①] 二是利用地方官员力图息讼的愿望，讼而又息，反复无常，借此谋利。三是缺乏确定的审判程序允许无限上诉，造成了良民畏讼、莠民不畏讼的局面。讼师往往“虽自知其曲，而不惮于讼”，在州县败诉可以到府一级，府里败诉可以到司一级，司道败诉可以到督抚一级，督抚败诉最后还可以到京师去京控。允许反复上控的诉讼程序使案件难以终结，诉讼经年累月，相关证据湮灭，事实不清，更使众多官员深陷其中而不得不互相维护，讼师正是了解其中弊端而有恃无恐，广泛参与了包括徽州地区田土、商业、户婚、继承等民事诉讼案件，最终促成了徽州地区的“好讼”之风愈演愈烈。[②] 因此，徽州官府想要遏制这股“好讼”之风，就必须依法严厉打压讼师包揽词讼的活动。[③]

《大明律·刑律·诉讼》“教唆词讼条例”规定：

代人捏写本状，教唆或扛帮赴京及赴巡抚、巡按并按察司官处，各奏告叛

---

① 樊增详：《樊山政书》（卷五）《批华阴县印委刘李会禀》，近代中国史料丛刊续编。

② 安徽大学徽学研究中心主任卞利教授认为徽州大量讼师存在的原因：一是官府指定的代书所写诉状“质而不文，不能耸观”，故而难以得到官府的受理，以致诉讼当事人不得不寻求讼师代写诉状，为之出谋划策。二是诉讼当事人不了解诉讼的程序和暗中关节，为赢得官司，势必求助于洞悉诉讼程序和暗中关节的讼师。参见卞利：《明清徽州社会研究》，安徽大学出版社 2004 年版，第 248～249 页。

③ 中国政法大学张小也副教授总结了清代官场官员们对付讼师的有效策略有：对付讼师最好的办法是息讼，如汪辉祖所说，“词讼之应审者什无四五”，其中绝大多数都是里邻口角、骨肉参商之类的小事。不过一时气愤，“冒昧启讼”，否则就是有不肖之人从中搬弄是非。如果官员能够“审理平情，明且譬晓”，这些人大多能够悔悟，矛盾也可以随时化解。至于那些虽然准状却经亲邻调处后请求息讼的人，两造既然重归于好，官府应该予以成全，“可息便息，宁人之道”。讼师之所以唆讼，是为了牟利，如果官员善于调处，百姓乐于息讼，则讼师的行为自然可以受到遏制。其次，应该是准确迅速地审断案件，特别是民事纠纷。“自理词讼，批断不妨详尽，能将两造情伪指出，则直者快，曲者畏，渐渐心平，可以息争，亦使民之无讼之一道。”官员断案简捷，则两造“脱然求去，可以各治其生”，这是因为“前负而后胜者”虽然可以一吐不平之气，但是“前胜而后负者”一定会以从前的审理结果作为“上控之资”。从整个意义上来讲，听讼者勇于改过固然很好，但是仍不能与初断得当的效果相提并论。官员断案准确，就意味着减少了上控的可能性，这样，讼师插手讼事的余地就不大了。再次，官员应事必躬亲，不给讼师以可乘之机。此外还应简化诉讼程序，宜随时省释，不宜信手牵连，被告多人，何妨摘唤，干证分列，自可摘蔓，少唤一人即少累一人。最后是保护富民，避免他们为讼师鱼肉。汪辉祖提倡保富并总结出保富之道。刘衡亦指出“图治之道在恤民贫，恤贫民之道在保富民，保富在除弊，除弊在禁制棍蠹诬扰”，这是因为“盖恐一入公门，则所费不赀，讼而不直固伤颜面。讼而得直，亦耗钱财”。参见张小也：《官、民与法——明清国家与基层社会》，中华书局出版社 2007 年版，第 175～177 页。

逆等级机密、强盗、人命重案，不实并全诬十人以上者，俱问发边卫充军。凡将本状用财雇寄与人赴京奏诉者，并受雇、受寄之人，属军卫者，发边卫充军；属有司者，发口外为民。其在京校尉、军匠、舍余人等，并各处因事至京人员，将原乡词讼因便奏告者，各问罪。原词俱立案不行。

《大清律例·刑律·诉讼》“教唆词讼”规定：

凡教唆词讼，及为人作词状，增减情罪诬告人者，与犯人同罪。若受雇诬告人者，与自诬告同；受财者，计赃，以枉法重论。其见人愚而不能伸冤，教令得实，及为人书写词状而罪无增减者，勿论。

律例：（一）代人捏写本状，教唆或扛帮赴京，及赴督抚并按察司官处，各奏告强盗、人命重罪不实，并全诬十人以上者，俱问发边卫充军。

（二）凡将本状用财雇寄与人赴京奏诉者，并受雇、受寄之人，属军卫者，发边卫充军；属有司者，发边外为民，赃重者，从重论。其在京匠役人等，并各处因事至京人员，将原籍词讼因便奏告者，各问罪，原词立案不行。

（三）凡民人投充旗下，及卖身后，或代伊亲属具控，或将民籍旧事具控者，概不准理。

（四）内外刑名衙门，务择里民之中诚实识字者，考取代书。凡有呈状，皆令其照本人情词，据实誊写，呈后登记代书姓名，该衙门验收，方许收受。如无代书姓名，即严行查究，其有教唆增减者，照律治罪。

（五）讼师教唆词讼、为害扰民，该地方官不能查拿禁缉者，如止系失于觉察，照例严处。若明知不报，经上司访拿，将该地方官照奸棍不行查拿例，交部议处。

（六）凡雇人诬告者，除受雇之人仍照律治罪外，其雇人诬告之人，照设计教诱人犯法律，与犯法人同罪。

如此严密细致而又通俗易懂的律文自然而然成为徽州各地地方官严厉惩处打压讼师的法定依据。

此外，为了根治徽州地区“好讼”的状况，明清时期各地各级官府还从严打击官府衙门钻营、请托等诸多干扰正常司法秩序的违法行为，毕竟衙门差役暗中打探诉讼案件的内情、利用手中权力进行请托，也是造成案件难以公正审判的主要症结所在。其中以清康熙时期，徽州休宁知县廖腾煃制定颁行的

《严禁请托示》为代表，官府一再申明自身公正司法的决心，希望彻底消除钻营、请托之风。该告示全文如下：

为严禁请托以杜撞岁以彰公道事。照得本县承乏休邑，于今五载，每惭凉德，不能化民无讼。然于听断之间，未尝不留心平允，其中稍有疑心，不敢悬断者，务必一鞠再鞠，细心访察，必得其真。倘有智虑不周，误听误断者，凡我绅士人民，不妨直言相告，以匡不逮。本县当虚怀听受，决不偏徇己见，使民受冤。尔民毋信奸徒招摇，希图请托。如理直耶，纵挥金求情，势豪挟制，本县断不枉法徇情，已伤天理，以丧良心。是非自有公道，两造何用夤缘？近闻有等奸胥、地棍，揣知本县审理是非曲直，一归于理，装出圈套，播弄愚民。或言为尔公禀，或言为尔求情。究竟审断之下，官司之胜负，悉准于理之是非。在本县未尝因人，而尔民则已坠其术中，以饱奸徒撞岁之腹矣。虽休邑健讼，向来积习，有理无理，俱以金钱为妥。殊不知此等丧心徇行之为，前官虐政，所得之财，究归何处。暮夜而来，身名败丧，卒至动用官帑，贻害儿孙。前车之鉴，报应活现。本县矢心□□，尔民当亦共鉴，何用痴迷，听人撞岁？况自己不受人财，而徒为人说情，致令天理良心，二者俱昧。本县断不愚昧至此，亦尔民之空受人愚也。为此，合行严饬，嗣后敢有地棍、讼师招揽撞岁，经访闻，重者详究，轻者立决，决不姑宽以贻民害。各宜慎之。特示。①

该严禁请托的告示，既是知县廖腾煃向民众公开自己正直品性和秉公断案的德行，即所谓"听断之间，未尝不留心平允。其中稍有疑心，不敢悬断者，务必一鞫再鞫，细心访察，必得其真"，也是向民众表达自己是如何处理民间讼争的基本立场，即坚持所谓的"是非自有公道"原则，"如理直，即虽不请托，本县不敢昧心背理。如理曲，即纵挥金求情，本县断不枉法殉情，以伤天理，以丧良心"，绝对不会作出"贻害儿孙"的污劣贿行。

虽然，明清统治者采取一切手段，不遗余力地防范和抑制徽州地区民众的争讼，但是在官府提倡"无讼"、抑制"好讼"之风的社会背景下，徽州民间百姓反而手持状词蜂拥而至，诉至官府。深究官与民严重冲突的社会现象的根源，中山大学法学院徐忠明教授认为"官抑讼、民好讼"矛盾的社会现象，应该是帝国集权政治结构和组织原理所带来的必然产物：

---

① （清）廖腾煃：《海阳纪略》卷下《严禁请托示》。

虽说中华帝国是一个专制社会，然而这一专制权力也有自身的局限，就是帝国权力止于州县衙门。对基层是乡土社会，只能采取比较间接的控制方式，如半官半民的乡里组织。这种政治权力的设计，早在商鞅变法时期已经初具规模；秦汉帝国在继承了这一政治遗产的同时，又有不少修改和完善以便适应治理幅员辽阔的巨型国家的要求。此后，帝制中国的政治权力格局基本没变，只是皇帝专制和中央集权日趋强化。与此同时，随着宋明以来商品经济的繁荣发展，以及人口的迅猛增长，社会权力也呈现上升的趋势，人们的社会生活空间有了很大的扩展。

建基在农业经济上的中华帝国，它的政治制度的宗旨只有一条：集权。实现“集权”的措施有二：皇帝集权和中央集权。皇帝集权以中央集权为条件，中央集权以控制地方政治的权力为基础，两者互为因果。为了实现皇帝集权，必须分散中央政府的事权，并使各个部门之间形成相互制衡的格局。为了控制地方政府的权力，避免造成“尾大不掉”、地方威胁中央的态势，必须精简机构，减少官员人数。导致州县衙门“一人政府”的这种制度设计的缘由，不出于此。如欲实现这一政治构想，尚有一条政治原理“忠君·爱民”必须严格遵守，法家特别强调前者，正是因为，皇帝乃是孤家寡人，独居深宫，故而“思虑不到、耳目不及”的情形在所难免，这就要靠各级官僚的忠诚。在承认皇权专制的前提下，儒家非常强调爱民，这是因为他们或多或少已经看出“绝对的权力必然导致绝对的腐败”（阿克顿语）这一政治铁律的深刻意味；德治与爱民，其实可以视为儒家试图通过“道德权力”实现制约政治权力之目的。然而，这是一种非常软弱的约束，每每难以奏效。另有一个政治技术守则：能、勤与清、慎。法家非常重视官僚的“能与勤”的能力和品质，因为偌大帝国如要得到有效治理，没有行政才干和管理效力，那是断断不能奏效的。儒家基于“爱民”的信仰，特别强调官僚的“清与慎”的道德品格。因为他们确信，光有政治能力而没有道德素养，也是难以治理国家的。孟子所谓“徒善不足以为政，徒法不足以自行”，说的就是这个道理。汉武帝首倡、历朝历代秉承的“儒法合流”的治理模式，基本上反映了帝制中国的政治哲学和吏治原理。在政治实践中，法吏注重实效，雷厉风行，因而法家思想更受皇帝的重视；由于儒吏往往华而不实，中看不中用，所以儒家思想仅被当作吏治的一种堂皇缘饰，一种政治实践的修饰话语。当然，这种修辞并非真的毫无意义。就司法而言，儒家的“爱民”情结无论如何也是民众采取“把事情闹大”态度的道德基础和制度基础；因为，如若民众没有对于官府“爱民”的信仰，他们大可不必把纠纷闹到衙门。

这种"粗枝大叶"的治理模式，也与农业产出有限，以及随之而来的税收"瓶颈"的制约有关。这就是说，帝制中国的"正项赋税"出自农业，无论古今，农业经济的产出能力始终有限；并且，本着"轻徭薄赋"的道德理念，那么"正项赋税"自然不能过多，否则就是苛政。故而，在制度意义上，中华帝国的财政收入显然无法承受庞大的官僚机构的行政经费，也无法支付人数繁多的官僚的薪水；采取"精兵简政"的组织原则，乃是理所当然的事情。在司法领域，地方政府尽量把民事纠纷留待民间自行解决，甚至拒收案件也同样是可以理解的事情。因为官府审理民事纠纷和刑事案件，还要有费用必须承担……对经费一向紧张的地方衙门来说，与其接受诉讼，不如留待基层自理。有时，对官僚来讲，担忧费用压力远远胜过于处理案件或者实现正义。

但是，我们必须谨记在心，这仅仅是一种"理想型态"的权力机构和治理模式。对直接面对百姓大众的州县衙门来说，一人政府自然无法愉快胜任。司法、税收、户口、邮驿、教育、治安、公共事业、祭祀典礼以及其他杂务，光靠一个州县长官，三四五个数量不等的额设（国家编制）吏员——那种"领持大概者，官也；办集一切者，吏也"的治理模式，显然不足任事。这样一来，名目繁多、人数庞大的胥吏、衙役，就被用来参与具体的管理事务。加上胥吏、衙役来源复杂，品流不一，尽管强化了帝国衙门的治理，然而，本身也带来了治理的困境。俗语说"任你官清似水，也难逃吏滑如泥"的尴尬局面，也就难以避免；其结果是，治理胥吏、衙役本身也就成为了帝国官僚处心积虑、寝食不安的有待解决的问题。可想而知，原本那种精兵简政的理想政府体制，终于被纷繁复杂的治理现实淹没了。

……

明清时期，民间尚要定期宣讲圣谕，进行人伦道德教化，不外乎是变着法子要求：父慈子孝、兄友弟恭、夫唱妇随、和睦乡里、农桑为本、男耕女织、任愤息讼、不犯刑宪、共享太平，全都成为家族的孝子顺孙、义夫节妇，国家的忠臣顺民。无论是家规族法、乡规民约抑或皇帝的圣谕诰谟、国家的律令典章、衙门的告示训令，虽然内容各有不同，但精神却完全一致，均以道德教化为宗旨。真是一轴弥漫着人伦亲情的风俗画卷！①

① 参见徐忠明：《案例、故事与明清时期的司法文化》，法律出版社2006年版，第265～269页。

但人是天生社会性动物，人与人之间在交往过程中的纠纷总是不可避免的，“人生而有欲，欲而不得，则不能无求，求而无度量分界，则不能不争”。[1]即便官府人为设置重重诉讼障碍，只要民众对通过司法途径解决切身利益的纠纷还抱有一丝希望，诉讼活动就不可能根除，“在中国农民眼里，每一粒谷子都是珍贵的”。[2] 萧公权曾说：虽然中国乡村的农民以性好“和平”而著称，可是一旦基本利益发生危机，或者人身受辱、家族声望受损，个人情绪将被激发起来，他们仍然会为任何一种想象得到的事情进行争执和斗争。[3] 是故，在官府不遗余力渲染“无讼”的价值，着力推行“抑讼”的措施下，民众却主动采取“把事情闹大”的诉讼策略，[4]有关民间细故琐事而引起的各类纠纷，却屡屡涉讼不止，也就见怪不怪了：

其一，虽然帝国法律与司法实践不无压抑民众诉讼的企图和做法，但基本

---

① 《荀子·礼记》。

② ［美］布迪、莫里斯：《中华帝国的法律》，朱勇译，江苏人民出版社1993年版，第225页。

③ 参见萧公权：《萧公权卷》，转载徐忠明：《众声喧哗：明清法律文化的复调叙事》，清华大学出版社2007年版，第218页。

④ 中山大学法学院徐忠明教授认为明清时期民众普遍采取“把事情闹大”的诉讼心态，其原因是：其一，他们确信，假定默不作声，官府也就无法得知自己的冤抑，而且如果声音不够宏亮，同样难以引起官府的重视。有趣的是，诸如“喊冤”“鸣冤”以及“击鼓鸣冤”这些术语，所要强调的都是“声音”对于传达冤情的重要意义。其二，他们深知，州县衙门这个“一人政府”不仅庶务繁忙，而且办案经费非常有限——这与帝国衙门的司法资源匮乏有关，无法处理那些琐碎细小的纠纷，故而，必须“把事情闹大”才能引起官府的注意、迅速做出处理。其三，一旦基层社会不能伸张他们的冤抑，就把希望寄托在衙门身上，因为他们相信衙门是一个“讲理”的地方，也是一个可以讨回“公道”的地方；即便当地衙门不成，总有这样的地方，上告越诉、叩阍直诉就是这种信念的体现，最后的希望则是仁慈的皇帝。其四，所谓架词设讼、谎状、诉冤，其实与“把事情闹大”也有内在的关联，前者是把原本琐碎细事说成大事，他们的动机和目的皆是耸动官府；这是乡野百姓告状诉讼的行动策略。其五，这种“把事情闹大”的诉讼心态和行动策略，尚有一个目的，就是给基层社会施加压力；上告越诉、叩阍直诉，乃是给没有做出公平处理（是否公平要看两造的理解和感觉）的地方官僚施加压力，这种压力来自上级衙门的介入和干预。其六，受到俗话“大闹大好处，小闹小好处，不闹无好处”这种普遍的社会心理影响。原因在于，人们总是相信，如果没有冤抑，如果冤抑已经得到了抒发或伸张，他们何苦经县越州，风餐露宿、不辞辛苦，甚至不惜倾家荡产，不断上告上访？当然，结果未必能够如愿以偿，这是因为，帝国官僚每每把它视为刁民缠讼、嚣讼，不仅不予理睬，而且还要给以惩罚。其七，由于地方衙门未能及时地、公平地解决词讼案件，以致酿成大案。在这种诉讼心理的支持下，民众百姓可能采取诉讼策略：谎状、缠讼、自杀、械斗等。参见徐忠明：《案例、故事与明清时期的司法文化》，法律出版社2006年版，第270～277页。

上还是能够正视民众诉讼,作出适当的回应,给以相对公正的处理。因为帝国官员也都承认:"吏治,民生之本,莫若钱粮。刑名二事。"这种将诉讼视作"吏治之本"和"民生之要"的观点,无疑是司法官员积极应对诉讼的思想前提。在他们看来,若一味压抑民众诉讼,只会造成更大的社会冲突,乃至酿成命盗犯罪或集体械斗的恶性后果。

其二,民众也基本上相信"王法"的正当性与合理性,而衙门则是一个"讲理"的地方,因而一旦彼此之间发生纠纷,他们也就不再回避将纠纷提交帝国衙门来解决。当然,这大体上是指常规状态下的诉讼实践。

其三,也是更为重要的一点,由于明清时期中国民众的物资资源的极度匮乏,所以一旦利益受到侵害,因捍卫自身利益而奋起投身诉讼实践,则是民众"好讼"的根本原因。面对"义与利"的较量,在民众眼里,"利"总是占据绝对的上风。这样说,并不是要排斥道德、风俗和个性对于民众诉讼态度的影响。

其四,由于帝国法律与司法官员秉道德主义的立场,也因为他们视婚姻、田土、钱债纠纷为琐事细故,故而,为了"耸动"司法衙门,达到诉讼之目的,民众不得已而采取违法的诉讼策略——诸如慌状、缠讼、自杀和械斗,都是非常显著的技巧和诉讼手段。这些诉讼策略一则表达了陈诉"冤情"的意图,再则体现了诉讼的直接目的——讨回遭到玷污的公道与恢复受损的利益。①

① 参见徐忠明:《众声喧哗:明清法律文化的复调叙事》,清华大学出版社 2007 年版,第 226 ~ 227 页。

第四章　民间的实践——明清徽商的诉讼

第一节　明清徽州地区“好讼”之风

“无讼”仅仅是一个价值判断，并不完全符合社会的实际情形。“在中国历史上，这样的理想固然不曾实现过，但是人们也从来没有放松过实现这种理想的努力。”①官方也未必不知道一味提倡“无讼”这种难以企及的理想，最终只能导致官方对民间诉讼的无端压制；一味提倡“息讼”这种多少有些回避民间诉讼的措施，最终也会产生人为的讼累，从而产生本该而且能够迅速解决的纠纷延宕不决的后果。不仅社会秩序无法及时稳定下来，而且还有可能“诱惑”民间不断提起新的诉讼，从而产生更多的诉讼，结果适得其反，背离了官方希望达到减少诉讼的目标。

明清时期的诉讼风气到底是什么状况，检讨一下中国法律文化史的研究成果，对此尚无一致意见。可谓众说纷纭，中山大学徐忠明教授认为主要有3种观点：②

---

① 梁治平：《寻找自然秩序中的和谐——中国传统法律文化研究》，中国政法大学出版社1997年版，第203页。

② 参见徐忠明：《众声喧哗：明清法律文化的复调叙事》，清华大学出版社2007年版，第116～119页。

1.“无讼”说

持此观点的学者一般都是将传统中国与现代西方两种不同类型的法律文化的比较作为判断基础，认为现代西方属于好讼的社会而传统中国是无讼、厌讼、贱讼的社会。得出这一结论的主要依据乃是，现代西方属于“权利本位”的社会，而权利具有积极扩张的特点，因此为了伸张权利和落实权利，国家就必须给民众提供相应的救济渠道，诉讼也就必然繁多；与此相反，传统中国属于“义务本位”的社会，而义务具有自我约束或者是“回归道德”的特点，所以尽管国家也给民众提供了相应的救济渠道，但却提倡无讼的理想，鼓励息讼的实践，乃至反对诉讼和压抑诉讼。进一步来说，导致中西两种不同的诉讼风气的背后，更有深刻的原因：现代西方属于商品经济主导下的流动社会，利益的矛盾冲突和疏散的人际关系，极易产生纠纷与诉讼；而恰恰相反，传统中国属于自然经济主导下的乡土社会，人们彼此间“剪不断、理不乱”的人情关系本身，颇能发挥制约纠纷产生和提起诉讼的作用。就传统中国民众而言，他们之所以养成了这种不尚诉讼的态度，其原因既有可能是心理上的胆小怕事，也有可能是利益上的无可奈何——例如，诉讼的经济成本的计算、司法官员的腐败无能等。

2.“好讼”说

如果说现代西方尤其是美国社会的“诉讼爆炸”与商品经济活跃和权利意识高涨有关，那么我们可以说，随着宋代以来，社会商品经济的持续发展，民间社会中出现了好讼或健讼的风气，尤其是在经济繁荣和文化发达的江南地区。事实上，持此观点的学者确实认为，宋代以来的政治、经济、人口和文化的变迁，乃是导致诉讼增长的原因。比如，魏晋隋唐时期“凝固僵化”的政治身份等级结构，到了宋代以后渐渐地出现了松动；甚至春秋战国形成的“四民”社会，也出现了松动而彼此互动的景象。再如，宋代以后的人口增长，致使民众的生活空间变得相对狭隘，这种拥挤的生活空间也是产生纠纷和诉讼的原因。又如，文化权力的下移和识字人数的增多，也为民众的诉讼提供了技术上的可能性。最后，先秦时期流传下来的道德观念，尤其是“利义”观念到了明清时期也发生了重大的变化。换句话说，人们不再像过去那样讳言“利”——事实上，作为维护传统中国道德秩序的中流砥柱的士大夫阶层，已经将“逐利”视为“治生”的基础。凡此种种，都是导致民众诉讼态度发生转变的重要原因。另外，虽然帝国官员依然重谈“无讼”的老调，但是在司法实践中，他们却不得不面对和处理蜂拥而至的“万家诉讼”。在这种情况下，我们就看到了一幅明清时期“好讼”或“健讼”的社会图像。①

3.“折中说”

持此观点的学者认为，关于传统中国社会是否“好讼”的问题，似乎不能一概而论。例如，有的学者认为，不同的社会阶层对于诉讼可能有着不同的态度，②士人阶层和官方的态度可能是“厌讼”的，从而主张“息讼”的纠纷解决办法，而普通民众则可能是“好讼”的。③ 也有学者认为，民众的“健讼”之风和“厌讼”心理同时存在。实质上，士人阶层恐怕也非一概持有“厌讼”的态度；事实上，他们“好讼”的事例并不鲜见。④ 或许可以这么说，在态度上，他们可能是“厌讼”的，⑤毕竟他们被誉为或自誉为道德的楷模；但是，在实践中，他们则可能是“好讼”的，毕竟利之所在。否则，士绅豪族就不应该在地方上武断乡曲，而对平民巧取豪夺；帝国官员就不会对任职地区经济状况的“肥瘠”挑挑拣拣。由此可见，士大夫阶层对于诉讼的态度实质上是说一套做一套。事实上，官方极力倡导的“无讼”仅仅是一种可望而不可即的道德理想，“息讼”也仅仅是一种消弭纷争的手段而已。曲高和寡、精英官僚的理想话语，未必符合社会的实际情况，也未必符合民间百姓的真实想法，更未必是官方司法实践的行动指标。对于儒家“息讼和争”观点进行批评的最权威的莫过于清

① 对于明清时期“好讼”社会问题的相关研究成果很多，具体可参见卞利：《明清徽州民俗健讼初探》，载《江淮论坛》1993年第5期；雷家宏：《从民间争讼看宋代社会》，载《贵州师范大学学报》2001年第3期；雷家宏：《北宋至晚清民间争讼解决方式的文化考察》，载《船山学刊》2003年第4期；张小也：《健讼之人与地方公共事务——以清代漕讼为中心》，载《清史研究》2004年第2期；林乾：《讼师对法秩序的冲击与清朝严治讼师立法》，载《清史研究》2005年第3期；邓建鹏：《健讼与息讼——中国传统诉讼文化的矛盾解析》，载《清华法学》2004年第1期等。

② 参见潘宇：《中国传统诉讼观念辨析》，载《长春师范学院学报》2005年第2期。

③ 参见王忠春：《试析明清时期的健讼之风》，载《兰台世界》2006年第4期。

④ 明代著名清官海瑞就乡宦与小民之间的争讼而提出独特的解决方法就是一佐证。“凡讼之可疑者，与其屈兄，宁屈其弟；与其屈叔伯，宁屈其侄；与其屈贫民，宁屈富民，与其屈愚直，宁屈刁顽。事在争产业，与其屈小民，宁屈乡宦，以救弊也。……事在争言貌，与其屈乡宦，宁屈小民，以存体也。”此言颇能说明至少在海瑞生活的时代，乡宦提起诉讼已是非常普遍，并无“厌讼”心态。

⑤ 明代刘基认为表面虚假的“无讼”现象，实际上是地方强梁横行乡曲使然，小民诉讼无门。他指出：仆往尝观于牧民之以简讼名者，之其庭草生于阶，视其几尘积于牍。徐而访于其乡，察其田里之间，则强梁横行，怨声盈路。问其故，曰：“官不受词，无所讼，受之而已矣。”大吏至，则曰：“官能不生事，民哗，非官罪也。”则皆扶出之，诉者悉含垢去，则转以相告，无复来者。由是，卒获简讼之名。

人崔述所著《讼论》①一文，现将《讼论》全文摘录如下：

天下之患，莫大乎其名甚美而其实不可行。白圭二十取一，孟子曰："欲轻之于尧舜之道者，大貉小貉也。"许行使市贾不二，孟子曰："物之不齐，物之情也。巨屦小屦同为贾，人岂为之哉？"圣人非不知薄取民而一市贾之为美名也，顾以其势断不能行，姑取其美名焉而已；而人心风俗必受其大害，是以其论常不敢过高也。

自有生民以来，莫不有讼，讼也者，事势之所必趋，人情之所断不能免者也。故《传》曰："饮食有讼。"柳子厚曰："假物者必争，争而不已，必就其能断曲直者而听命焉。"讼之来也久矣。舜避尧之子于南河之南，天下诸侯狱讼者，不之尧之子而之舜。鲁叔孙昭子受三命，季平子欲使自贬，昭子朝而命吏曰："诺将与季氏讼，书辞无颇。"唐虞之时何时也，诸侯犹不免于讼；昭子，贤大夫也，亦不能以无讼。然则是讼也者，圣人之所不责，而亦贤人之所不讳也。

西汉之世，好言黄老，始有以不与人讼，博长厚之美名者。然亦其时风俗淳古，方得以自安闾里。唐宋以降，日以浇矣。乃为士者幸籍门户之荫，不见侮于市井小儿，遂以人之讼者为卑鄙而薄之；而惮于听讼之吏，而遂得以是借口，有讼者则以为好事，怒之责之，而不为理。呜呼！是白圭之取民而许行之治市也。

何以言之？凡有血气者皆有争心，必此争而彼甘于让，欺己耳；苟不甘于让，则必讼之矣。故隆人者常不讼，而陵于人者常讼。其大较也。且争而甘于让者，惟贤与孤弱耳。然理固有当让，有不当让；势固有能让，有不能让。所争者非一人之得失，则不当让；让人而争者不已，让之而争者得逞。人皆从而效之，则亦不能终让。故虽贤与孤弱者亦不能尽无讼也。夫使贤者常受陵于不肖，而孤弱者常受陵于豪强，而不之讼，上之人犹当察而治之，况自来讼而反可尤之乎？

今不察其曲直，而概不欲使讼，陵人者反无事，而陵于人者反见尤，此不惟赏罚之颠倒也，而势亦不能行。何者？人之所以陵于人而不与角者，以有讼可以自伸也。不许之讼，遂将束手以待毙乎？抑亦与之角力蓬蒿之下也？吾恐贤者亦将改行，而孤弱者势必至于结党，天下之事从此多，而天下之俗从此坏

---

① 崔述（1740～1816年），清代著名学者。字武承，号东壁，大名人。乾隆举人，曾任福建罗源、上杭等知县，有廉名。30岁后辞官专注于考证古史，著作以《考信录》为主。

矣。余幼时见乡人有争则讼之县，三十年以来不然，有所争皆聚党持兵而劫之，曰：“宁使彼诉我，我无讼彼也。”唯单丁懦户，力不能抗者，乃讼之官耳。此无他，知官之恶讼，而讼者未必为之理也。民之好斗，岂非欲无讼者使之然乎？逮至近年，风俗尤敝，里巷之间，别有是非，反经悖律，而自谓公。以斗伤为偶然，以劫夺为小事。立后，则疏族与同父无殊；争田，则盗买与祖不异。推此而论，不可枚举。至于姑残其媳，弟侮其师，窃禾田，毁墓土，尤恬不以为怪。诉为宗族，宗族以为固然；诉之里党，里党认为固然，彼固不识字，即识字而亦不知律为何物也。不得已而讼之于官，则官以为好事，而里党一共非之，是以豪强愈肆，而善良忍泣而吞声。无讼是无讼矣，吾犹以为反不如有讼之犹为善也。

昔韩文公为都县，雅重卢仝。卢仝为比邻恶少所苦，使奴诣县讼之，公不惟不簿仝，反称其贤，而自引为己罪。彼韩公者岂独喜人之讼哉？诚少历艰难，而悉寒士之苦故也。然而今之君子，或亦生富贵之中，席祖父之势，居仁里，处顺境，未尝身杂保佣，目睹横逆，故不知涉世之难，而妄为是高论耳。不然，何其不近人情乃至是也。

或曰：“子未睹讼之害耳，书役之鱼肉，守候之淹滞，案牍之株连，有听一人一朝之讼，而荒千日之业，破十家之产者矣，况有讼而诬焉者乎？”曰：“此诚有之，然此谁之过耶？苟官不护其下，书役安得而鱼肉之？讼至而即听，当逮而后逮之，何淹滞株连之有哉？此乃己之不臧，反欲借口以禁人之讼，可乎？且讼而果诬，反坐之可也。不治诬者，而迁怒于他人，而禁其讼，是使直者代曲者罹殃也。值孰甚焉？”

曰：“孔子曰：‘听讼，吾犹人也，必也使无讼乎！’然则圣人之言亦非与？”曰：“大学释之明矣，曰：‘无情者不得尽其辞，大畏民志。’然则圣人所谓‘使无讼’者，乃曲者自知其曲而不敢与直者讼，非直者以讼为耻而不肯与曲者讼也。若不论其有情无情而概以讼为罪，不使之得尽其辞，曰‘吾欲以德化民’，是大乱之道也。且无讼之治，圣人犹难之；今之吏岂惟无德且贪莫甚焉，民之相争固其所也，而欲使之无讼，桀矣。”①

崔述通过分析历史上出现的争讼事件，一针见血地说明争讼是人类社会发展变化的必然产物，它旨在保护个人合法权利，抵御邪恶势力的肆意侵害。

① （清）崔述：《无闻集》卷二《讼争》。

官府不应该禁止或回避争讼,也不要以道德教化取代秉公断讼。只要官府敢于正视民间争讼现象,依法公正裁判曲直,制裁违法行为,淳朴的社会风气就会形成。

实际上,中国古人的"好讼"的意识,早在春秋郑国子产"铸刑书"时就初见端倪。[①] 其后《吕氏春秋·离谓》记载:

> 子产治郑,邓析务难之。与民之有狱者约:大狱一衣,小狱襦袴。民之献衣襦袴。民之献衣襦袴而学讼者,不可胜数。以非为是,以是为非,是非无度,而可与不可日变。子产患之,于是杀邓析而戮之,民心乃服,是非乃定,法律乃行。[②]

我们暂时撇开邓析被谁所杀及其被杀原因的争论不谈,仅仅就"民之献衣襦袴而学讼者,不可胜数"的记载,可以管窥当时民众"学讼"的盛况。汉唐时期的历史文献记载不足,我们无法了解民间诉讼的状况。但随着宋代社会经济的急剧发展,土地交易日趋频繁,其他商品交易在时间、空间、数量、价值上迅速展开,同时人口迅猛增长,从汉唐的6000万人增加到晚清的5亿人,这些导致了人口与资源和财富之间的高度紧张,也造成了民众生活的绝对贫困化。与此同时,人们的"义利"观念也出现了变化,不再将"言利"和"逐利"视为羞耻的事情,在这种社会语境中,"好讼"风气逐渐形成。更有甚者,民间还出现了"习律令、性喜讼"[③]的现象,就连江西儿童启蒙读物《四言杂字》都是"讼牒"之书。

明清以来,这种"好讼"之风愈演愈烈,以致世人哀叹道德沦丧,世风浇漓。我国台湾地区学者黄宗智分析:清代民事诉讼的统计数字显示,在一定程度上,清代已是一个健讼的社会。在清代后半期,县衙门每年处理50个至500个民事案子,好多县可能每年处理100件至200件。平均而言,每县每年有150件左右。假设每县平均人口为30万人,每年约150个案子闹到县衙,

---

① 根据《左传·昭公六年》关于"人子产铸刑书"而晋国大夫叔向"惧民之有争心"的记载,说明叔向认为公布成文法律乃是导致民众"好讼"的原因。

② 子产是否杀邓析在历史上也是一桩悬案。一说是已故北京大学法学院张国华教授《中国法律思想史新编》认为郑国执政者驷歂(子大叔的继任者)杀邓析而用"竹刑";另一说是中山大学法学院马作武教授《中国法律思想史纲》认为子产杀过邓析。

③ (宋)欧阳修:《欧阳文忠公全集·导士外集》卷一一。

那么一年当中每2000人就有一个新案子,一年当中每200户就有一户涉讼。①日本学者岸本美绪也说:“到了16世纪末,情况变化了,农民的世界扩张了。他们或纳赋当役,或行商做工,时常进城,往来于县衙周边,与县衙书役时有接触,县衙和庶民的距离,在心理上接近了,打官司成为庶民要解决纷争时容易想到的一个途径。”②

徽州地区历来就是一个“好讼”之地。③ 早在北宋时期,当地百姓已经养成了“习律令,性喜讼”的民间习惯,曾在宋仁宗时(当时称“歙州”)被列为“民事繁剧”的18州之一,由朝廷中央重点委派官吏加强治理。到了明清时期,徽州民间“健讼”之风同样也是愈演愈烈,时人曾谓:“小民之好讼,未有甚於今日者。往时犹在郡邑纷呶,受其累者不过守令诸公而已。近来健讼之民,皆以府县法轻,不足威摄同辈,必欲置之宪纲。又虑我控於县,彼必控府,我控

---

① 参见黄宗智:《民事审判与民间调解:清代的表达与实践》,中国社会科学出版社1998年版,第173页。

② [日]岸本美绪:《清初上海的审判与调解——以〈历年记〉为例》。转引自徐忠明:《众声喧哗:明清法律文化的复调叙事》,清华大学出版社2007年版,第192页。

③ 关于徽州地区民间“健讼”的问题一直以来是明清徽州社会史研究的一个基本论断,本人也赞同此论点。学界中率先涉足徽学研究的法律史学者韩秀桃教授对此论断持有怀疑态度。他坚持认为:从传统法律文化的角度来看,一般认为,厌讼、贱讼则又是一个历代官方的基本立场。这两个看似矛盾的判断,就明清徽州特定的地域条件和历史语境来说,却有殊途同归的价值趣旨。所谓的明清徽州人的“喜讼”“健讼”不能仅仅从能够发现的大量的有关诉讼活动的文书、契约来推断,因为这种推断至少存在两个方面上的认识误区:一是判断徽州人“喜讼”“健讼”的标准是什么?如果主张徽州人“喜讼”“健讼”之说,就必须找到还有什么地方和什么时代的人不喜欢诉讼或不擅长诉讼。如果找不到那些不喜欢诉讼和不擅长诉讼的历史地域人群,我们就无法证明明清时期的徽州人“喜讼”“健讼”。历史文献所记载的事实却证明,自宋以后,整个江南地区都存在普遍性的“喜讼”“健讼”问题。研究发现,在宋代“兴讼”“嚣讼”“健讼”等词语在各种文人笔记和各类史料中已经是俯拾皆是,其基本的意思是描述时人善于或者喜欢打官司。在宋朝,至迟在宋仁宗之后,随着私有制的深入发展及商品经济的繁荣,经济利益多元纷呈,民间善讼之风已初露端倪。南宋时,民间的健讼之风更加激烈,善讼地区范围包括四川、贵州、云南、湖南、湖北、广东、广西、海南、浙江、安徽、江西、福建、江苏、上海等地。虽然其他地区至今尚没有发现类似于徽州这样的诉讼文书,但我们却不能否认其“喜讼”“健讼”的社会现象。二是徽州文书中,数量最大是商业文书、宗族文书和各种文集等,这是徽州文化博大精深的具体体现。在如此庞大的文书资料中,发现数量较多的、零散或系统的诉讼文书似乎并没有什么特别之处。如果说徽州人“喜讼”“健讼”,就需要能够从整体上分别出诉讼文书在整个徽州文书中的比例,这是判断一个文化组群基本特征所必需的。但这一点,学术界并不能给出一个明确答案。更严重的判断就是那种认为明清徽州之所以“喜讼”“健讼”,是因为当时的徽州人商业意识(甚至有商品经济意识之说)不断增强而法律意识也随之不断增强的结果,更有不证之词的嫌疑。参见韩秀桃:《明清徽州的民间纠纷及其解决》,安徽大学出版社2004年版,第120~121页。

於府,彼必控道,我控於道,彼必控司控院,不若竟走极大衙门,自处於莫可谁何之地。"[①]"我们必须明确地舍弃一种所谓'常识'或'偏见',即由于明清时代基本上是农业社会,所以对于一般民众来说应该距离诉讼相当远,或者当纠纷出现时,应该付诸审判前,在村落、宗族或行会等小范围的团体或集体内部调解解决。实际上,对于当时的民众来说,涉及诉讼似乎是非常自然的事情。"[②]

明清时期徽州地区的"好讼"之风的盛行,主要取决于以下几点原因:[③]

1. 随着商品经济的发展,社会价值观发生转变。

明初,作为遭受元末战乱重创的徽州地区,各县地方官恪守明太祖颁布的《圣谕六条》,[④]实行休养生息政策,致力于战后社会经济的恢复和秩序重建,取得了良好的社会效果,"国家厚泽深仁,重熙累洽,至于弘治,盖甚隆也。于是,家给人足,居则有室,佃则有田,薪则有山,艺则有圃。催科不扰,盗贼不生,婚媾依时,闾阎安堵;妇人纺织,男子桑蓬;藏获服劳,比邻敦睦"。[⑤] 但是,由于社会长期稳定发展,地处万山之中的徽州人口迅速膨胀,田少人多的矛盾尤为突出。迫于生计,徽州人大量外出经商,"出贾既多,土田不重;操资交捷,起落无常。能者方成,拙者乃毁;东家已富,西家自贫。高下失均,锱铢共竞;互相凌夺,各自张皇。于是,诈伪萌矣,讦争起矣,芬华染矣,靡汰臻矣……至嘉靖末、隆庆初,则尤异矣。末富居多,本富尽少;富者愈富,贫者愈贫。起者独雄,落者辟易;资爰有属,产自无恒。贸易纷纭,诛求刻核;奸豪变乱,巨猾侵侔。于是,诈伪有鬼蜮矣,讦争有戈矛矣,芬华有波流矣,靡汰有沟壑矣"。[⑥]

如此,伴随着商品经济发展的激烈变迁,徽州地区原本淳朴的民风和社会价值取向发生了质变,徽州地区评价人的标准已从单纯的重道德、仁义,转向重利轻义了。正如《徽州府志》记载:"自古各郡俗以不义为羞,衣冠不变,士

---

① (清)李渔:《论一切词讼》,载《皇朝经世文编》卷九四《刑政五·治狱下》。

② [日]夫马进:《明清时代的讼师与诉讼制度》,载[日]滋贺秀三等:《明清时期的民事审判与民间契约》,王亚新、梁治平编,王亚新、范愉、陈少峰译,法律出版社1998年版,第394页。

③ 参见卞利:《国家与社会的冲突和整合——论明清民事法律规范的调整与农村基层社会的稳定》,中国政法大学出版社2008年版,第289~292页。

④ 《圣谕六条》即孝顺父母,尊敬长上,和睦乡里,教训子孙,各安生理,毋作非为。

⑤ 万历《歙志》卷五志六《风土》。

⑥ 同上。

多明理之学，邹鲁称名。顾承平日久，日异而月不同。污俗相传，上行而尤效。”①

2. 徽州地区民众法律意识提高。

明初，明太祖为了“惩元季吏治纵弛，民生凋敝”之弊，②十分重视法制建设，相继制定和颁行了《大明律》《御制大诰》四篇和各种榜文等，以求“明礼以导民，定律以绳顽”。③ 为使人们知法守法，明太祖还鼓励和倡导人们学习法律。在《御制大诰》颁行后，他即要求全国“一切官民诸色人等，户户有此一本”，④并将《御制大诰》“皆颁学宫以课士，里置塾师教之”。⑤ 徽州素有“东南邹鲁”之称，具有良好文化底蕴的徽州民众的法律意识也得到了增强。到了明中叶后，随着徽州经济文化的发达和经商社会风气的形成，徽州各种诉讼案件日益增加，“片语不合，一刻颜变，小则斗殴，大则告状不休”，导致“讼案山积”非常普遍。⑥

3. 宗族的大力支持，也是徽州地区“好讼”之风盛行的原因之一。

宗族“重宗义，讲世好，上下六亲之施，无不秩然有序，所在村落，家构祠宇，岁时俎豆”；⑦“族中有大事，亦于此聚议焉。祠各有规约，族众公守之，推辈行尊而年齿高者为族长、执行其规约”。⑧ 一旦宗族利益受到侵害，便会形成诉讼，一些强宗大族为赢得诉讼，甚至不惜以族产作为支持诉讼的资本。明代嘉靖年间歙县呈坎罗氏宗族为与侵其祖坟的杨干寺僧进行诉讼，就曾动员全族力量，前后讦奏7本，历时8年，才最终胜诉，是明代徽州宗族卷入民事诉讼的典型代表。

4. 徽商群体的介入，助长了徽州地区的“好讼”之风。

作为以经商逐利为业的特殊群体——徽商，自然而然会成为徽州地区最主要的“好讼”力量。小本起家、辛苦经营的徽商在生活方面较为节俭，“在外者苦挣，在家者勤俭，叫他吃着，尚且惜费焉”。⑨ 但经营致富后，受到光宗耀

---

① 康熙《徽州府志》卷二《舆地志下·风俗》。
② 《明史》卷二一八《循吏传序》。
③ 《明太祖实录》。
④ 《御制大诰·颁行大诰第七十四条》。
⑤ 《明史》卷九三《刑法一》。
⑥ （明）傅岩：《歙纪》卷九《纪谳语》。
⑦ 嘉靖《徽州府志》卷二《风俗》。
⑧ 民国《歙县志》卷一《舆地志·风土》。
⑨ （明）傅岩：《歙纪》卷五《纪政绩》。

祖心理等宗法观念的影响，往往将千辛万苦经营所获得的巨资投向故土，购置田地和风水坟场，修建祖墓和祠堂。部分富可敌国的徽商还染上奢侈的恶习，为了显示富有和名声，特别看中面子而与人争诉，正如王士性指出："新都健讼，习使之然。其地本勤，人本俭，至斗讼则倾资不惜，即官司笞鞭一二、杖参散，便以为胜负……若巨家大狱，至推其族之一人出为众死，或摸额叫阙，或锁喉赴台，死则众为之祀春秋而养子孙。他方即好讼，谋不至是……至于商贾在外，遇乡里之讼，不啻身尝之，醵金出死力，则又以众帮众，无非亦为己身地也。"①

另外加上大量讼师的介入。② 讼师一方面为争讼当事人代为书写诉状③基本上符合事实，从而得到官府的准状受理；另一方面还能及时根据官府审理案件的进展情况，适时采取对策，帮助当事人赢得诉讼，因此其在诉讼中所起

① （明）王士性：《广志绎》卷二《两都》。

② 在某种程度上，官方对讼师的大量存在也有一定的责任：一是官府指定代书，所写诉状"质而不文，不能耸观"，很难得到官府的受理，文化水平不高的民众不得不寻求讼师代写诉状；二是涉案当事人不了解法律程序，为了避免官司败诉，势必要求助于讼师。所以处在"好讼"之地的徽州地区，讼师有其存在的市场。

③ 关于诉状的具体写法，明代署名为乐天子《做状十段锦》最经典，现摘录如下：第一段此款名曰朱书。必要先将事情起止，前后精细议论明白，按事而立朱语，或依律，或借意，必与谶语相应，慎之慎之。第二段此款名曰缘由。乃当先事迹之根源，务与计由，成败相应，不可脱节，不可系多，不可简略。第三段此款名曰期由。乃事从某年某月某日而成也，其年或远或近，置状中或前或后，不可重用。第四段此款名曰计由。乃事之显迹，从何起为入罪之路也。务宜斟酌，不可繁杂，不可脱空含糊。第五段此款名曰成败。乃计由之后，或成或败，为入辜之门也。兹段诚为一状主宰，务宜包含前后，谨防攻破。第六段此款名曰得失。乃状中之奇谋也。可置证由之前，可置证由之后，听人所用。此为脱罪之路，详之详之。第七段此款名曰证由。论成败得失之后，必有见证也。诚为一状辅佐，恐有偏护、辩论不一，须要量人斟酌。此脱罪之门也，毋忽毋忽。第八段此款名曰谶语。乃一状中总断也，务要句句合律，字字精奇，言语壮丽。如状中有此一段，名关门状，则府县易为决断；无此一段，名开门状，恐人犯乘隙瞰入辨变。大抵状词不可太关门，亦不可太开门，谅情半开半关者，妙哉妙哉。第九段此款名曰结尾。乃状中之尾也，先要遵奉官府，后要阐明律法，务宜详而用之。第十段此款名曰事释。但言告诉之后，二三四字而已，如剪害安民、超贫杜骗、敦伦正俗、含冤等语，量情用之为妙。右十段锦之法，取其事，作其词，俱要字字超群，句句脱俗，款款合律，言语紧且，事理贯串，则智囊包括，笔阵纵横，舌战英雄，无不胜矣。参见乐天子编次：《鼎镌金陵原板按律便民折狱奇编》卷一《做状十段锦》。

的作用举足轻重。徽州地区广泛流传婺源县讼师的诉讼秘本《饵笔肯綮》①以朗朗上口的口诀形式传授如何使书写诉状能够得到官府的受理、如何跟踪案件审理过程采取针对性的策略这两方面讼师必备的基本技能，这也足以说明从事讼师职业在徽州地区是非常普遍的现象。

综上诸多原因，明清徽州地区俨然一幅“讼案山积”②的“好讼”景象。

第二节 明清徽商的诉讼

在“重农抑商”的基本国策下，四民之末的徽商受到徽州地区“好讼”风气潜移默化的影响，在经商行走于全国各地的同时，也将“好讼”之风带到了经商之地，屡屡涉讼不止，并将一些胜诉的案例以家训或族谱等书面形式记载下来，这些保留完好的有关徽商在明清时期的诉讼资料，为我们真实再现了明清时期司法运作的社会场景。“法律案件可以让我们看到法律从表达到实践的整个过程，让我们去探寻两者之间的重合与背离。在这里我们需要考察的是国家会不会说一套做一套，而不应去预设国家言行必然一致。”③

借助于对历史学界梳理保留下来的有关明清徽商诉讼案例，笔者以现代法学的视角将其大致分为三种类型的诉讼：第一种是徽商内部在经营过程中存在的利益之争而引起的诉讼；第二种是客居他乡的徽商与当地民众的利益之争；第三种是具有浓厚“官商”色彩的徽商对官府无力的抗争。（以现代三大诉讼法的标准界定划分古代的案件，难免会有“阉割”古人之嫌。）

---

① 该讼师秘本署名为“婺北小桃源觉非山人”，卷首总结了各种诉状的写作技巧，指导讼师应对各类案件。“一词须要格规先定，然后布词检点成篇，切不可记语子套之。一作者先看事理情势何如，务要周详，不可忽略。或二事俱发，取其重者作主，轻者点缀，在首上或尾上作辅佐。必用重关字面，转换成篇，庶不犯了一词两事之弊也。要词语简洁连续。一体要有三段，前段推写来历，为何事相干；中段指出被告根由，或云岂期豪强占，或强骗等情，须用紧要干证、明白赃物以点实之；后段要严切言语，辨得前项事情，勿使宽疏。中间倘有不密之处，宜生情掩过，方可告准。朱语不入，招重著无妨。一作者不可搜罗，事砌不可虚空拽曳，致自招诬重罪。或遇一时难准之状，不得不架捏者，亦要招诬无大罪。又必观者信之乃善。一事经判断，后复翻告者，须看判语并招供不合律处，明白挑出，若如初告之词一样。孟浪终无益也。”

② （明）傅岩：《歙纪》卷九《纪谳语》。

③ 黄宗智：《民事审判与民间调解：清代的表达与实践》，中国社会科学出版社1998年版，第3页。

一、徽商之间的诉讼

清人洪玉图在《歙问》中写道：

歙山多田少，况其地瘠，其土骍刚，其产薄，其种不宜稷粱，是以其粟不支，而转输于他郡，则是无常业而多商贾，亦其势然也。矧近者比岁不登，鲜不益窘矣。兵燹之余，日不能给矣，而又重之以徭役，愈不能安也，又安能不以货殖为恒产乎？是商以求富，非席富厚也。

康熙《休宁县志》载：

徽州介万山之中，地狭人稠，耕获三不赡一。即丰年亦仰食江楚，十居六七，勿论岁饥也。天下之民，寄命于农，徽民寄命于商。

吴日法《徽商便览》载：

吾徽居万山环绕中，川谷崎岖，峰峦掩映，山多而地少。遇山川平衍处，人民即聚族居之。以人口孳乳故，徽地所产之食料，不足供徽地所居之人口，于是经商之事业以起，牵车牛远服贾，今日徽商之足迹，殆将遍于国中。

通过以上文字记载，我们可以推知徽人经商的真实缘由：徽人之所以经商，说到底是因为身处山区，生活太困穷了。徽州山多田少，耕地贫瘠，农业生产不能自给，再加上赋役繁重，社会动乱，灾荒迭作，进一步加深了徽人的灾难。《复初集》记载的《新安歌三首》之一曰：土隘民丛谷不支，辟山垦堑苦何悲。风雨夜行山坞道，秋成不丰犹餐草。猛虎毒蛇日与伍，东方未明早辟户。一岁茹米十仅三，麦稷杂粮苦作甘。深山峻岭茅屋潜，竟年罕食浙海盐。对于徽州的生活环境，有着极为生动的描写。明代中期以后，江南地区的商品经济发展，正好为徽人开辟了经商谋生的新道路。万历《歙志》记载："谚语以贾为生意，不贾则无望，奈何不亟亟也。以贾为生，则何必子皮其人而后为贾哉！人人皆欲有生，人人不可无贾矣。"[①]在地瘠人稠的徽州，外出经商已经成为人

① 万历《歙志·货殖》。

人“治生”的重要手段,几乎人人都要参与,并非富家弟子热衷此道。[①]

环境所迫大量外出经商的徽州人,出身贫寒之家的徽商居多,在从事经营之初,往往不得不通过借贷关系启动原始经营资金,“虽挟资行贾,实非己资,皆称贷于四方之大家,而偿其什二三之息”。[②] 因此,借贷纠纷引起的诉讼时有发生。

(一)徽商的借贷诉讼

徽商的借贷资金大多是在亲属或同乡同族之间进行的,念及亲情或乡谊,给予债务人的贷款往往具有资助或接济的性质,因而贷款利息一般都很低。正因为经营贷款利息较低,许多善于经营之道的徽人,只要是通过贷资经营的途径白手起家,为了避免因债权债务引起不必要的纠纷,招致官司缠身,都非常重视签订借贷合同文书,文书中一般都要标明债务人、债权人、贷款数量、还款日期等。例如:

借票

立借票侄正初,借到三老伯处本银拾两正,日后生意有余,将本送还。此照。

三月廿七日　　付九六银拾两

乾隆陆年三月　　日立借票　　侄正初(押)

见立　方叔(押)

素公[③]

即便如此慎重地事先防范风险,经营过程中常常因借贷投资经营不善,亏损无力清偿债务而引起债权债务纠纷和诉讼仍然不止。下列2起案件就是因徽商贷资经营而引起的借贷诉讼。

---

① 嘉靖《徽州府志》记载:“徽之山,大抵居十之五,民鲜田畴,以货殖为恒产。春月持余赀出贸十二之利,为一岁计,冬月怀归。有数岁一归者。上贾之所入,当上家之产;中贾之所入,当中家之产;小贾之所入,当下家之产。善识低昂,时取予,以故贾之所入,视旁郡倍厚。”

② 康熙《徽州府志》卷八《营建志下·蠲赈》。

③ 此借票原件藏于京都大学法学部,转引自范金民等:《明清商业纠纷与诉讼》,南京大学出版社2007年版,第81页。因借票的借贷双方具有亲属关系,因而形式较为简单,还款条件也比较宽松,“将来生意有余,将本送还”,也省去了“恐口无凭,立此借据”的套话,但是为了慎重起见,借贷双方还约请了两个见证人作证。

第一起是发生在翁婿之间的借贷诉讼。崇祯二年(1629年),歙县籍徽商汪春旸借女婿许三让一百一十九两银钱作为资本外出经商,翁婿最初协议包租两分起息,后协议将借贷关系变更为合本(合伙)经营关系。按照合本(合伙)协议规定,翁婿两人应该平均分配经商盈利,但汪春旸违反约定,并没有与许三让平分经商盈利。许三让就邀请同乡程华林为中人,远赴河南濮阳向老丈人索讨,翁婿因就分配结果协议不成而呈控到官府。案子后来转到歙县,歙县县令傅岩审断,判汪春旸除前给付的二百六十两外,再增付五十两给予许三让。① 歙县县令傅岩虽承认合本则"利应瓜分",但又称"夫人之好利同情,谁肯以议定之息再有增益",为了维护尊卑长幼伦理关系,主观上已经偏向具有违约过错的岳父汪春旸,最终却判决合法权益业已受到侵害的原告许三让有"犯分"之罪,却基本上没有追究被告人汪春旸违反合本经营合约的过错,谁是谁非并不是以纠纷的事实为依据,而是以原被告两造所具备的尊卑身份关系所决定的,毋庸置疑的准则是尊者永远是正确的,卑者永远是错误的。

第二起是同乡之间普通的借贷诉讼。崇祯时,歙县籍徽商郑光祖、许寿老和陈来寿都是小本经营的小商贾。郑光祖先向许寿老借第一笔债二百文钱,第二笔债由陈来寿作为中人担保,向毕兴才借三两纹银后转借给第三人王阔,形成了三角债。等到郑光祖所欠许寿老的债务到期后,郑光祖无力清偿该笔债务,提出以王阔所欠的钱作抵,而中人陈来寿怕担连带责任,坚决不同意郑光祖提出债务转让的建议。郑光祖面对债主许寿老和毕兴才的索讨,"偿毕则许怒,偿许则毕怒",两位债主"群哄其室,碎其碗"。郑光祖在向王阔讨债无果,自己又无力同时清偿两笔债务的情形下,被迫服毒自杀。普通的债权债务纠纷导致人命出现,当地乡保不敢隐瞒,鸣告到官府。歙县知县傅岩判处许寿老、陈来寿、毕兴才三人杖责,合力出资丧葬费十两安葬死者,王阔将所欠死

---

① (明)傅岩:《歙纪·纪谳语》,陈春秀点校,黄山书社2007年版,第171~172页。"审得汪春旸,许三让之妻父也。春旸借三让钱一百十九两,在崇祯二年,初议包租二分也。后忽合本,则利应瓜分矣。所以三让同程华林至、濮州往索,惟时算账者,春旸侄汪灿文也。华林不善居间,竟往控州吏目。春旸曾计议之,三让始伏处。除前收银二百六十两外,再增五十两,立有收领而还。还而创痛,又有华林嗾之,遂以兽亲讦春旸。夫人之好利情同,谁肯以议定之息再有增益。增益者端为后有合本之议耳。事在濮而修怨于徽,即欲曲为三让再画蛇足,其如领墨何。又研春旸之子应宿伪增底帐,后旸妻误授其真者,为让所执,故喋喋不休,合以其罪罪之,与犯分之让并儆。"

者郑光祖的银两仍须归还其兄长郑胜祖。①

上述两起普通的借贷纠纷都收录在时任歙县令傅岩坐堂问案《歙纪·纪谳语》②中，当时歙县是徽州府的府治，也是徽州府所管辖六县中最富有、最重要的一个，因此歙县解决徽商借贷纠纷的态度和官府在解决纠纷中的作用对于整个徽州地区具有一定的典型意义。

关于古代州县父母官如何对待民事案件的审理问题，一直是中国法律史学界的热门话语，虽然众说纷纭，但有一个基本共识：古代中国社会没有现代意义上的民法和民事诉讼，但传统社会中的户婚、田土、钱债、继承等民事法律关系是客观存在的，由此引起的纠纷也必然会是州县父母官不能回避的现实问题，国家法律在调整此类法律关系时仍然有发挥作用的空间。正如复旦大学法学院郭建教授指出：“中国古代并不存在严格意义上近代性质的民法。然而，这不意味着中国古代的民间的民事行为完全采取不干涉的态度、民间的民事行为完全得不到法律的维护，更不意味着中国古代社会缺乏最基本的调整特定财产关系和人身关系的行为规则。事实上，中国古代很早就形成了独具特色的民事法律文化传统。”③现代学界一般对中国古代民事法律制度的基

---

① （明）傅岩：《歙纪·纪谳语》，陈春秀点校，黄山书社2007年版，第175~176页。“审得郑光祖肩犯，许寿老、陈来寿所业亦同。祖曾贷来寿钱二百文，贷毕兴才银三两，居间者陈来寿也。来寿又曾为王阔居间贷光祖钱。祖欲以此项会与毕，而寿坚执不允。二债主坐索一穷人，即稍有所处，偿毕责许怒，偿许则毕怒，群哄其室，碎其碗则有之，殴则许而未行也。祖计无所出，寿老是月十五之限又至，已服毒矣。祖兄胜祖医之不愈，至夕而殒。坊长洪希伊等鸣官，借殓，十指青色，仰药之故昭然。虽祖亡其身以逃债，而寿老等之狠索有以谢之矣。兴才即未亲诣其家盘算放利，着三犯共出葬埋银十两偿垫之外，听胜祖追。寿、老、才仍各杖。阔负应还胜祖，不得以存亡异视，故免议。”

② “谳语”一词，学者韩秀桃教授分析认为：谳的本意是定罪、审判。从宋朝开始为了避免刑罚宽严不等，防止司法官的枉法裁判，从州县到大理寺，大多实行“鞫谳分司”制度。“鞫”就是查明犯罪事实，“谳”就是决定适用的法律，因此鞫谳分司实际上就是“审”与“判”的分离。掌理断刑的官员叫“狱司”（又称鞫司），无权过问审判；负责审判的官员叫“谳司”（又称法司），则又无权检法断刑，二者互相牵制、不易作弊。南宋时周琳说：“狱司推鞫，法司检断，各有司存，所以防奸也。”明代虽然没有继承宋代的制度，但对于案件在审断之间的慎重，也是有所体现的。按照《大明律》的规定，明代州县官只能自行审结杖一百以下的案件，一般这类案件被称之为州县“自理词讼”案件。对于这类案件，州县官在审理结案以后，一般都要将案件一一登记造册，就是各个州县所设置用于记载词讼案件审理情况的“循环簿”，以供上级衙门以及巡按御史等临时抽检。由此来看，谳语既与上报上级衙门的“招”“详”不同，也与本级下发的“驳语”不同，谳语应当是州县官在判案过程中给出的一种结论性审语，表示案件已经可以完结。参见韩秀桃：《明清徽州的民间纠纷及其解决》，安徽大学出版社2004年版，第127~128页。

③ 郭建：《中国古代民事法律文化基本特征概述》，载韩延龙主编：《法律史论集》（第2卷），法律出版社1999年版，第55页。

本特点界定为：缺乏独立的民事法律形式，民事违法行为多以刑罚的手段调整；没有单独的民事诉讼程序，通过确认义务来默认权利和重视民事习惯在处理民事法律纠纷中的作用。虽然自西周时期起，就已经出现了相对明确的针对财产纠纷和刑事犯罪而采取不同诉讼程序的规定，但是至少从秦汉时候起，国家法律所正式规定的诉讼程序确是单一的，即无论民事还是刑事，都是用同样的诉讼程序。①

徽商因亲属、邻里之间的借贷引起纠纷最终诉至官府出面解决，都无疑充分说明一个事实。虽然在官府力主"抑讼"主流意识下，拒绝受理毫无意义的小纠纷，②但其实并非一味禁止民间的纠纷提交衙门，而且受理案件后，也非简单采取刑罚手段，完全置两造的"是非对错"于不顾，一罚了之，而是采取情理兼顾、理顺摆平的解决方法。所谓"情理"，简单来说就是"常识性的正义衡平感觉"。正如日本的中国法制史学家滋贺秀三所言："比起西洋人来，中国人的观念更顾及人的全部与整体。也即是说，中国人具有不把争议的标的孤立起来而将对立的双方——有时进而涉及周围的人们——的加以全面和总体考察的倾向；而且中国人还喜欢相对的思维方式，倾向于从对立双方的任何一侧都多少分配和承受一点损失和痛苦中找出均衡点来，等等。这些说法大概是可以成立的，因此，所谓'情理'，正确说应该就是中国型的正义衡平感觉。无论如何，所谓'情理'就是深藏于各人心中的感觉而不具有实定性，但它却引导听讼者的判断。"③第一起借贷纠纷案例中，岳父汪春阳与女婿许三让事先约定借银一百一十九两，议定利息二分，后岳父汪春阳违约在先，拒绝支付事先约定的利息给女婿许三让，合约白纸黑字，按照现代民法和民事诉讼法相关规定，违约者

---

① 郭建：《中国古代民事法律文化基本特征概述》，载韩延龙主编：《法律史论集》(第2卷)，法律出版社1999年版，第47页。

② 中山大学法学院徐忠明教授认为，古代官府会拒绝毫无意义的一些纠纷，深究其原因在于：其一，州县衙门是集权的一人政府，大小事情都要长官亲自处理，确实忙不过来，拒绝受理一些小民事案件似乎有理；也正因为如此，帝国法律每每要求基础社会自行调处民事纠纷，以便减轻讼累。其二，出于人情社会的实际状况的考虑和维护熟人社会秩序的需要，州县衙门压抑那些属于"鼠牙雀角"之争，拒绝那些为了争夺"蝇头小利"引起的诉讼，实际上都是为了使乡土社会免遭因细微纠纷而导致"和谐"社会秩序的破坏。其三，从法律经济分析的角度来看，官府启动司法程序需要投入成本……在这个意义上，衙门拒绝受理民间诉讼，并非完全无视民众的权利要求，而是帝国司法机构的能力有限。参见徐忠明：《案例、故事与明清时期的司法文化》，法律出版社2006年版，第253~254页。

③ [日]滋贺秀三等：《明清时期的民事审判与民间契约》，王亚新、梁治平编，王亚新、范愉、陈少峰译，法律出版社1998年版，第13~14页。

有违约行为的发生、其违约行为造成他人损失、违约行为与损害具有法定的因果关系，违约者主观上有过错，作为违约者岳父汪春阳就要承担违约责任，但县令释法原情，不论案情本身的是非曲直，仅仅凭借两造双方尊卑的伦理身份，作为决定案件结果的重要依据，违约者岳父汪春阳因“尊者”身份，无须承担任何法律责任，而依法维权的受害人女婿许三让因“卑者”身份，被官府处以“犯分”“并儆”的责任。第二起案例中，一起普通的三角债务纠纷，最终因债主逼债演化成为债务人被迫服毒自杀的恶性案件，官府则采取“大事化小，小事化了”基本策略，注重理顺案情，平息冲突，努力摆平纠纷各方，以修复和谐的社会关系为己任，而不是根据具体案情权衡考虑是否“公正合理”的裁决，被逼债而自杀的债务人的债务仍然承担，由其兄长支付，债权人仅损失了十两丧葬费而已。

独资经营产业的徽商固然很多，然而随着商业经营规模的日趋扩大，商业竞争的日益加剧，往往需要巨额资本才能够左右逢源，在残酷的商战竞争中立于不败之地。在这种形势下，独资经营的小商小贩独力难支，难于继续生存下去。明清时期徽商合资经营“强强联合”的现象大量出现。

南京大学历史学教授范金民指出：“从明清时期中国商人的资本组成来看，独资或合资都是普遍存在的，只是其发生的领域各有侧重，独资多发生在小本营趁者中间，而合资似乎更多地发生在大规模或大批量的长途贩运商业中间。”①

徽商早年白手起家者，多是以独资经营形式出现，随着经营市场扩展和财力的增强，合伙经营成为极为普遍的一种经营方式，而且也非常注重通过合同事先防范因合伙经营引发利益之争。在明末纂辑成书的《新刻徽郡补释士民便读通考》载有“同本合约格式”专供合资经营者在订立合同文约时作为参考格式，该格式的原文如下：

立合约人×××窃见财从伴生，事在人为。是以两同商议，合本求利，凭中见，各出本银若干，同心揭胆，营谋生意。所得利钱，每年面算明白，量分家用，仍留资本，以为渊渊不竭之计。至于私己用度，各人自备，不得动支店银，混乱帐目。故特歃血定盟，务宜苦乐均受，不得匿私肥己。如犯此议者，神人

---

① 范金民等：《明清商事纠纷与商业诉讼》，南京大学出版社2007年版，第17页。

共殛。今欲有凭,立此合约一样两纸,存后照用。①

到了清代,精通商道的徽商已经普遍意识到合资经营对于商业发展具有许多好处。在他们所主营的盐业、典当业、茶叶、木业无不有合资经营的事例。为了达到合本求利的目的,在合资经营中非常注重对财务管理,对投资投股人的权利和义务作出了详尽的规范,以避免因利益分配不均而引起纠纷。如光绪时,歙县徽商程振之等5人合资经营粮食贸易,立有合资经营合同文约。文约如下:

立合同议据人程振之、程耀庭、陈傅之、吴紫封、程润宏等志投意合,信义鸿猷,商成合开溪西码头上永聚泰记粮食行业生意,每股各出英洋贰佰元,五股共成坐本英洋壹仟元。所有官利每年议以八厘提付,各股毋得抽动,本银亦不得丝毫宕欠。每年得有盈余,言定第二年提出照股均分。亏则照股镶足,如有不镶,公照盘帐析出无辞。自议之后,各怀同心同德,行见兴隆,源远流长,胜有厚望焉。恐口无凭,立此合同议据,一样五纸,各执一纸永远存照,大发!

再批:官利候做三年之后,再行盘结分利。又照。

光绪拾玖正月　　日　　立合同议据人　程振之

程耀庭

陈傅之

吴紫封

程润宏

居间执笔人

王致芬②

但是经营中,由于合伙经营情形较复杂,又涉及各合伙方切身经济利益,虽然各合伙人注重签订合伙合同以事先防范经营风险,但实践中仍容易产生

---

① 参见谢国桢:《明代社会经济史料选编》(下册)。转引自王廷元、王世华:《徽商》,安徽人民出版社2005年版,第184页。

② 《明清徽州社会经济资料从编》(第1辑),转引自王廷元、王世华《徽商》,安徽人民出版社2005年版,第185页。

合资经营诉讼。下面就以黟县徽商吴敬修茶叶被扣案①作为典型个案予以分析。

五品职衔徽州黟县人吴敬修(吴耀南),于道光年间在休宁屯溪镇独资经营“春熙”茶号。咸丰七年(1857 年),同窗好友丁冠臣介绍其子丁佩芳与吴敬修合伙经营做生意。吴敬修、丁佩芳、何某三人合伙在屯溪镇上开设“泰丰”钱店,其中吴敬修二股、丁佩芳一股、何某一股,钱店的经营账目皆由丁佩芳主管。第二年,何某取得吴、丁同意将自己股份抽出,吴、丁仍旧依照原先各二股、一股合开“泰丰”钱店。因生意越来越大,该钱店先后与当地监生曹正卿等几家钱店皆有银钱存放往来的业务关系。

咸丰十年(1860 年)八月,因太平军战乱所累,吴、丁合伙经营“泰丰”钱店生意损失惨重,不仅破了财,丁佩芳也被太平军掳去,于次年正月逃回病故。当然吴敬修独资经营的“春熙”茶庄也未能幸免,店中仅余 900 多箱茶叶,其余全部被焚。咸丰十一年(1861 年),太平军撤出屯溪,“泰丰”“春熙”两店的账目都没来得及清理。曾在钱店誊写盘簿的丁佩芳之兄丁云藻,听信店伙计汪殿扬、胡国英所说吴敬修曾从钱店搬走银子一千二百两,账簿也在吴敬修家中,并称吴敬修欠钱店三千三百两,担心自己受到债务牵连,于咸丰十一年(1861 年)十一月,以抽簿图吞向黟县县衙控告吴敬修,又上禀休宁县,请求县衙封存吴敬修尚余的 900 多箱茶叶。自此,一起合伙人之间旷时日久的债务纠纷案件就此拉开了序幕。

咸丰十一年(1861 年)二十九日,黔县江令堂讯,结案判语为“丁云藻控吴耀南(吴敬修)一案,故念两姓合伙旧好,全其旧谊,断令吴耀南帮贴丁云藻之侄银叁百两,所有泰丰钱店往来帐目,饬令邀同店伙胡国英、汪殿扬一同清理,收账还账,并饬吴耀南听候给文,赴休(宁)起封”,涉案双方都出具了遵依结。但实际上吴敬修仅仅给丁云藻之侄银一百两。

吴敬修将存放在休宁江潭的 900 多箱茶起运到该县凫溪口胡慎德堂。曾经放钱给“泰丰”钱店的监生曹正卿会同其他几家店主及丁云藻,担心吴敬修的茶箱一旦运出后所欠银两没有着落,坚决不让吴运茶。

同治元年(1862 年)正月初六,吴敬修向祁门县禀控,说自己开设“春熙”

① 吴敬修编:《状子》,抄本一册。原件由安徽师范大学社会学院李琳琦教授保存。本案情的详细解读可以参见范金民等:《明清商事纠纷与诉讼》,南京大学出版社 2007 年版,第 27 ~ 59 页。

字号，经营茶叶。曾于咸丰十年请过茶引300道，受太平军战火之累，尚存869箱茶未毁，寄存休宁。合开"泰丰"钱店的同事丁云藻图谋霸占茶箱，在黔县诬控，后又跨地到休宁县捏控朦封。黟县县令江传讯，断明"春熙"茶号是本人独资经营，与"泰丰"钱店无关，各具遵结完案。黟县县令移文休宁县起封行茶。因资金不足，将茶箱起运到祁门，意在借款，赴案请验放行。没想到丁云藻胆敢纠集众人，将茶箱围阻，还连带替友人带运的"正大和记"茶89箱一并不让起运。丁云藻身为庠生，胆敢越境妄为，不但有碍其交饷银，而且大为商害。恳请尊宪派人前往其堆茶之处，督促人夫挑运起行。黟县江令接禀后，移文祁门县"查此案，春熙茶箱实系引茶，前因控案牵涉，致未起行，并非无故迟延"，请贵县查照验引放行。当日，祁门县令接到移文，批示"该生所做箱茶，既经依黟邑讯明与泰丰无涉，丁云藻何得纠人阻拦，不容起行。候饬差前往验引押放，毋任滋生事端"。

二月十二日，差役谢喜、吴奎等人奉令前往查验时，遭遇丁云藻会同青阳县人曹介清等30余人围困，不同意将扣押的箱茶放行。差役出示宪票，丁等人不予理睬，将堆放箱茶的房屋门户封闭。因差役未奉传带之命，而且见丁云藻人多势众，担心酿出事端，只点明茶箱件数，交给地保看守，回衙复命。祁门县指令差役，传谕丁云藻等人，不得阻拦起运茶箱，"倘再故违，准即按名带案，以凭押解黟县收审"。

与此同时，曹正卿与义盛号查兴镛、益裕号监生宁其昌、俞淳泰号俞清芬、谢宝树堂职员谢炳5家商号联名上禀祁门县，称吴敬修与丁佩芳合伙开设的泰丰钱店，兼营春熙茶号，其采办茶叶资金，皆是泰丰店券汇用。到咸丰十年(1860年)，累欠各号银共计一万余两。曾屡次向吴催讨未果，后问丁家，也不理。至1859年冬天，吴许诺1860年正月用茶归还债务。谁知到了约定时间，吴却将囤积在休宁江潭的春熙茶箱860余件，拆改为正大字号茶箱80余件，发运到祁门县凫溪口，伺机由山间小路转发江西，装载逃遁。曹等知悉后，向吴归讨，吴语含糊，并要曹等约丁云藻一起面谈。不料丁未到，吴遁不见面，反而禀请宪尊准予运行茶箱，刁诈至极。春熙茶叶即泰丰资金，将茶抵债，合情合理。如将茶箱放行，则债款毫无着落，如不阻发归债，血本被吞。为此吁请宪尊"严谕止发，循赏差追，劈奸儆刁"。祁门县对此批示："查前据吴敬修禀，伊与丁云藻在黟结讼，已经讯明，各具遵结，并准前署黟县江将此案讯明缘由移知到县。春熙茶本果系出自泰丰店汇，当吴敬修、丁云藻在黔控案经年，该生等何不乘时控黟，直至案结运祁，忽尔拦阻？殊有不合。值此抽收捐厘济饷之会,吴敬修所运茶箱,未便停滞,然春熙之本,果出泰丰,吴敬修亦不能置身事外,总之,茶应放运,欠应归还。果系吴敬修承认在先,此时即应妥为料量,否则惟有将原、被人等一并解归黟县收审。”

从咸丰十一年(1861 年)十一月丁云藻控告吴敬修开始,到同治三年(1864 年)六月二十八日本案在皖南道审结,前后历时近 4 年之久,期间吴敬修前后向祁门县上禀多达 30 道,向皖南道上禀九道,还曾经越级控诉至两江总督之处。祁门县和皖南道更换过一任官员,为审结本案,祁门县令前后堂讯过 5 次,皖南道后任张道员亲自提讯过 3 次。案件最终处理结果是:皖南道把责令复隆泉以布作抵偿还泰丰的全部欠银,把永昌、福昌两店用货摊归还所欠泰丰银的一半,归到了曹正卿头上,视为吴敬修偿还的债款,一场历时 3 年之久的债务纠纷以被告吴敬修的胜诉告终。本案所展现出涉讼双方旷日持久的禀控应诉和地方官对待民事纠纷与诉讼的久拖不决的心态及其调处审案的手段极具代表性。

日本学者寺田浩明在研究明清时期民事诉讼关于涉案双方权利和利益观念时认为:“即便自己持有的论据如何地强有力,许多场合下对方也多多少少总有一点道理。自己虽然有权利或完全正当地位,但考虑到遭受妨碍的种种可能,权利在现实中未必能够落实;而根据对方的行动和社会上人们看法的变化,在伦理上,正当的地位并不一定绝对,甚至也有成为问题的时候。……对于对方得让且让,自己有理也不要过分——于是,自然而然出现的就是这种厌恶‘硬要’、尊重‘让性’的社会伦理。”[①]结论在吴敬修一案中得到了很好的诠释,在诉讼过程中,涉案当事人主动采取“把事情闹大”的基本诉讼策略:一是谎状,[②]“无谎不成状”,在状词的陈述上,无不夸大对方的可恶和己方的吃亏程度,都是以退为进,提出过高的要求后讨价还价逐步让步,最终迫于官府调处息讼下双方才妥协到满意的地步为止。

尤其是作为被告吴敬修在漫长的诉讼过程中,每每上禀时都有一面之词,刻意夸大自己受损程度,到官衙堂讯时,供词多有不合事实,具结后也并未全部照办,能拖就拖,能赖就赖。黟县知县最初裁断其周恤丁佩芳家孤儿寡母三

① [日]滋贺秀三等:《明清时期的民事审判与民间契约》,王亚新、梁治平编,王亚新、范愉、陈少峰译,法律出版社 1998 年版,第 212 页。

② 所谓谎状,即是指小事说成大事,甚至凭空而讼。汪辉祖有一具体解释:“每有控近事而先述旧事,引他事以曲证此事者,其实意有专属,而讼师率以牵摭为技,万一宾主不分,势且纠缠无已。又有初词止控一事,而续呈渐生枝节,或至反宾为主,不知所以剪裁,则房差从而滋扰。”

百两银子，吴敬修也具遵依结，但执行打了折扣，实际上只支付了一百两，他也口口声声黟县裁断不能翻，但黟县裁断本该他支付的二百两银子即便本案审结时也未支付。毋庸置疑，春熙本是吴敬修所开茶号，泰丰是他与丁佩芳合开钱庄，他买茶时从泰丰取钱，卖茶后将银子存入泰丰，显然春熙与泰丰确有银钱关系，但他死不认账，咬定春熙是春熙，泰丰是泰丰，因而所欠曹正卿等钱店的银钱不应该以春熙茶来抵账。最说不通的是吴敬修是春熙主人，又是泰丰的主要股东，却诡辩称所有经理出入均有丁佩芳管理，对丁佩芳所记账目和所欠账目均予以否认。后祁门县审讯判用春熙一半箱茶两个月内还清债务，他也具遵依结，两个月期限未能缴清欠债，祁门知县饬令曹正卿运茶发卖，吴敬修却先是口口声声未到最后限期，不该发茶，后无法抵赖，又辩称祁门知县堂谕只是发运而不是卖茶抵债。

二是缠讼。缠讼的特殊意义在于缠讼行为本身，而非作为讼由的纠纷事实。也就是说，缠讼具有放大"诉由"的功能——越级控诉，不仅可能扰乱地方衙门的正常工作，使州县官员感到不胜其烦，而且能使原本只是地方性的纠纷事件获得"超"地方性效果而引人注目，进而给地方衙门造成一种来自外部的压力。本案主要起因的被告黟县茶商吴敬修凭借其雄厚的财力，贿赂买通官府各个关节，能够在前后三年中不厌其烦地上禀至两任祁门县令、两任皖南道，甚至越级控诉至两江总督衙门处。借助于贿赂上级官府施压，使后任皖南道张道员能够在短短几个月中就应其请求而亲自提讯，最终作出了完全有利于自己的判决结果。

另外还要注意一个细节，通常来说官方诉讼案卷应密存于官衙，但当事人吴敬修却总能够及时清楚地了解到各级官衙官方批文的具体内容，然后假借经验丰富的讼师捉刀，寻找官批的漏洞后，再针锋相对的辩驳，使自己在诉讼中立于不败之地，这细节足以说明其唯有私下散财贿赂收买官衙书吏，才能够抄录到官衙原文。

曹正卿作为本案的原告之一，也是吴敬修主要的债主，依法索取债务是其合法权益，但其采取索债方法有诸多不当之处，而导致本案案情复杂化。其先是带领众债主到吴敬修存茶之地采取暴力阻止其运茶，涉讼时花钱买通祁门县库书胡士林（吴敬修一再控告他"富通神"大概就是指贿赂祁门县令的情节），等到吴敬修未在期限内缴款而欲遵祁门知县堂谕将其存茶起运变卖还债时，不是经由茶行估价变卖，而是自己擅自将所扣押箱茶运到九江茶市自行变卖，企图事后多得两地茶叶的差价，直到皖南道张道员审理此案初讯时，还谎称茶是在祁门凭祁门行店估价四千零五十两,卖与江裕昌,无钱请茶引,并不是请引到九江来卖。被吴敬修在官府呈控时指出祁门并非卖箱茶之地,正月非有茶客之时,又亲眼看见其在九江卖茶叶,经皖南道调出祁门县发引存根,载明曹正卿请引,曹正卿才无奈承认确有此事。

原告丁云藻听信曹正卿煽惑,确信吴敬修借机抽换账簿,图谋侵吞其亡弟合伙资金,故以抽簿图吞起诉吴敬修,到堂对质时,因无法提供其债权受到吴敬修侵吞的确切证据,所有指控被官府一一驳回。虽然官府未追究其“诬告”罪责,但是皖南道判令泰丰与各家店号的债务账目责令其自行清理,实际上体现官府并不承认其合法权利的存在。

负责审理本案的各级官员应对的处断做法,一般先采取久拖不决,后在金钱力量的左右下,对双方各施加一定压力调处息讼,结果通常都会偏袒财力较为雄厚的一方。这也进一步印证了日本的中国法制史学家滋贺秀三的论述民事审判过程的观点:“当事人虽然一时呈交了遵依结状,却又制造口实将争议重新提出以期变更裁定的情况也屡屡出现。……只要关系者还有不平不满,不是固执于已经给予的裁定而是不辞辛苦地反复进行重新审理,这被认为是优秀知州知县应有的态度。……存在着上诉,上诉可以说是被允许无限制地提到官府的等级结构内任何级别上去。并没有知州知县进行的程序根据什么而终结的制度规定,当事人只要想争执就一直可以争下去。”①

前任祁门县史令,最初收到黟县移文,立即派人前往存茶之地。在接到曹正卿第一次禀文后,从中看出端倪,指出春熙茶本如果确实出自泰丰店汇,那么当吴敬修和丁云藻在黟县控案经年,该生等何不乘时一起参与诉讼,而是等到案结运茶至祁门,才恶意阻拦,批示茶应放运,欠应归还;当二月二十二日曹正卿等再次上禀后,又批示吴敬修曾答应将茶款归还,应迅速清结债务;后吴敬修连续四次上禀表示春熙归春熙、泰丰归泰丰,不愿将春熙茶抵作泰丰欠款,祁门县令既没有按其所批将案件移回黟县,也没有传齐相关人证开堂审断。后来吴敬修上禀皖南道称他以“一富豪之仇禀为定断”“将豪禀是则断是,豪禀否则断否”,这样的做法是“官权豪操”“豪弊蔽天”。祁门县令指责吴敬修“不明世事”“反以官权豪操等词上控,胆大糊涂已极”。后来在整整两年中,五次讯问而未结案,面对吴敬修一再控诉,却自我表白“素重廉隅,大公无

① [日]滋贺秀三等:《明清时期的民事审判与民间契约》,王亚新、梁治平编,王亚新、范愉、陈少峰译,法律出版社1998年版,第15页。

我”，并勒令吴敬修交出泰丰账簿，虽遭吴敬修拒绝，也未予以深究。后来甚至允许曹正卿请引发茶，运到九江去卖茶，并没有遵循皖南道批示“秉公讯断”。其两年五讯本案未断的久拖不决的做法，屡遭吴敬修上控而不严究，可能确有受贿的把柄落在吴敬修之手。

祁门县令继任者刘某，吴敬修一开始对其寄予厚望，上禀皖南道称其“公明廉威”，皖南道敕令祁门县令迅速查调泰丰钱店账簿，秉公处理此案。祁门县令刘上任后两个月内仅仅批示“着即投案集讯核断”，再也不采取进一步措施。他认为本案拖了三年之久，头绪太复杂，既不愿意贸然彻底推翻前任的裁断，又不愿意得罪上司皖南道，因而只是做做表面工作，实质上采取继续观望和拖延的办法。

后任者皖南道张某办案最为果断，仅仅收到吴敬修两次禀文后，立即公示由其直接受理此案，与前任在两年之内只是责令祁门县审断的做法相比显得雷厉风行，办事效率极高。他在七天之内连续堂讯三次，似乎就断案水落石出，原被告双方都表示遵循裁断。但其偏袒黟县茶商吴敬修的用意非常明显，最终处理结果是，“吴敬修赴道上禀，该县未免嫉恶逞刁，五次集讯终未断结。既定归账清完再放茶箱之断，则不应准放一半押留一半，转使吴敬修有所借口。嗣因贼窜祁门，存押行中箱茶失去十七件，遣报赴道递呈，随经批斥，亦应遵批秉公讯断，研究捉刀，何至甫奉批斥，立即将箱茶作抵与曹正卿领去，殊失持平之正，不足以折服其心”。判决完全否定祁门县令扣茶作抵欠款的做法，在审理时也根本不查祁门县放行所扣茶叶时是否超过了法定时限，最后基本上就吴敬修先前已还部分算账视为已全部清还曹正卿，两不相欠。对于吴敬修越诉至两江总督的行为也没依律严惩。

本案不但一拖再拖，而且上下级裁断结果前后反复，颇有出入，恰恰正是原被告双方凭借堂下暗中以财力贿通各级官府能力大小的展现，再加上涉案双方都具有生员身份或通过捐纳获得的虚衔，使一起普通的债权债务纠纷历时三年之久才得以解决，从经济学的角度来衡量，本案诉讼的最终结果对于原被告双方而言，无论胜诉还是败诉，都是得不偿失。即便是胜诉者吴敬修，三年官司下来多个环节疏通打点，相信其原有的资产也会消失殆尽了。

(二)徽州盐商销盐诉讼

以“勇于私斗，不胜不止”而著称天下的徽商为了把持市场的垄断性特权，善于以众帮众，合力对外。但每当商帮内部利益冲突无法调和之际，也会动辄诉至官府，尤以盐商(既有同业之间地位平等的盐商之间利益之争，亦有处于总商和纲商之间的利益之争)为了地区榷盐销售的利益之争而发生的诉讼不断。

下面分析两案例属于典型的徽州盐商内部争夺盐利而引起的诉讼:

第一例案例是婺源与休宁盐商的纠纷与诉讼。徽州六县依官府榷盐地区的划分,歙县分销绩溪,休宁分销婺源,黟县分销祁门。受到当地复杂山区地形的制约,自屯溪至溪口水路三十里,由溪口至婺源都是蜿蜒崎岖的山路,因此,休宁分销婺源的盐,一贯做法都是凭借雇夫挑运。作为必经之地溪口是水路分域之处,自然而然成为运盐中转交卸之地。

休宁籍盐商江嵩等人在屯溪将盐运至溪口,在溪口开设汪万盛、汪怡盛、叶豫源三行收贮,代客雇夫发行婺源,婺源县盐铺商人俞永泰等到溪口运盐转销。这种传统的运销方式很早以来就得到了徽州府衙的认可,也以告示让民众知晓。

乾隆二十三年(1758 年)四月,婺源龙湾盐铺商人汪近仁突然越诉至两浙盐驿道,控称屯溪运盐到溪口、龙湾有囤积影射之弊,要求严禁此举。

本案明显是一起婺源盐商与休宁盐商为了销盐利益而产生的纠纷诉讼。[①] 休宁盐商江嵩伙同婺源商人俞永泰将盐由屯溪运到溪口,开行囤贮,雇夫挑运,分销婺源各地,严重影响婺源盐铺商人汪近仁的售盐利益,一怒之下越级控诉。休宁县令奉命覆查,从此,汪与江、俞双方相互控告,官司历时七八月之久。[②]

俞永泰等上禀到休宁县,声称运盐船只到达溪口,“内皆崎岖峻岭,必须人肩挑运,既不能雇夫候船,又不能留船雇夫,势不得不于龙湾、溪口地方暂租寓所,以便船到交卸,陆续发夫”“休属店有烙牌,官有官盐,何为行私,逐担篓面烙印可验,外无夹带,有何影射”。俞永泰陈述必须在溪口囤盐的理由符合客观事实,较有说服力。但休宁县令批示:“尔等买盐运婺,分销夫船甚便。不得籍禀暂贮寓所,虽天夹带行私,亦未便据详故违宪禁。”休宁县有偏袒婺源商人汪近仁的倾向,认为江、俞运盐销盐发的做法有违宪禁,确有影射夹带之嫌。

俞永泰等不服,上禀至徽州府衙,强调前情。六月初一日,徽州知府批示

① 本案详情参见范金民等:《明清商事纠纷与商业诉讼》,南京大学出版社 2007 年版,第 346~350 页。

② 本案详见《乾隆徽州府抄呈》,抄本一册。

“赴县具禀”。俞永泰等又返回休宁县衙复禀,再次详细陈述屯溪商人运盐到溪口、龙湾之后,人、盐不能露处的客观实际情况。休宁县令六月十六日批示:“尔等买盐暂贮自管,有违宪禁。且龙湾现有过载夫行,理应投行发夫,以便查察行私,不得擅词渎禀。”

俞永泰等无奈之下,只得再次具禀到徽州府衙,声称溪口现开汪聚源、叶元昌夫行,“任择投发,原所乐从,惟恐龙商又藉捏诬”。徽州府六月二十八日批示:“既经县批,投行发夫运销,自应照旧办理,不得率请借寓公所,希图影射行私。”徽州府此次也表明立场,支持休宁县的裁定结果。

婺源盐铺商人汪近仁也具禀到徽州府衙,控诉称汪怡盛只是杂货铺户,“将盐屯积,以便收船户偷窃之盐斤。是不惟影射行私,抑且开门揖盗”。强烈要求知府饬令婺源盐贩运盐抵达溪口,应该检示印烙,随买随发,不得租屋贮饨。徽州知府批示:“已据俞永泰等具禀。龙湾、屯溪二处,均应听商售买分销。该商等亦不得垄断,致违禁令。仍候照案先示可也。”至此,原被告双方第一回合,汪近仁控告俞永泰等私囤有影射之弊的目的没有成功。

汪近仁对此结果自然是不甘心,先后两次又具禀到徽州府。第一次称龙湾、溪口从无夫行,贮盐公所也只是自今为始,是一牌而二店,江嵩、俞永泰所作所为,明显为影射之举,另外“龙居上游,屯居下游,越买运销,转由行发,牙不枵腹,船不空载”,实质上是“屯埠藉婺越销,婺铺藉屯射私,把持行市,起落自由”。七月二十日,徽州府批复:“前据该商并屯埠江嵩等具禀,业经明晰示禁在案,应各遵照,毋庸多禀。”汪近仁不服,继续上禀,谎称如果府衙放任俞永泰行私行为延续,势必会影响婺源盐课。对此知府非常重视,批示:“婺邑分销休宁引盐,向来如何买运,龙湾、溪口地方是否从无夫行,江嵩等亦未设有公所,汪聚源等系属创设新开?”责令休宁县确查覆夺。

休宁县令不敢怠慢,认真复查之后认为,屯商江嵩等人在禁革油行之后,又在溪口租屋囤盐,称为公所,因担心违例遭禁,又唆使汪聚源、叶元昌创开过载夫船行,希望固囤积影射,导致汪近仁等一再上禀。龙湾到婺源,陆路行程五十里,屯溪到婺源,水陆兼程八十里,理无舍近而求远。而江嵩等以船运载,有夫行牙用之费,势必抬高盐价,结果会将增加的成本转嫁到民众身上,“非曰把持行市,即属影射营私。应请禁革”。

徽州府认为休宁县位于龙湾、溪口原本没有牙行、公所,婺源商铺赴休宁买盐分销,早已形成定例,如何发夫挑行,“未据备细查确明晰声覆”。至于汪聚源的问题,指出既然是创设,为何又不查明,就给予发放行帖?当婺源俞永泰等具禀,又为何批令允许他投行发夫?以至于商人之间互相呈渎。等到府衙批查,又主张禁革,所作所为实属“种种皆谬,殊非妥协!仰将婺民赴买屯埠引盐,向系如何发夫运送,备叙旧定成规,秉公妥议,另详察夺缴”。

面对来自顶头上级严厉斥责的压力,休宁知县一方面承认自己失职,未曾仔细考虑诸多细节,另一方面也提出了对此案的处理意见,主张“查婺民到休买盐,仍请各随道路远近,听民自便,倘赴屯溪零星买盐,然必在奉给烙牌之商店买挑,不得船载龙湾、溪口发夫,以杜绝搀越,亦不得于他处暗囤私挑,以肃成规”。

对于休宁知县上报的处理意见,徽州知府看出来了问题的症结,责令婺源老百姓到屯溪买盐,只准肩挑、不得船运的做法,不但不能切实可行,而且会真正影响老百姓吃盐的问题。故回批休宁县令道:“婺民倒休买盐,听民自便,是屯溪、龙湾、上溪口、和村等处,凡属烙牌商店,均可听其售买。至称止许肩挑,不许船载,似尚未协。且搭船省费,夫挑价重,若止许肩挑,是婺民仅食龙湾、溪口之盐,而不许买屯溪之盐矣。事关鹾务,未便偏枯。仰再确核妥议。”

俞永泰等也先后 2 次具禀到徽州府衙,揭露汪近仁等在汪口也设有过载夫行,且汪口以下 200 余里间“船装每日源源不息”,溪口应与汪口一视同仁,否则只会便利汪等邀截昂价,垄断盐价。

在此情形下,休宁县令稍作让步,最终裁定“嗣后婺民赴休买盐,除听就近上埠买食外,如赴下埠屯溪、龙湾者,毋论陆路肩挑,遇便搭船,悉听婺夫自便,惟由水路抵岸,仍令其就船夫挑,不得船载囤积。并毋许彼地牙人假藉夫行致滋弊窦,亦毋庸设立公所,以开竞争之门”。如此,“龙湾不能藉言搀越,而屯溪行销亦不致偏枯矣”。徽州知府对此裁决意见也持肯定态度,回复休宁知县“既系并无偏枯,两相称便,仰即取具,各遵依送核,以凭给示晓谕”。

但是俞永泰等仍然不服,再次具禀到徽州府衙,诉称汪口现有五行过载,即属囤积,允许它们存在,已经属于偏枯。至于水路抵岸,就船夫挑,已属困难,雇夫候盐又难于夫数恰如盐数,留船觅夫势不能免,指船载也为囤积,何谓称便。知府权衡一下,认为休宁县判“亦属平允”,但俞永泰上禀所言亦有其合理之处,于是批示:“但就船挑夫,作何雇夫之处,候据禀檄饬查明覆夺”。江嵩也上禀,诉称休宁县裁决结果不合情理。知府为此批示督促:“仰县官吏查照来文并抄事理,即查明就船挑运作何雇夫之处,秉公妥议,具文详府,以凭核夺。毋得偏徇违延。”在官府采取息事宁人的策略干预下,江嵩、俞永泰和汪近仁任何一方在休宁、婺源企图垄断销盐的目的都未达到,销盐的形式维持原状。

第二例是黟县与休宁两地盐商的纠纷与诉讼。清朝盐业实行官督商销的纲运制,每年额定运销之盐称为一纲,盐商(也就是纲商)向官府缴课,取得盐引,然后到指定盐场的场商买盐,再运到官府事先指定的地区销售。实际上盐商分为场商和运商两种,场商专门向灶户收买食盐,并不参与食盐的销售;运商是盐商的主体,凭借官府核发的纲盐执照,①专门从事食盐的运销。因运商人数众多,故称为散商。清政府为了更好地控制散商,确保盐课的征收,一般由官府指派若干名或众散商公推的盐商首领为总商。

纲盐执照

巡抚浙江盐漕部院杨为

发给运盐执照事。照得两浙盐务改行票运,数年以来,颇有成效。现照淮盐清水谭捐章程,计票定纲,按引捐输在案。今据绍所商人胡春舫,认运休宁县盐壹百引,除将纲捐由局兑收、另给捐单外,合发印照给执,为此照给该商存执。春纲捆运伍拾引,秋纲捆运伍拾引,俟运盐时挨顺号数,持照赴盐府局呈验,完课捆掣,毋稍违误,须至执照者。

右给绍所商人胡春舫收执

光绪叁年叁月初三日给

巡抚盐漕部院　　　　　　　　　　休字第柒拾玖号

总商、甲商和散商是有区别的,总商代表散商与官府交涉,承包盐课而经济实力雄厚者,具有官商双重身份,国家盐政大计,也往往召集他们参与协商;筹划销售,分配引额,确定开纲日期者则是甲商或经商;具体运销盐者则是散商。总商亦官亦商的身份使之享有在引额分配上最大化利益的特权。每当盐引畅销时,众多散商会千方百计提高自己在额盐的比例,每当盐斤滞销时,散商则希望所摊派到己身的额数越少越好。故此,在销盐的过程中,总商与众多散商难免会因分配盐引不均而引起纠纷诉至官府。其中《辛巳盐务各案存稿》记载的徽州黟县与休宁两地盐商为销盐而引起的诉讼就是典型的个案。②

---

① 徽州文书中保留了大量的官府核发的纲盐执照。参见正文中所附其一作。

② 本案具体详情参见范金民等:《明清商事纠纷与商业诉讼》,南京大学出版社2007年版,第351~358页。特此表示感谢!

光绪七年(1881 年),黟县总商苏宝善上禀提出清纲,声称黟县积纲较重,请拨黟县定额 44 票[①]归休宁。官府饬谕查明休宁前两次实销引数禀复核夺。甲商吴敬仪奉命核查,回复休宁年额定为 30080 引,光绪五年(1879 年)共销售 35917 引,次年共销售 31743 引,两年合计,每年溢销售 3651 引。但如果同意总商苏宝善意见拨加 44 票,未免有些太多,因此禀复减拨 33 票,即 3102 引,考虑到休宁销数还没有把握,并未禀请详换休宁纲照。

闻知黟县总商苏宝善欲通过纲盐局移加休宁县 33 票盐引的消息,休宁散商王万隆、曹行健等向纲盐总局和盐运司禀控。曹等声称,其承运黟地纲盐,历年办销完课无误。黟地引额 220 票,余日章等共设 4 栈,有 2/3,商等共设 3 栈,有 1/3。由于竭力办销,积纲逐渐销清,而余日章等行销不力,积引滞销,现在提出清纲之说,获得应允,以致连续五纲不能开运。商等按时完纳盐课,现在无盐可运,就无法缴纳盐税,也难以维持生计,请求开纲,以裕课源而纾商力。

纲盐局批示:查同治十一年章程,自十二年起,无论何府,一概销售当年纲盐,一俟本纲销足,即接销本属年积纲,仍截至年终为止,次年也先销正纲,次销积纲。这是指同治十二年以前积纲而言。若认为以后应将上年积纲停压,则销不足额之地,号次在后之商,永无应销之日,哪有这样之理!“今该商符乃以黟县一地,而各立门户,以私废公,其不顾大局至此,盐务尚能整顿起色乎?”[②]而且一地之中,何商分销何处,何人派定,不准通融,如数少之商,从此不但不积,而可提先,则数大之商应独受积纲之累耶?“商等一味偏私好讼,本局一视同仁,岂任尔等逞刁哓渎。候谕甲商传谕申饬。仍候运司衙门批示可也。”

散商曹行健等人见纲盐局的批示对己不利,“请同业各商自书引名,填写引数,并盖图章,以便联名进禀”。向兼管盐务的浙江巡抚上禀,称休宁本身积引多达 2 万余引,自顾不暇,现在总商串通甲商,从黟地拔入 33 票,这样导致黟县可以抬价射利,休宁却只能跌价抢销,在黟地尽占便宜,而休宁则受害无底。况且拔额与融销并非一回事,拔入盐引则休宁盐额增多,课累负担很重。商等竭力办销,反而不如惰销有利,商等不甘心。黟地纲局有盐,专顾黟地,甲商与总商串通一气,致使休地跌价行销,商等陷入经营困境。如果不将

① 一票即盐 94 引。

② 《辛巳盐务各案存稿》,抄本一册。

此33票盐引拔回黔地，则偏累无底，不饬令黔县径运到地，则积弊难除，非销足正纲不得融销积引，则定章不紊，非公融公派，则定章不符。

十一月二十八日，曹行健等接到浙江巡抚批示："卷查是案，先据司局会详，黔县滞销，请改拨休宁等情，经前升院批示，如果可行，即核明饬遵，嗣后该局申复照办在案。据呈休地现积2万引，是否实情，黟商有无在休暗销，亦应确查办涵。仰盐运司会同纲盐向一并查明，核议详夺毋延。"

曹行健等再次向司、局上禀，强调前情，称总商苏宝善"混销不究，即与明融，明融不足，继以统摊，统摊未久，复与拨额"，休地跌价抢销，而黟地希图再融再拔，抬价射科。

十二月初四日，曹行健接到运司批示："此禀，该经商汪作新等何以盖戳而不列名，如系纲商与之借戳，何以又未声泣，殊属不解。至所禀各情，已奉盐宪批示后，移会纲盐局核明议详，再行饬遵。仍候纲盐局批示。"纲盐局批示："据禀，既称纲局有盐，殊欠明晰。仰即明白复禀。除候盐院宪批行到局，再行核办，并候运司衙门批示可也。"

曹行健等再次向巡抚禀控，称总商苏宝善等以积盐多少不等，禀请清纲，实系阻开正纲，图销积引。请求饬令全开正纲，剔弊纾困。十二月初八日，曹行健等接到巡抚批示："查各地销盐，自有定章，不容紊乱。况盐务与别项生意不同，尤宜和衷商办，以期尽利，方能保守世业。若依势行私，见利忘义，则物腐虫生，败坏可以立见。所呈不甚明晰。是否因公抑系图利，仰运司会纲盐而迅即秉公核议，详复饬遵。"

曹行健等接到巡抚批示后，仍不满意，第三次向巡抚上禀，称"积引之多寡，在办销之力与不力"，如果应允总商开清纲之路，既无积纲之患，又有垄断之利，将来就没有散商愿意办销，商人完课而不能运盐，实在心有不甘。

十二月二十日，甲商吴敬仪上禀，在陈述了拨额的具体来由做法后提出，曹行健等禀称休宁积引有2万余引，须待查明，那么所有拨额30102引暂请停运，其本年已经运销之盐未便运回，请按休宁额数派匀分销。

与此同时，经商汪作新运司禀称，经过查算，休宁积引和今年摊存共有19700引，加上黟县和歙县摊入的2700引，共积引22400引，即使今年稍有溢销，所积也不离2万引左右。曹行健所禀都是实情，请将黟县移拔休宁的33票引退回。运司批示：黟县拔入休宁的盐引是否应该拔回，候汇同甲商吴敬仪所禀，移会纲盐局一并核明饬遵。

光绪八年(1882年)正月二十二日，曹行健继续上禀纲盐局，声称引盐售价，休宁每百斤仅二元二钱，黟县每百斤售价二元六钱，休宁较黟县每引低一元，较歙县每引低二元左右。如此差价，如果黟县和歙县融拨盐引不止，如不随同跌价销售，势必日积月累，商等若顾本经营，销数究无把握。休宁积引22400引，1881年虽然溢销5900引，加上龙湾分销婺源引数，实积仍有17000引左右，已是自顾不暇，哪有能力舍己匀人，反罹重累。请饬经商清查去年休宁积数而杜垄霸。经商朱士隽奉命调查后禀称，休宁实际积盐引共计16970引。

二月二十九日，甲商吴敬仪上禀，称休宁、黟县两县纲商的缘由，都是因为33票拨数并不是按照休宁年额公派公销，以至于休宁盐商心中不平，现查休宁销数近来虽然较为通畅，而领文尚未销运的盐还较多。现在两地同商互禀不休，也由本人“未能先事妥筹，以致频繁案牍，实属咎无可辞”。只是以前拨入的33票引，本来想帮助黟县盐商完成税课，并不更换休宁纲照，也不过是权宜之计，与黟、休各商议明，与其预定拨数致起事端，不如临时禀融，俾免多寡。因此请求批饬拨回黟县，以免休商借口。如果将来休宁本额销竣，禀请融销，先尽黟县、歙县积纲，不得向别府融销。

不久，吴敬仪又上禀，并呈交押戳。称：现在徽、广两局总办倡设商运官销，逼迫其遵办。其传谕各商，无如地大商众，意见参差，而世业攸关，遽而更张，也难强人所难。如果“遵总办之谕，即拂众商之情，势必至百口沸腾，有烦案牍；商若顺众商之情，即违众办之谕，势不免同声震怒，疑及阻挠”。况且按照总办所议各条，与奏准由商自行设栈销售，称发盐斤，核定价值，悉有商人经理，各议未符。这样甲商有包课责成，而无办销名目，则销市之畅滞不知，即商力之盈亏无据，此后课项催缴更难。再三考虑，只有辞退绍所甲务，庶免将来贻误。盐运司批示：“甲商为众商领袖，遇有难办事件，理应秉公酌议，以尽厥职，何得遽行禀退，殊属不合。所请断难准行。着仍照常充当，认真办理。如敢贻误推诿，定干革究不贷。仍候移纲盐局查照，并候批示，戳记掷还。”

三月初九日，曹行健等上禀，声称黟县盐商因前计不行，又倡统府官销之议。甲商因商情不洽，势迫情离，以致禀退总商，不与众商商议，而独自一人上禀，无非欲遂其私。如果改为统府官销，是使办销稍溢之地，不能带销积纲，反代黟县、歙县短绌之过，永远派匀积引，名虽异而弊同，都是侵占休宁引地。包课之盐，应归商运，责有专司，可以转运，可以疏销，竟行统府官销，是添靡费，而无补于销场。

三月二十五日，曹行健等再次上禀运司和纲局，称黟商因巧计不行，复倡统府官销的建议，经商等屡陈往年官销的弊端，黟商又与甲商串通，建议每引加课银一钱，统地捐买积纲，地大商众，又碍于行，黟商如此做法，最终目的就是希望33票盐引不再拨回。

四月初一日，曹行健等第三次上禀运司和纲局，称总商苏宝善得黟额8000引，上年偏向各商兼并积引，通年在黟地仅卖2600引，确实是办销不力的明证。统销费繁弊重，苏宝善也非常清楚，只是因为恃有提成可以取巧，以统府之额计算提成，约有13000引，而苏宝善一人十居其八，可以取赢补拙。如果实行统销，商无大小，同积同销，惰者益见因循，勤者莫施踊跃，统府短销的盐引数，永远分积给众商。是商运官行，不积也必使之同积，从此有官可倚，自谓永远无争。商等以为，以私弊公，不计久远。当年官行票运，完课运盐，并不认额包课，行止自便。同治十一年（1872年）改纲，责商等包课，官有把握，由商等分地办销，有权减费以敌邻私，去弊以保引地。现在如果改行官销，靡费必重，储存官栈，损耗必多，统府每年非加四五万串不可办，按本照加，成本必贵，何能敌私。似此统销，而销场越绌，越绌则积越重，越积而课越悬。况且商人有巧必趋，统销则巧易取，官商流弊最重，统销则弊滋深。明知利少害多，不如遵循成法，保全引地。

四月初三日，曹行健等第四次上禀巡抚，称总商苏宝善因拨额33票给休宁的建议未成，又与局宪倡拟统府官销条款，逼甲商吴敬仪禀办。甲商因知具体商情，奏案不合，势迫禀退，乃竟面谕总商一人独禀。曹行健等纲商条陈前行票运情弊，“因局宪唯总商言是听，总商恃局宪势可行，利己行私，官盐互益”。总商曾经扬言，局宪不谙盐务，计决于予，如不遵办官销，定受惩办。前月二十六日，局宪传谕曹行健等四人，不由分说，谕以不办官销，即停休宁正纲。商等乞恩，局宪大怒，声言押送运署，威逼难堪。请求遵照旧章，饬将33票拨回黟县，等休宁销无积引，禀请公融。曹行健等只想保全引地，别无他求。巡抚批示：“前呈批饬司、局详办，尚未具复。所称局议改办官销，作何改法，自必先行通盘筹算，于该商等有益无损，各商始行遵照办理。仰盐运司会同纲盐局，迅即将何以改章之故传该商细心开导，详复察夺，毋任商人哓渎，切切。”

七月十三日，曹行健第五次上禀巡抚，声称黟县盐商苏宝善先欲拨额于休宁，未达到目的后又建议统府官销，以致商情沸腾，再向抚宪禀控。可至今又经过四个月，司、局未详。1882年春天，甲商与休歙各商面同议明，禀请拨回。如果甲商并不串弊于前，何致粉饰于后，“而局宪仍执偏袒之心，竟无定案之日,有心延宕,详复无期。伏思局宪独秉鹾纲,何以置四载之案不理,宕一年之案不详,搁一月之禀不抵。似此非串亦串,非袒亦袒,不但有碍鹾纲,亦属藐违宪令,争端无日得息,世业何以保全”。同年十八日奉批:“查此案,前据该司、局申称,已饬徽属督销局万守亲赴各地查明积纲轻重,并谕饬甲商传集开导,一俟禀到,或照旧公派,或合府统销,再当会议妥详,等情在案。兹据商等复以弊串袒护等词,任意妄渎,殊为不合。仰盐运司合同纲盐局迅即查核议详,饬遵毋延。”

七月二十八日,曹行健等第六次上禀巡抚,称自上年禀告开纲已来,迄今正纲不开,每恳甲商再三,始开积纲一次。查定章,明有先开正纲,次销积盐之语,何以违护至此。苏宝善提议清纲,意图在于自己厚利独占。前面甲商吴敬仪也曾上禀,称苏宝善积纲最多,必得众商摊匀一次,嗣后全开正纲,商等谊切同舟,似无不可,无奈苏宝善恃强垄断,各散商含愤已深,没有人肯代办积累。请迅饬全开正纲,详复定案。八月初奉批:“各项生意以盐为首推,自应共相维持,以全体面。乃同地同业之人互控不已,无非祗图私便,不顾大局,殊堪痛恨。此案前饬司、局议详,久未具复,不知该地经商、甲商所司所事,候再饬催议详。倘有抗违,即行详请革退,另募顶补,以示惩儆。毋贻后悔。切切。”

十月,甲商吴敬仪上禀运司和纲言盐局,提出遵照定章,查明引地畅滞不一,而衰多事寡,莫善于纲章的融销。在畅销之地,无论在地在途及未运引数仅存三个月之数,即由经商会同各散商查明该地销数,随时禀请融进,公同派销,不得临时禀办,以免脱销。在滞销之地,各散商办销参差,所积盐引数多寡不等,似应合地各同会议,按照积数多寡,由经商会同各散商公派,禀请融出。总必须两地经商公同禀请,不得由各散商自行自禀,以责专成。所有逐月销盐,本无定数,不得以畅销之月留数借报,也不得以滞销之月申数预报,实报实销,较易稽核。至于各盐运盐,不准越界,例有明条,应照定章,直接赴地,不得藉词暂寄邻县,以杜影射而弥争端。如有徇情,一经指禀,唯该经商是问。奉纲盐局批示:“查融销,本应公同商议,不得逞一己之私,随意紊乱各地定章。存盐三月,如果存盐之外,别无未远之引,自应由经商查明,禀请府局转报本局,饬由甲商指融,以昭公允。至每月销数,以少报多,以多报少,均属弊混,候札饬府局督同经商加意查察,中途藉水涸起栈,尤为紊乱定章,自应责成经商就近稽查。遇有前项情弊,即指请查究。既据并禀,仍候运司衙门批示可也。”[①]运司亦批示:“既据并禀,候移纲盐局核饬遵照,仍候纲盐局批示。”对于黟县总商苏宝善清纲提议引起的黟县、休宁两县盐商的互控一案,官府已经表明自己立场,纲盐局和运司衙门都同意照定章行盐。

据官府批示的精神,甲商吴敬仪通知各商,黟县盐商苏宝善所请清纲闭运,已蒙宁绍分司饬令,本纲准照所各属,一律究完,不准提开下年纲分;休宁盐商曹行健等所请黟县移拨休宁的33票盐引,准仍旧拨回,等休宁本数销竣,先尽黟县、歙县两地融销。嗣后积引,准照各地扣折公融。曹行健等每引捐银五分,作为抵补总商苏宝善销售积引之费。所有这些运司和纲盐局批准,如果各商具结,即可开纲销盐。

十月二十三日,曹行健又上禀,称苏宝善因销盐不力,又贱买他人积引,故积引较众人独多,现在令商等捐银融积,本属难甘,但既准照各地折扣,商若固执不遵,不但开纲无日,并且无以仰慰各大宪息争之苦心,因此愿意出具息、允各结。一场耗时两年之久的移拨盐引的诉争才告终结。

在这场总商与纲商销盐的互控案中,为了转嫁自己多年积引的巨大损失,黟县盐商苏宝善希望利用总商的特殊身份,暗中通会甲商吴敬仪,甚至取得官府主管盐务衙门的支持,试图改变以往定章,以融销为借口,将积额拨入休宁县,减少黟县当地的盐引数量,借机抬高盐价,并迫使休宁县因移拨盐引降价销售,自己不仅可从中渔利,大捞一笔,还可以将积引的损失顺便强行摊派到各散商身上。这一损人利己的做法,遭到了以休宁县籍曹行健为首的众多散商的强烈反对。曹行健等众散商联合具名上禀主管盐务的盐运司和纲盐局,请求将总商苏宝善通过串通甲商吴敬仪移拨休宁的33票盐引拨回原地。在长时间无法得到盐运司、纲盐局的支持诉求下,更是先后6次越级上禀兼管盐务的浙江巡抚衙门。在此期间,总商苏宝善在移拨票引无望下,又提出商运官销议的建议,此举一旦成行,更会加大散商的负担,曹行健等人反对更为强烈,先后上禀力陈商运官销的种种弊端。负责筹划销售,分配引额的甲商吴敬仪夹在两者之间,左右为难。既不敢得罪总商苏宝善及其身后的主管盐务的司、局衙门,又不敢触犯众散商普遍强烈反对的民意,无奈之下,只得提出辞去甲商一职,又遭到司、局官员的痛斥。久拖不决下,在浙江巡抚施压干预下,甲商提出一个折中建议,将移拨的33票盐引拨回原地,但由众纲商按每引五分价格出钱,用以弥补总商苏宝善积引滞销的损失,然后在开运正纲,以后遵循旧

① 《辛巳盐务各案存稿》,抄本一册。

例不得更改。这一建议对于诸多散商而言，无疑增加了一笔额外负担，但是最终达到了维持旧章销盐的目的，也愿意接受了；对于总商苏宝善而言，虽未达到移引转嫁损失的愿望，但也得到了一笔补偿银两，面子上说得过去，也可以接受。最终，在浙江巡抚的施压下，持续两年之久的总、散商之间互控案，在双方各退一步的妥协下结案。

盐运主管部门盐运司和纲盐局显然偏护总商，尽量维护总商的利益。这说明总商在盐运部门那里有着绝对的影响力。因为主管部门的偏护，总商在诉讼中居于较为有利的地位。散商的利益既得不到主管部门的维护，只得转而向地方官府求助。而甲商、经商则既不能不遵从总商的安排，又不能违拂散商之情，因此在总商与散商发生纠纷时，处于两难境地。总商、经商甲商和散商这三者在销盐过程中的地位和实态，通过这一案件更加清晰地凸显出来。案件也反映出，在盐经营销很不景气而盐课不得短缺、盐商之间竞争十分激烈的清代后期，盐商为维持引地、不愿多销引盐的实态，而同业之间的矛盾显得极为尖锐复杂，利害所关，涉案双方各不相让，往往案拖数年，才勉强结案。而且这种争执，涉案双方都有一定经济实力和官场资源的背景，官府也难以迅速协调解决，通常采用拖延的办法。久拖不决，成为这类案件的处理常态。而以各方妥协，维持暂时的平衡为最终的解决方案。

二、徽商与民众的诉讼

作为明清时期十大商帮之首的徽商，是以群体的力量出现在全国各地商业舞台上的。徽商素以“儒商”著称天下，行贾全国各地，常以儒家的仁义为经营准则，树立“良贾”“义贾”的良好社会形象，热衷于兴办地方的慈善公益事业，如兴办书院、修建路桥、集资立“义冢”等。这些善举，在某种程度上既便于客居他乡的徽商能够在经营地顺利展开商业活动，同时也为徽商与当地民众建立较为融洽的主、客关系提供了一定的便利条件。但是徽商与当地民众的矛盾是常态，纠纷不断，诉讼不止，主要表现为两类：一类是与当地民众涉及经济利益纠纷而引起的诉讼；另一类是与当地民众涉及社会矛盾的激化引起的诉讼。

（一）徽商与各地民众涉及经济利益的诉讼

木材业是徽商经营的四大支柱行业之一，其资本虽不及盐商那样集中，但其经营规模之大，从业人员之多，活动范围之广，都可以和盐商相提并论。明代中叶以前，徽州木商的木材贸易活动还仅局限于将山区的木材运到山外，换取临近地区的粮食等生活资料，以此满足基本生活需要。随着明中后期社会商品经济的发展，社会对木材的消耗需求量激增，一大批专以贩木为业的徽州木商深入深山老林，广泛开辟货源，将木材远销全国各地。从事木业的行贾，经营活动是由收购、运输、销售3个环节构成。其中最困难的就是运输环节。在长途贩运途中，徽州木商不仅面对贩运途中的自然凶险，还难免与当地民众发生许多纠纷和诉讼，主要保留下来的诉讼资料均收录在《徽商公所征信录》之中。其中记载了徽州木商与经营地当地民众因经济利益纠纷而引起诉讼，其中较为典型的案例有"漂木酬金之争""船道货运之争""沙地之争"3起。

徽州木商与货运沿途两岸民众为捞取漂木引发的"漂木酬金之争"。光绪年间，徽州府歙县正堂应徽州木业公所禀求，颁发《徽河取树告示》，转述了徽州木商诉讼中陈述"漂木"之苦："徽木一货在山办做，山险难搬；由河开行，河险难放。千山万水，经年累月，逢卡捐厘，运到浙江。山河之水易涨易退，涨则洪水骤至，退则石壁干滩，每多搁在河中，不在开放，一被水冲，即分漂去，木本折耗，亏苦难言，事常有之。"徽州木商长途贩运木材，由深山到江浙一带，山陡水险，千山万水。每逢雨期旱期交替，河水暴涨暴干，被河水一冲，多有零木飘散河道沿途。近河村民捞获水冲漂木，按照习惯由木商公所董事备价前往取赎，以酬其劳。因木材实用价值较高，屡遭当地民众阻挠，同治十年（1871年）由浙江巡抚裁决，沿途村民捞获漂木，存候木商取赎，正木每根付给村民酬劳银洋三分，尖木每根银洋一分，以此成为徽州木商赎木付酬定制。光绪二十八年（1902年）春夏之交，歙县、休宁一带河水冲散的零木特别多，徽州木商董事前往当地捞取漂木村民处取赎时，"土棍从中把持，措不与赎，将木截藏匿，前向理阻，持械逞凶"。26家徽州木商联名向歙县知县呈禀，要求维持同治十年浙江巡抚所额定标准。歙县知县应众木商陈请而颁发官方告示，给示谕禁："沿河各保居民诸色人等一体知悉，嗣后倘有水冲木植漂至各村河边，随时代为捞取收存，听候木商照章备价取赎。唯不得居奇勒索，亦不准将木裁截藏匿。如敢故违，一经察觉，或被告发，定即提案从严惩办，勿谓言之不预也。"①徽州木商借助于官府的大力支持，以群体力量保护了自身合法权益。

徽州木商与杭州船户发生的"船道货运之争"。钱塘江干木排出售后，一般由外江运入内河，惯例定章每逢三六九分期开仪，每期木植必须运清，开行

① 歙县《为给示谕禁事》，载《徽商公所征信录》。

水道则货船在东,木排在西,不得船排交错,倘若是船只在西,咎在船户,如是木排向东,咎在排夫。太平天国战乱之后,徽州木商与当地船户因运道之争屡屡诉至官府。徽州木商指控船户将货船添造八百余号,船身放大,内河狭窄,因此木排在非运木之日也有阻滞,开排之日更不能即行撑放,皆因货船拦截在前。徽州木商进一步提出,“如能让开河路一条,则排可通行。凡排通行后一往无回,船则交错无休。是排有碍于船者不过一日两日,而船有碍于排者时常如是”,并要求官府考虑到木业是国家税课的主要来源,运木之日不准货船拦截。面对徽州木商的控诉,当地船户反诉指控木商未按定章到木商公所挂号,照先后次序运行,排夫也不能及时撑放,甚至与坝夫暗中勾结,将木排停积于坝底;此外木商不能及时清结运木工钱,导致小贩的木排停滞不行,阻碍河道的通畅。虽本案中徽州木商借以承担主要课税为要挟,提出非常过分的要求,但当地官府并没有袒护徽州木商,而是公平兼顾到当地船户、排夫和木商三者利益,裁定要求各方维持定章不变,最终化解了主客矛盾。

徽州木商与杭州地方居民“沙地之争”。乾隆年间,客居杭州多年之久的徽州木商陆续置办地产,其中婺源籍徽商江扬言等即在杭州候潮门外文公祠创立徽商木业公所,其子来喜又于江干购置沙地,上至闸口,下至秋涛宫,共计三千六百九十亩。这片新涨沙地,本是当地农民陈天禄等投入开垦工本而成,每年缴纳税银一百一十两。乾隆四十九年(1784 年),徽商向兼管南新关的浙江布政司呈控,声称“窃商等挟本运木来省,向泊闸口至龙口一带沙地,堆贮拆卸,柁塘抵关,抽验供课,以免飘失。今沙地俱备民人报佃作垦,阻碍课木,环吁迅赐禁垦,商课两益”。控状以报垦影响徽商的商课为冠冕堂皇的理由,要求官府禁垦。浙江布政使受理徽商诉状之后,立即指令钱塘县令:“今据呈控,碍阻商运,自难辄准升佃。仰县官吏迅即会同抽分大使诣地勘明,妥协酌议,不得刻迟。”浙江巡抚也下令两浙盐道,“会同藩司督率府县秉公查勘”。

两浙盐道于乾隆五十年(1785 年)五月初三日会同往勘,裁定:“自闸口至秋涛宫沿江一带沙地,为木商起运必经之路,虽经留有车路,终于运木有碍。所有堆木逼近江边,设遇水势泛滥,不无飘没之虞,并恐地界毗连,仍致损田禾,日后复多争端。是此处沙地,全为关木堆贮之要路。今以百余两之地粮,竟误数万金之关税,核计课额,增减悬殊,自应统归木商全行管理。所有新升课银,即令该商永远成纳,照额推收过户,并将从前已纳之银及开垦工本一并从优赏还。已据陈天禄等允服具结。此地虽系归商,商亦不自私为己业。复行取租各种,以及建盖房舍等情,虽取拢排堆木之便,并能普济各商起运储货之需。该处续有沙涨,亦不许人开垦,永远勒石遵行,庶与关政有益,而于升粮无缺矣。”

从官府的裁定文书中陈述可知,实际上当地居民开垦的沙地并不影响徽商堆木,也不影响木排顺江通过。可是徽商以导致数万商税受损为借口,对官府施加一定的经济压力,迫使官府在权衡经济利益之下,完全偏袒照顾财大气粗的徽商的利益,不仅将此沙地判给了徽州木商,“钱塘一带沙地,永归木商取便堆木通运各货,永不复升垦种,盖造房屋”,剥夺了当地居民开垦沙地的土地所有权。当地居民辛辛苦苦所开垦的沙地仅得到了开垦成本费,被迫将沙地转归徽商名下,而且官府下令“该处续有沙涨,亦不许人开垦,永远勒石遵行”,借以彻底维护徽州木商的经济利益。乾隆五十一年(1786年),26位徽州木商将官府碑文大张旗鼓地立于江干。① 人多势众的徽商最终依仗官府的大力支持,赢得了与当地垦民的纠纷诉讼。徽商仅仅付出了偿还当地垦民的微薄工本费的代价,换取了官府的偏袒,将本属于当地垦民所有的沿江沙地强行转让给自己。

上述3起案件都是以徽州木商立场记载保留下来的,虽文字没有记载与官府暗中往来关节,但是客居他乡,在与当地民众争诉的诸多案件却屡屡能够得到官府的大力支持而胜诉,在一定程度上既可以说明是徽州木商的合法权益受到侵害,具有较好法律意识的徽州木商又善于运用法律武器来维权,另外也归功于徽商暗中运用雄厚的财力打通官府关节。

(二)徽商与当地民众涉及社会矛盾的诉讼

明末,随着商品经济的发展,贩运贸易的规模越来越大,各地商人对市场的争夺也日趋激烈。单纯依靠传统一家一族的力量已经不足以应付经营中遇到的问题,也难以抵制外帮商人的激烈竞争,徽商也充分利用宗族势力的优势,在各地建立地域组织——徽商会馆。

会馆是由流寓客地的同乡人所建立的专供同乡人集会、寄寓的场所,同时也是明清时期各大商帮的地缘组织。当时各商帮的会馆功能主要有:其一,“答庥庥,笃乡谊”,于岁时令节聚集图像,共同祭祀本乡本土所尊奉的神祇,以联络乡情;其二,为落难同乡办理善举,诸如向贫困交迫的同乡提供钱财和药物救济,为客死他乡的同乡提供义地,设立义塾教育同乡后代等;其三,联合

① 《杭州府钱塘县鲍为政无偏畸等事》,载《徽商公所征信录》。

众商力量，摆脱牙行的控制；其四，兴办利于商业的大型工程；其五，代表众商与官府交涉商业事务。①

营建徽商会馆，既可以在困难中得到同乡商人的鼎力扶持，同时又以本会馆条规为准则，合法开展经营活动，以防止商帮内部不正当竞争，这些为客居异乡的徽州商人的进一步发展提供了便利条件。因此，身在异地的徽商纷纷大力支持本帮会馆事业的发展。当然，在各地营建会馆过程中，徽商难免会与当地人发生许多土、客之间的纠纷与诉讼。其中尤以徽商在六安建会馆与当地士绅发生诉讼②最典型。

明清时期，六安文风兴盛，在科举考试方面成绩非常突出。明代至清代同治四年(1865 年)共出进士 46 人，举人 162 人，贡生多达 501 人。③ 与文风兴盛相反，当地的经济并不发达。州志记载：“山田跷瘠，忧旱为多。工作技艺，非土著所长，凡宫室器具悉取办外郡，故城市村墟僦食者所在多有。商所货粟米竹木茶耳药草诸物，盐荚则来自淮阳，徽人掌之，土居无兴贩者。”④客居的徽商与当地士绅之间利益冲突在所难免。

嘉庆十四年(1809 年)，客居六安当地的徽商们准备在州治东北儒林岗下六安儒学之左创建会馆。儒林岗一直被六安文人视为本土儒学风水来龙入首之地，历来不宜动土挖掘建造，以防破坏地脉，有碍风水，故六安贡生李若桂、举人杨恢曾、生员熊可举、监生熊步芳等人联名投告到乡地傅德举处，要求查明此事禀报。徽商对此置之不理，按照计划从事。三月初五日，六安地方举贡生监联名禀告六安州处，要求禁止徽商动工建造。同日，另有张邦宁等 49 人上呈了内容大致相同的控文到六安州衙。署理知州沈南春见本地一干众生员联名控诉，不敢怠慢，立即批示：“学宫为合州攸关，自应加意保护，毋许掘挖地脉，有碍风水。唯据徽籍客商创建会馆处所。是否切近来龙，有无妨碍，向来曾否建有房屋，候亲诣确勘察夺。”二十三日，知州批令差役传齐联名控告的举、贡、生、监等人，以便踏勘。

---

① 参见唐力行：《商人与中国近世社会》，商务印书馆 2006 年版(修订本)，第 92 ~ 96 页。

② 《嘉庆朝我徽郡在六安创建会馆兴讼底稿》，抄本一册，原件由安徽大学徽学研究中心卞利教授收藏。下文引注没有特别标注，皆引自《嘉庆朝我徽郡在六安创建会馆兴讼底稿》。本案具体过程的解读参阅了南京大学历史学教授范金民等所著《明清商事纠纷与商业诉讼》(南京大学出版社 2007 年版，第 400 ~ 412 页)，特此表示感谢。

③ 同治《六安州志》卷二一、二二《选举志》。

④ 同治《六安州志》卷四《舆地志 · 风俗》。

二十九日，徽商程岭梅、程辉宁等人闻讯，到州衙上《为捏词欺异叩堪示建事》呈词，辩称：我们客居此地的徽商在此经营，苦于长期居住旅店费用较大，拟建会馆为过往徽商提供驻足之所，别无他图。没料想刚将买下了的火神庙左坎下房屋拆出地基，尚未兴工建造，就遭到监生熊步芳挟索，熊未遂心愿，就诋毁中伤，煽动当地众生员联名具控。况且，在宫墙西侧早就建有山陕会馆，从未听说有伤风水。儒林岗上民屋如鳞，高出文庙数丈，从未妨碍。现在程岭梅等买地，本系民房，并非特创，只不过是购民房改造会馆，怎么会伤害当地的龙脉。更何况建会馆之地居于文庙之东，尚隔有数街巷和佑圣、火星二庙，如何伤及龙脉。再者，会馆地基在岗脚平地，位于佑圣、火星二庙之下，又怎么会欺压文庙龙脉，破坏风水。最后声称："生等甫拆地基，即遭煽禀，将来兴工，难免诱阻。为此绘图叩呈大老爷，恩赏勘断，示谕兴建。"知州收呈，择期诣勘。

六安监生熊步芳等回呈文，辩称汪贞吉、陶立亭等四人，契买房屋拆建会馆，妨碍全州风水，因惧州宪勘禁，唆使游手无业者程辉宁捏诉，诬称熊步芳挟索未遂。不思"六州工贾云集，或以手艺营生，或以货物售卖，或以银钱开设铺面，种种生理不一，皆属有本客商，唯徽籍徒手来州，诓骗为业"。如近年以来张德大等20家徽店，"拐州银两动以万计，案积如山，无从着追"。汪贞吉就靠盘剥盈余而捐纳职衔。吁请州宪传汪贞吉等到案质讯，以清洗诬陷，禁建会馆。

知州于四月二十日批示："该生果自信无他，并无挟索煽诱情事，汪贞吉即欲喷诬，难逃公论，岂足为该生之玷耶？静候诣勘，毋庸诉辩。"从中所看，知州并不相信熊步芳等所言。

熊可举、李若桂不甘心，再次呈文知州，声称例载创建寺观神祠者，照违制论，徽籍汪贞吉等立契买房，创建会馆，为聚众齐心之所，较创建神祠情节为尤甚。然而其所创建，如果无碍学宫，是否禁止自有宪裁，生等并不过问。只是徽商欲建之地，在圣庙来龙要脉，更张旧制，掘挖毁伤，圣寝不安，士林大害，所以生等公禀，叩请示禁。徽商以奉祀文公为词，不思文公现在配享十哲，何劳其另配；即狡称为祀乡贤，六安州并非其籍，岂能奉其乡贤。陈述至此，李若桂等以要挟的口气称，徽商"萍寄生州，挥洒纵志，任情儿戏，生等实害关切肤，不叩决禁，诚恐勘后恃横兴工，合学势死向阻，必滋巨祸。州境广庙何地不可迁建，立志与州为难"。并提出，汪贞吉等四人"主持祟（疑应为祟）害，事属罪魁，叩即传案斥禁，方息讼端"。

知州再次批以“候勘夺”,饬令原役,限令3日传齐涉案之人赴州,以凭示期诣勘。其他举贡生监共50人分头上呈14件禀词,申述与李若桂等相同的意见。

生员马挺、熊一崧等又上《为申明利害恳恩决禁以伸士气事》呈文,进一步提出“伏念勘而后断,临事固属周详,不勘而禁,于理更彰明决。何也,形家之说,聚讼纷纷,见为有害者矢口不移,见为无害者狡辩百出,虽经诣勘,势难折衷”。说客居和土著之人各执一词,两相竞执,均属无凭。官府应该权以轻重,立赐判禁,因为“会馆随地可建,学宫终古难移,苟无会馆,其无损于贸易者无几,而合州蒙庇;倘添会馆,其所益于贸易者无几,而合州遭殃。祸福迥殊,轻重易判”。最后一再恳请知州“思念会馆之尊难同圣庙,工贾之贵较逊士林……即时批禁”。唯有如此,“庶合州士气可伸,永培学校于无穷矣”。六安生监自知一旦知州实地勘察,难以打赢官司,故又提出知州不必踏勘实地,仅从士贵于商的传统,权衡利弊,出示禁建会馆。由此可知,徽商所建会馆之地并无碍六安文庙,有损龙脉风水之说更是无稽之谈。

四月二十五日,知州在马挺等人的呈文上批示:“此案前据各绅士以徽商创建会馆处所切近学宫,龙脉大有妨碍,是以批饬亲勘在案。静候勘夺”。

针对六安生监中伤徽商店铺剥拐骗银之事,徽商程辉宁以会馆司事一职上禀:“不思九州之大,万汇难齐,徽郡不皆完人,六州亦多伪士,旁引毁谤,究与正案无关。”强烈要求知州“迅赏勘断,俾息众喙”。五月初六,知州批示:“候便道诣勘”。

五月十五日,知州沈南春亲自到所建徽州会馆之地前后履勘,不久即回衙。契买民房的徽人汪贞吉等四人上呈,指控熊步芳自知凭空构讼理亏,故暗中嘱咐差役久拖不理。针对李若桂指控徽商所建会馆有违律例之说,回辩:“文庙数十丈外左右一带皆为禁地,而律例未见由此明文,况是处旧有民房。会馆亦与民房无异,若系州民因房改造,又焉得而禁之。今业蒙宪驾亲勘明确,则碍与无碍形迹显然,而熊步芳等挟索未遂,凭空捏控之奸佞,难逃洞鉴,岂容任其宕延,致职等兴工无期”。二十日,程辉宁又上禀,知州既已亲勘查明,就不应该久拖不决,要求知州“勒原差即带讯”,及时处理此案,以便开工兴建会馆。知州只好在呈文上批示“原差即带讯”以应付。

六月初五日,生员杨法曾等人上呈文《为义捐饬迁患消讼息士贾两便》,说生监一直担心徽人会挖掘地脉,伤害学宫风水,而徽商创建会馆本来也只期望驻足有地,非必有心抉择妨碍学宫要地。宪驾已经勘明确实有碍学宫,而至今已过半月仍未示禁，因此诸人愿意捐输银两，在南外大街择买市房地基一所，尽可盖房数十间，愿意捐给徽商，任其建造会馆。而徽人原来所买地基，或卖或留，只要不建会馆，自然不会挖掘地脉，伤害学宫风水，如此一来，双方“讼端自息”。因此祈请知州饬令徽商那个领受迁建，并将有碍学宫处所出示建馆永禁，同时饬令徽商出具永不挖掘建馆和领受速迁遵结，生监等也出具了结本案。杨法曾对知州不下裁断视为知州认可了六安生监对徽商的控诉，因而提出换地建馆的要求。对六安生监建议换地建馆的新花样，知州洞悉了然，一旦采纳此，日后必定后患无穷，所以明确批示：“业经履勘明确，静候集讯断，不得以公捐义地率请押迁滋讼。”

六月二十四日，差役上禀说一再催促生员们出讯，但李若桂等人“彼此支吾，延不赴讯”，因其皆具有举、贡、生员特殊身份，不肯赴讯，亦无可奈何。知州批示：“李若桂、熊可举等既为文庙公事而联名公呈，何故群相规避，明系饰延，着即赶传，限五日内投审，再延定于提究。”

七月初二日，六安生监共计62人分投内容相同的呈文，声称六安监生等仰候勘断徽商可否建馆一事，不料徽商仗钱恃众，不候宪讯，即召集数百人强行建盖会馆。我等闻讯，于本月初一日禀请宪驾示禁建盖会馆，徽商藐视宪台命令不遵，当晚强行动工，竖起正殿大梁。我等急忙禀报，蒙谕3日内即令拆毁。我等“仰念仁宪言出法随”，请求知州大人“先行究办，示期迅禁”。但徽商不等讯断，就大举动工建馆。知州批示：事既控官准理，该商汪贞吉等不候讯断，率尔兴工，候饬差即行谕止。一面赶传案内人证限二日内禀到，以凭质讯断详，毋任延抗滋事。”

七月初五日，徽商上禀，历数六安监生拒不到官衙应讯的详情，称六安众监生捏称会馆修盖的余房为正屋，挟众咆哮宪署，又到会馆喊骂，如此行径，有损生监之名分。初四日，徽商等赴辕待讯，六安生监闻如未闻，如此抗违，“视官事为儿戏，轻票差若弁毛”。请求州宪“恩威并济，按律断详”。知州批示：“现在具详，该商等即遵照另示停止工作，静候大宪委员堪断，慎毋率行改建，自干咎戾。”

七月初八日，徽商汪贞吉等4人上禀，称州宪6次票牌勘审，六安生监抗不赴讯。初七午后，张捕主面谕汪贞吉等，如果汪贞吉等违抗命令，不将余房尽行拆毁，已遣人约集无籍匪凶数百人，候齐入城，先将前后余房尽行拆毁，再寻汪贞吉等砍杀，要汪贞吉等暂避。徽商已经意识到可能发生的危险，请求知州“恩威作主，速谕息祸”。

初九日,六安知州看到事态严重恶化,一方面出示告谕:“谕各绅士及徽商人等知悉:案据绅士熊一梓、熊步芳等呈,徽商汪□□等建造会馆,有碍学宫风水一案,经本署州于五月十五日亲诣履勘,饬差传讯在案。嗣据该绅士以徽商不候讯断鸠匠兴工,禀请押拆,又经本署州饬差论止,一面悬牌示讯绅士,并无一人到案,各怀臆见,辗转争执,滋生事端。除详请抚藩两宪遴委大员秉公勘断外,合先示谕一到,该绅士徽商人等务各遵示,静候大宪委员勘断。该徽商不得率尔兴工,任意改建,该绅士亦毋得纠众强拆,均干未便。如有不遵,定即详办。其各凛遵毋违。特示。”另一方面于七月十五日向安徽巡抚禀详,详述商绅互控的来龙去脉,禀报其处理。禀文中亦介绍他亲自诣勘现场情形:“卑职于五月十五日因公便道履勘得,卑州文庙坐北朝南,在儒林岗之下冈脊,乃众姓市房,相沿已久。庙右系民房,连接山陕会馆;庙左系学署,署左有大街一道。街左系佑圣宫,宫之右系火神庙,庙之左该徽商所盖会馆处所,不属民房,即左火神庙左坎下平地,距文庙约有二十余丈,地势较低。”还进一步指出,当他传令讯断时,六安生监“并无一人到案”。故此知州认为:“此案虽经勘明,该徽商所建会馆处所离文庙二十余丈,地势视火神庙、佑圣宫较低,似不致有所妨碍。但该绅士总以泮宫风水为词,借口争执,卑职未便悬断,理合绘图贴说,具文详请。仰祈宪台鉴核,俯赐遴委大员来州,会同复勘讯断,俾面执滋事,实为公便。”

安徽巡抚接到六安知州上呈禀文后,立即批示:“州祥仰司查核勘图,程辉宇等建造会馆之处,系在文庙之东,中隔佑圣宫,火神庙,本非来龙,且系民居,地势较低,亦无虞欺压,乃该绅士张邦宁等辄以风水为舞,纠众阻止,其为挟索未遂煽诱捏控毫无疑义。至程辉宇等以异籍之人在彼经商,取该地什一之利,必须与该地士名和洽,方可相安。今建造会馆处所,该绅士等既籍文庙来脉,群起相攻,何难另觅基址,乃必与抗争,意图取胜,谅亦非安分之徒。该署牧表率一方,如果勘断惟公,何难令行禁止,乃以遴委大员为请。士商桀骜可知,有司之庸懦无能亦可概见。似此相沿成习,将以诗书文物之地变为蛮髦,政体何关,岂可不大加整顿。仰布政司严饬该州,即将张邦宁等如何挟索,何人起意呈控,其词内所称誓死向阻必滋巨祸等语,何人秉笔,并程辉宇等因何必于文庙东建置会馆,是否此外别无可以建置之处,首事共有几人,有无纠约敛财情弊,严切跟究。务得确情,案例定拟,以惩恶俗而正人心。倘以两造抗违不到托词延宕,则是该州政令不行,难以司牧之任,即以溺职例严参可也。”

八月初五日，布政使李奕畴批："此案现据该州录详到司，候查核原详另行批示饬遵。"

从六安知州沈南春禀报省衙到九月二十六日新任命的吴姓知州到任期间，争诉士商双方仍不断有呈文呈报知州处，沈南春一概指示"俟委员到日会同秉公察讯"予以回复。①

九月二十六日，省衙委派吴姓知州就任。十一月初六日，六安绅士陈廷森、赵夔槐等分别呈文，表示仍将以前所捐买场地捐出，祈请州宪责令徽商领地速迁，传讯究诬详办，以安学校，以息士商双方讼端。

十二月初八日，徽商程辉宇等人向新任知州重申案情，要求州宪"准情酌理，讯赐勘详，庶讼累得宁，异民安业"。

吴知州正式接手此案，嘉庆十五年(1810年)二月初六日，亲自到建造会馆现场勘察，六安绅士与客居六安的徽商齐集州衙公堂听审。吴知州对六安绅士施压说："我勘察此地形，不能不让徽人盖会馆。现在京城有会馆数十座，皇上亦不禁他们。尔等不知，只说他们。在你六安做买卖算宾，你等必须宾主和好。我劝徽人可不过于盖高，仿你六安顶大房子盖法。我就如此断法，就照此出详。尔等若不依断，将来闹出大事，我就不问尔们了。"六安绅士杨成等拒绝接受吴知州的提议，继续争辩不止。吴知州退一步说："我叫徽人盖低二尺，托个脸儿与你们吧。"

二月初十日，布政司使人快马投递牌文抵达六安，饬令知州迅速勒拘生监张邦宁等人到案，"讯明何人起意呈控，如何挟索，词称誓死向阻等语，何人秉笔，程辉宇等有无敛情，刻日录供，妥办祥复察转"。

三月初六日和三月十七日，藩司两道札文，催告六安知州立即拘拿张邦宁等人到案，如再"混淆是捺延，定即径行揭参，绝不再贷"。

吴知州禀复布政司，案情确如徽商程辉宇等所言，客居徽商将旧置民房改建会馆，并非创建庵院可比，此外另无基地可建，因此嘱咐徽商程辉宇也做出一定的让步，酌量改低建造会馆。仰请布政司转销缴案。五月二十五日，藩司回文同意吴知州的处理结果，并强调："程辉宇等照造兴建，倘张邦宁等藉以屋宇高低，复行纠众滋事，立即照例详革究办。"

六月十六日，吴知州并没有严格遵循安徽巡抚指示，准令徽商无须迁地另

---

① 在此期间安徽巡抚于九月十六日发文，要求六安州衙"即速遵照，传集两造应讯人证到案，严切跟究"，布政使也饬令六安州衙遵照巡抚所批，讯明实情，以候新任知州勘断本案。

建,仍在原址兴工建造会馆,本案件暂时以徽商胜诉告一段落。徽商复工建造会馆,并选择黄道吉日七月二十四日上正殿大梁。

但是,六安绅士对此结果并不死心,不断寻找机会禀控,希望推翻对自己不利的裁决。先是在八月初六日,生员黄印华等人到省按察使衙门呈控。再者十月,张邦宁借着送弟子参加江南乡试之机,向两江总督投递呈词。控诉徽商依仗雄厚财力“在六安州城地方开设典铺银庄数百家”,大肆敛财谋害六安风水,不遵抚宪,私建会馆。另外“程辉宇系徽州土棍,素行健讼,并不在六安贸易,系陶金等贿来帮讼,复于本年八月内通神舞弊,仍起前造”,强烈请求除此刁健之徒。总督接禀后,即令候补知县李奕赓,带原告一同前往六安州查勘明确,“即将案人证解交安藩司秉公提讯,详候抚院核示,并报本部堂查考”。

十月二十六日,两江总督松筠委派李知县会同六安知州连续审讯两堂。十一月初四日,六安州将张邦宁等发差押解到省衙。布政司发牌文给安庆知府,札令收押案内相关人证,札饬与凤阳府同知会审此案。

十一月十三日,安庆知府遵照布政司札令,会同凤阳府同知审断。会审结果与六安知州所判决结果基本相同。于是当堂谕令诉讼两造具结。徽商程岭梅等具甘结称“张邦宁等在督宪翻控一案,今蒙讯断,职等本未掘挖,奉谕该地填土,培植龙脉,留出柱基三分,职等甘服,所具甘结是实。”直到十二月十六日,经过层层上报批转判决结果后,安庆知府才批令被官府收押的徽商程岭梅“省释安业”。本案前后历经两年,官司从基层一直诉至两江总督处,所有省级地方官衙都卷入此案,本案审结后,六安知州沈南春因处理本案办事不力被上峰免职。

这起徽州商帮与六安士绅关于营建会馆一事引发的互控案件,虽非大案、要案,但是本案前后历时将近两年,从基层县衙一直上诉到两江总督处,所有省一级官衙都对案件作了批示,在巡抚和布政使司作出裁定后,又翻控至按察司,直至两江总督署,为我们进一步深入了解徽商的纠纷诉讼提供了一个较好的范例。分析本案诉由可知,客居异地经营的徽商选择建立会馆之地,本属民房,地势低平,远离文庙二十余丈,并且附近已经建有山陕会馆同样的建筑业。六安生监诉称徽商营建会馆之举,欺压文庙,破坏当地人文脉的说法,实在有些牵强附会,但是依仗自身具有功名身份和地缘优势,联合一起禀控徽商违例藐法私建会馆,要求知州查禁。徽商应控要求官府“赏勘断示”,辩称创立会馆并非新建,原本就是对该地旧有民房改造,并且其用途也仅仅为客居异乡的徽籍商人提供驻足处所,国家律法也没有规定文庙附近为禁地。

在六安知州受理此案后，率先挑起诉讼的六安众生员对知州"候诣确勘察夺"的批示置若惘然，前后六次拒绝到官府投讯，先是称徽商"惧宪勘禁"和不能确切知道知州履勘的时间，无法及时赶到现场久候。再者贡生李若桂辩称例载声称创建寺观神祠者照违制论，朱熹不待徽商在六安奉祀，颇有点胡搅蛮缠的味道；而以要挟的口气，称如果徽商勘后恃横兴工，合学势死向阻，必滋巨祸，更显得霸气。生员马挺、熊一崧等明知道实地踏勘对己不利，就提出不待踏勘就须禁建，甚至说商人之贵逊于士林，不但霸蛮，而且无理牵扯；生员杨法曾提出的易地迁建的方案更是没有任何道理，而且更会激化土、客之间矛盾。对于当地士绅的无理取闹，徽商凭借身后强大的宗族势力和结交官府支持的便利条件，据理力争，充分体现了徽商"好讼""健讼"性格，并善于运用法律武器维护自身利益。在这起案件中徽商自始至终禀控应诉，与六安生监较量。生监指控领衔应诉的徽商程辉"系徽州土棍，素行健讼，并不在六安贸易，系陶金等贿来帮讼"，徽商对此也未予以反驳，我们亦可猜到程辉宇确有帮讼嫌疑。六安士绅提出易地迁建会馆的方案，也不能说完全没有道理，但徽商根本不考虑让步于六安当地地方士绅。

署理知州沈南春在士商双方你来我往不断禀控的呈文上，他一再批示要双方"静候诣勘"。州署与徽商兴建会馆之地近在咫尺，却一拖再拖，在徽商不断要求现场履勘的压力下，久拖 70 天后"因公便道"时去实地踏勘。勘查清楚后，案情并不复杂，事实清楚，却又不具体讯断，直到徽商不愿一等再等而动工兴建，土客矛盾愈演愈烈的情况下，他才决计上禀，请求上峰委员解决。很显然，他清楚了解徽商所建会馆并不有碍六安州学，六安生监反对徽商建馆亦是无理取闹。但他在息讼调处无望的情况下，又不愿意得罪当地士绅，他只能观望，所以尽量拖延，不愿明确讯断，实在无法再拖下去，就冒无能的风险，而将烫手的山芋抛给上司藩、抚去处理这一棘手的难题，为此付出了沉重的代价——丢掉了乌纱帽。

六安士绅倚仗地主之利，无理阻挠客居的徽商建立六安会馆的案件，一方面反映了徽商作为客商与当地社会形成的严重矛盾，当六安生监指责徽商"徒手来州，诓骗为业"，有 20 家店铺在那里"拐骗银两动以万计"，领头应控的汪辉宇等盘剥盈余时，徽商在应诉呈文中似乎全部予以承认，只说"徽郡不皆完人，六州亦多伪士"，显而易见徽商在六安确实因商业经营与地方民众存在矛盾。典当是徽商四大行业之一，典铺被人视为剥削贫民的典型，容易引起人们的恨意，所谓"若辈最为势利，观其形容，不啻以官长自居，言之令人痛恨”,在各地大多留下了不佳的形象。其时在六安经营的店铺,由熊步芳的控文所提到的所谓“徒手为业”,以及张邦宁呈文称徽商“在六安州城地方开设典铺、银庄数百家”来看,大概主要也是典铺。徽商在六安人数集中,势力强大。六安生监说“徽人寄州不下数百人”,指责他们“聚众鸠工,数百人强行建盖”,“在馆聚众不下千人”,地方文献也说当地经济由“徽人掌之”,可见六安的商业命脉由徽商牢牢控制毫无疑义。徽商在六安似也有为富不仁、为所欲为之嫌。客居六安的徽商所作所为,也给六安士绅留下了极坏的形象,与地方民众的冲突在所难免,客籍与土著势力的矛盾就借着徽商建立会馆之际爆发出来。另一方面也将徽商“好讼”的特点展现无遗。徽州人特别是休宁、歙县人“商贾在外,遇乡里之讼,不啻身尝之,醵金出死力,则又以众帮众,无非为己身地也”。懂得并善于运用法律武器维护自身利益的徽商,在这起案件中充分表现出来,徽商自始至终禀控应诉,与六安生监角力较量。生监指控领衔应诉的徽商程辉宇“系徽州土棍,素行健讼,并不在六安贸易,系陶金等贿来帮讼”,徽商也未予以反驳,可见程辉宇极有可能是徽商重金聘请的讼师参与了本案的诉讼过程。六安士绅提出易地迁建会馆的方案,也不能说完全没有道理,但徽商根本不予以考虑,并在六安州宪并未准予兴工的争讼关键时刻,徽商竟然敢于重新开工兴建会馆,充分显示了徽商好讼、健讼的特点。

这个案件的最终处理结果,也充分体现了吴知州遵循兼顾双方情理而折中调和的“息事宁人”的传统做法,审断徽商所建会馆无须易地迁建,但须按照原计划盖低两尺,在官方主持调处下,双方各退一步,顺阶而下,实现纠纷的妥善解决,以防土客之间矛盾进一步激化。

汉口紫阳书院案。书院是我国封建社会特有的一种教育组织形式,一般是以私人创办或主持为主,也有宗族、民间出资筹办,其中较有影响的书院一般还能够得到朝廷或地方政府的鼓励和资助。虽然书院基本上属于私学性质,但不同于一般的私塾、社学、义学,是一种高级形态的私学,它是集学习、研究与一体的教育组织形式。被誉为“东南邹鲁”的徽州历来比较重视书院建设,早在宋元时期,徽州就建有一所书院。明清时期,伴随着徽商的兴起,徽州书院数量猛增,一州之地共有 90 多所书院,虽有少数属于官方创办,但绝大多数是来自民间财力雄厚的徽商大力资助得以维持发展。

徽商多是行商,将“走贩”视为牟利生财的主要行当,往来于各商业都会之间。以贾而好儒的徽商深知文化知识的重要性,非常重视对同乡子弟的教育,即便客居他乡,也时时不忘对同乡子弟的教育培养。因此,徽商在全国各地建立的徽州会馆不仅为了借助于群体力量为徽商在异地行商提供互助互济,谋求商业上的共同利益,还担负着另一项重要功能,就是兴办书院,作为培育客居他乡的徽商子弟。贾而好儒的徽商深知文化知识的重要性,各地徽商会馆内多附设书院、义学,讲堂,为在异地行商的徽商延师教子提供便利条件。徽商为了表示对教育事业的重视,甚至将客居他乡的会馆也命名为“新安书院”或“紫阳书院”。

康熙三十三年(1694 年),汉口的徽商在当地购买一片土地,开始创建徽商会馆——紫阳书院,到康熙四十三年(1704 年)建成,自县至巡抚总督处逐级申报,得到了地方政府的大力支持。但在徽商营建会馆之时,即与当地居民发生了严重纠纷。“方营造之初,不足于地,乃售民房以益之。既付价而仍令暂栖以俟迁移,人苦不知足,既获厚值,又不费铢黍雇屋资得暂依止。及营构毁拆,久假之后,反生溪壑。好事者遂凭之作竞,鼓动浮言,几兴大讼。”[①]徽商为构建书院地基不足,向当地居民购房而未付足房价,居民不愿搬迁。当地人“几番构讼”,均遭到各级官府“不次惩处”。地方势力实在不甘心受到外来徽商的欺凌,就联络楚省在京仕宦,“谋之有力者”,希望惊动京师部院施加干预。徽商也为建紫阳书院一事,不遗余力四处奔走,利用一切可依仗的各种关系疏通关节。会馆主持人吴积隆先后致信在京的徽人吴子丹和张静斋。吴子丹与京城同乡相谋,碰巧楚人相谋的京中得力者竟是徽州原籍。吴子丹看到了汉口当地人阻挠兴工的上控名册,暗中扣存下来,周旋于各衙门之间,“缓为调摄”。另一主持人汪文仪,致信同乡翰林姚华曾,依靠京城同乡官宦的“共为排解”。历经几年,全靠京城徽籍大小官员的鼎力相助,汉口徽商的紫阳书院最终创建。

雍正初年,汉口紫阳书院又与当地人发生了大规模的争讼。徽商购置一块位于书院前面的新安巷地产,天长地久,被人侵占。徽商准备拓展新安巷,开辟新安码头,以方便经营,遭到当地人的阻挠。此次双方争讼的时间更长,耗费了大量的人力物力,人称“兴讼六载,破赀巨万,不能成事,以致力竭资耗,而祭典缺然”。就在双方僵持不下之时,担任湖南衡、永、郴、桂道的徽商子弟许登瀛知难而进,以成就此举为己任,不仅自己带头捐输,并倡议徽人齐心协力捐资,为书院充实资金,而且与湖北巡抚和武昌道周旋。最终不但“溯本穷源,踞占之屋宇既归于祠,而侵渔之租息亦偿于公,赵璧复还”,而且徽人

① 吴镇兖:《紫阳书院志略》卷七。

还进一步强买附近一片店房,扩充了道路,开辟了新安码头,在汉口最终形成了颇具规模的新安街。①

第三节 明清徽商"好讼"的成因

一、法律制度的进一步完善

为了适应社会商品经济的发展,明清统治者重视民事法律关系的立法,使封建法律制度得到进一步完善。中国长期处于封建社会高度集权的统治之下,历代王朝的统治者深深懂得采用法律"定分止争"的治国之道,国家法律完善与否也直接关系社会的稳定和统治秩序的长治久安。伴随着社会商品经济的急遽变化,明清统治者一方面加强国家民事法律关系方面的立法工作,另一方面确认基层社会组织的调处具有法律的效力,实现了"国家法"②与"民间法"③双重构建,在客观上为徽商能够积极参与各类诉讼活动,提供了相对较为完善的法律制度作为行动选择的依据。

(一)国家律例

明清时期民事法律关系方面的立法就其形式而言,主要体现在律、令、例等方面。明初朱元璋从吴元年(1367 年)到洪武三十年(1397 年)三易其稿,最终厘定了《大明律》。《大明律》成为明代国家大法和清代《大清律例》的蓝

---

① 参见范金民等:《明清商事纠纷与商事诉讼》,南京大学出版社 2007 年版,第 398 ~ 400 页。

② 国家法一般被理解为由国家立法机关通过立法程序制定或认可,对全体社会成员普遍适用的具有强制力的行为规范。简单说就是由国家立法者制定、颁布的正式法律。

③ 民间法是与国家法相对应的范畴。学者梁治平指出:"民间法具有极其多样的形态。它们可以是家族的,也可以是民族的;可能形诸文字,也可能口耳相传;它们或是人为创造,或是自然生成;相沿成习;或者有明确的规则,或更多表现为富有弹性的规范;其实施可能有特定的一些人负责,也可能依靠公共舆论和某种微妙的心理机制。民间法产生和流行于各种社会组织和社会亚团体,从宗族、行帮、民间宗教组织、秘密会社……依其形态、功用、产生途径及效力范围等综合因素,大体可以分为民族法、宗族法、宗教法、行会法、帮会法和习惯法几类。"张晋藩先生认为民间法有:(1)地方习惯,是指流行于特定地区,而为官府认可的民事习惯;(2)乡规民约,既是一种道德规范,又有民事法律的内容,在清代,它们与康熙颁布的"上谕 16 条"密切相关;(3)行会习惯,在中国古代,作为"帮助"官府管理各行各业的行会组织具有一定的"自治"色彩,一般都有自己的行业规矩;(4)礼俗,乃是融合道德与法律的规范,其中包含诸多民事内容;(5)家规族法,中国古代,家规族法与乡民的情感、生活、生产、交易的关系最为密切。这些民间法成为明清时期维持民事秩序的基本规范。参见徐忠明:《思考与批评——解读中国法律文化》,法律出版社 2000 年版,第 124 页。

本和依据，也是继《唐律》之后中国封建社会后期最具代表性、典型性的一部法典，其历史地位正如民国时期法律史学家杨鸿烈指出："中国法律到了明代可说有了长足的进步，明太祖和其他一般立法家都富有创造精神，所以那一部洪武三十年更定的《大明律》比较唐代的《永徽律》更为复杂，又新设许多篇目，虽说条数减少，而内容体裁，俱极精密，很有科学的律学的楷模。后来的《大清律》也都是大部分沿袭这部更定的《大明律》，可以见得这书实在算是中国法系最成熟时期的难得产物。"①《大明律》结合当时特定的社会历史条件和政治经济形式的变化适时加以调整，增加了相关民事立法的内容和条款，主要集中在户律、礼律、刑律三篇之中。

明代中叶，随着社会经济的发展和社会矛盾的激增，民事纠纷与诉讼活动愈加频繁，与此相适应，明王朝相关民事法律规范以"例"的形式也开始大量出现。例如，《成化条例》《弘治条例》《皇明条法事类纂》相继出台，特别是在弘治初年纂编辑录的50卷本各类案例汇编中，有关民事法律规范占有很大比例，如对田宅交易、里老人法律地位等法律规范的调整，反映了社会经济发展迅速的时代背景。

清朝执政者本着"详议明律，参以国制"的立法指导思想，几乎是在全盘接受《大明律》的基础上，适当照顾到满族及其统治者的传统习俗，制定并颁行了《大清律例》，如清世祖在《大清律例》中指出："朕惟太祖、太宗创业东方，民淳法简，大辟之外，唯有鞭笞。朕仰荷天体，抚临中夏，人民既重，情伪多端。每遇奏谳，轻重出入，颇烦拟议。律例未定，有司无所禀承。爰敕法司官广集廷议，详议《明律》，参以国制，增损剂量，期于平允。"②

步入清王朝的"康乾盛世"，伴随着整个社会经济发展和统一多民族国家的形成与巩固，最高统治者因地制宜适时地调整民事法律规范成为必然趋势。自顺治帝制定《大清律例》后，清王朝一尊明王朝严禁擅改"律"文的祖制，律文被宣布为子孙永远遵守之成法，"以致导致了法律的稳定性和现实生活的变异性的矛盾，不得不依靠增加条例加以解决。从而出现了律、例并行，以例为准的局面。"③尽管清王朝中后期"例"的大量出现，常常以"例"破"律"，直

---

① 杨鸿烈：《中国法律发达史》，上海书店1990年影印本，第746页。

② 田涛、郑秦点校：《大清律例》卷首《御制序文》，法律出版社1999年版。

③ 张晋藩主编：《清朝法制史》，中华书局1998年版，第12页。

接造成了清朝中期以后“律”地位的降低和因“例”司法泛滥的不良后果,①但是清代统治者的修“例”活动,无论就中华法系的演变还是就清代社会经济发展的现实而言,其积极意义毋庸低估。其中就民事法律规范立法而言,“例”的增多恰恰正是当时社会经济繁荣发展、民间经济纠纷和财产纠纷等社会现象的真实写照,而此时《户部则例》的独立刊行,也充分说明了最高统治者非常注重民事立法。

(二)民事纠纷调处程序

在中国古代农业社会中,基层乡里社会及其农户作为国家政治统治的根基,历来备受最高统治者与王朝法律的重视。但局限于基层政府的人力与财力的严重不足,国家对基层乡里社会的管理和调整一直处于典型的“粗放式”状态,州县官牧民的精力主要关注于钱粮赋税的征收和严重危害统治根基的刑事案件,而视户婚田土之事为细故,多交给基层乡里自行处断。自此,明代规定,民间田土、户婚、斗殴等一切纠纷,不得直接告官,而是首先经由基层里老人理断,以限制明初出现的大量越诉现象。② 洪武二十一年(1388 年)三月十九日,户部在为颁布《教民榜文》的说明中引用明太祖的圣旨:“自古人君代天理物,建立百司,分理庶务,以安生民。当时贤人君子,无不尽心竭力,效其勤劳。显父母,荣妻子,立美名于天地间。岂有坏法之为?所以官称其职,民安其生。朕自混一四海,立纲陈纪,法古建官,内设六部、都察院,外设布政司、按察司、府、州、县、名虽与前代不同,治体则一。奈何所任之官,多出民间,一时贤否难知,儒非真儒,吏皆滑吏。往往贪赃坏法,倒持仁义,殃害良善,致令民间词讼,皆赴京来,如是连年不已。今出令昭示天下:民间户婚、田土、斗殴、

① 《清史稿·刑法志》云:“盖清代定例,一如宋时之编敕,有例不用律。律既多成虚文,而例遂愈滋繁碎。其间前后抵触,或律外加重,或因例破律,或一事设一例,或一省一地方专一例,甚至因此例而生彼例。不惟与他部则例参差,即一例分载各门者,亦不无歧异。辗转纠纷,易滋高下。”此外清人袁枚对“例”大量滥用多有指责:“盖律者,万事之法也;例者,一时之事也。万事之法,有伦有要,无所以喜怒于其间;一时之事,则人君有宽严之不同,卿相有仁刻之互异,而且狃于爱憎,发于仓卒,难据为准。譬之律者,衡也,度也。其取而拟之,则物至而权之、度之也。部居别白,若网在纲。若夫例者,引彼物以肖此物,从甲事以配乙事也,其能无牵合影射之虞乎?律虽烦,一童子可诵而习。至于例,则朝例未刊,暮例复下,千条万端,藏诸故府,聪强之官,不能省记。一旦援引惟例是徇。或同一事也,而轻重殊;或均一罪也,而先后异。或转语以抑扬之,或深文以周内之,往往引律者多公,引例者多私。引律者直举其词,引例者曲为之证。公卿大夫张目拱手受其指挥,岂不可叹!”转引自清人薛允升:《读例存疑》卷首《总论》。

② 对此问题韩秀桃教授有专题研究,详见韩秀桃:《〈教民榜文〉所见明初基层里老人理讼制度》,载《法学研究》2000 年第 3 期。

相争一切小事，须要经由本里老人里甲断决。若系奸盗、诈伪、人命重事，方许赴官陈告。是令出后，官吏敢有紊乱者，处以极刑；民人敢有紊乱者，家迁化外。”①

通过明太祖的一道圣旨，民事诉讼必先调处程序基本确定了下来。《教民榜文》共41条，明确规定了里老人的组织机构、选拔制度、职责、理讼的范围、原则、程序、权利以及违背榜文行为的惩处等内容，确立了户婚、田土、债务等民事纠纷与诉讼，必须先经里老人理断的制度。“民间户婚、田土、斗殴、相争一切小事，不许辄便告官，务要经由本官里甲老人理断。若不经由者，不问虚实，先将告人杖断六十，仍发回里甲老人理断。”②“凡老人里甲剖决民讼，许于各里甲申明亭议决。其老人须令本里众人推举平日公直、人所敬服者，或三名、五名、十名，报名在官，令其剖决。”对涉及本里之外的民事诉讼案件，“若事干别里，须会该里老人里甲公同剖决。其座次，先老人，次里长，次甲首，论齿序坐。如里长年长于老人者，坐于老人之上”。③

里老人理讼一般在乡间设立的申明亭内进行。明代的申明亭始建于洪武二年（1369年），原先是作为乡村教化、惩戒场所。为了保障里老人理断场所的威严，《大明律》设有专条严厉惩治私自拆毁和毁坏申明亭者：“凡拆毁申明亭房屋及毁板榜者，杖一百，流三千里。”④不过，洪武之后，申明亭在许多地区遭受毁坏。明中叶以后，里老人对于纠纷也多不能秉公理断，随着乡民之间纠纷矛盾的不断激化和上告事件的不断升级，州县官更愿意下差调查案情或亲自坐堂问案，以杜绝纠纷诉讼不止。虽然中间曾有几任皇帝对里老人理讼制度⑤加以重申，但民间滥诉现象已经非常普遍。

明清时期，随着宗法性社会共同体宗族势力的加强，以及家法族规、乡规民约的广泛流行和日益权威化，国家也非常重视发挥宗族等地方性组织系统自我调节社会矛盾和解决纠纷的功能。徽州保留下来很多徽商家族的族谱家规中，都可以看到关于宗族调处民事纷争的规条，并且得到官府的批准和确认。如徽州祁门善和里，族长程新春“操履刚正，里或有讼，率不白郡县，惟求

① 《皇明制书》卷八《教民榜文》。
② 同上。
③ 同上。
④ 《大明律》卷二六《刑律·杂犯·拆毁申明亭》。
⑤ 里老人理讼制度的具体内容可参见韩秀桃：《明清徽州的民间纠纷及其解决》，安徽大学出版社2004年版，第25～30页。

公一言决平”。[1] 国家法和民间法在这里找到了最佳结合点，一旦纠纷得以顺利调解成功，双方当事人即订立“和息合同”，实现了息讼。

如果纠纷经过里老人或宗族调解不成，无法实现“息讼”，则双方当事人可以直接呈控到官府，告官理治。原告呈送的诉状，必须按照诉状的内容和格式要求将诉讼事实陈述清楚，不得漫诬。诉状既可以由原告书写，也可以由官代书代拟，但要求原告本人亲自呈送至县衙。县衙对于民事纠纷与诉讼案件，基本上遵循调解息讼原则，尽可能在本级理断范围内加以审理结案，努力不使案件继续上诉。如调解成功，原被告双方当事人即以订立《和息合同》的方式了结讼案；如调解不成，县衙据实判决，当事人如有不服判决，可按逐级上诉的原则，到府衙具状申诉。安徽大学徽学中心收录了一份徽州知府颁发给地跨祁门、休宁两县关于“互争山界案”的息讼合同，现将之摘录如下：

供息状人李齐，年六十一岁，系休宁县三十三都六图民。状息为与祁门县十一都侄李溥互争山界，因李溥将浮土放在本家坟上，不合添捏平没情由。蒙批各县，俱仰公正老人踏勘，连人送审。复蒙发与至亭老人复审，二家凭亲朋劝谕，遵奉本府晓谕。及奉《教民榜》内一款，思系农忙时月，自愿含忍，不愿终讼，其山二家照依画图定界东西管业，归一无争。供息是实。

弘治九年七月□日　　供状息人　李齐（押）状

……

供息状人李溥，年三十岁，系祁门县十一都匠籍。状息为与休宁县三十三都李齐争坟山界，不合添捏，希抬板棺葬害父坟，讦告到府。蒙批各县公正老人踏勘，连人送审间。复蒙发与值亭老人复审送官。有本家原买李美、李黑承租李廷秀、李俊椿佥业山文契贰道，蒙令本身赎还。李美、李黑所有契内价银贰两，本身领讫。今二家凭亲朋劝谕，遵奉本府晓谕。及奉《教民榜》内一款，思系农忙时月，自愿含忍，不愿终讼。其山照依画图定界东西管业，归一无争。供息是实。

弘治九年七月□日　　供状息　李溥（押）状

……

直隶徽州府为霸占风水等事。据值亭老人方义等呈，奉本府批词，据祁门县拾壹都图匠籍李溥等状告前事，取具原、被告归一供词，连人呈送到府。复

[1] 万历《窦山公家议》卷首《窦山先生程公行实》。

审相同,问拟发落。今给与印信合同,付各执照,不许告争。如有先告者,许不告之人执此合同,赴府陈告,重究不恕。须至出给者。

右给付李溥收执。准此。

弘治玖年柒月廿二日

合同①

该息讼合同显示,争讼的当事人在徽州知府的主持下,各自立下了息讼状,并由官方颁布一纸合同,粘贴于双方息讼状之后,体现了官府处理一切"民间细故"——民事纠纷案件的最终结局,充分体现了古代民事法律独具特色的运作风格:"省事"用在官方对民间纠纷及其解决的基本态度上,"各安其位"是民众对自身纠纷的一个基本的价值判断标准,任何"越位"行为都将受到其他民众的一致反对。"均衡"应当是官民双方共同追求的目标,任何纠纷的解决,最终的目的无非就是要达到一种均衡,实现理想中的和谐,所以在纠纷的处理过程中,任何对自身权利的过度保障,都无法得到官府的回应。"自力维护"是徽州解决纠纷一类契约文书的一个最好注脚,而支撑这一点的,就是一般老百姓所追求的"省事""各安其位""均衡"。②

二、明清徽商自身较强的法律意识

徽州地区素有"东南邹鲁"的美誉,再归功于明初统治者有意识地普及法律教育,民间百姓更多地了解和掌握了相关国家法律知识,造就了一个"民习律令,性喜讼"的"健讼"之地。③ 因此,从此徽州走出去的"贾而好儒"的徽商不仅具有良好的文化素质,④而且还具有较强的法律维权意识,这是同一时期其他地区的商人或商帮所不具备的特质。一旦自身合法权益受到不法侵害,徽商就会诉至官府,据理力争,通过官方的法律保护自身合法权益。

① 参见王钰欣、周绍泉主编:《徽州千年契约文书》(宋元明编)卷一,载《弘治九年徽州府因李溥霸占风水帖文》,花山文艺出版社 1992 年版,第 274 页。

② 韩秀桃:《明清徽州的民间纠纷及其解决》,安徽大学出版社 2004 年版,第 185 页。

③ 明太祖朱元璋为了"惩元季吏治纵弛,民生凋敝"的弊端,非常重视法制建设,本着"明礼以导民,定律以绳顽"的立法思想,相继制定和颁布了《大明律》《御制大诰》等法律法规。为了使百姓知法守法,明太祖鼓励民间学习法律,尤其是在《明大诰》颁行后,要求全国"一切官民诸色人等,户户有此一本",并将《明大诰》"皆颁学官以课士,里置塾师教之"。

④ 徽州非常重视教育,一方面是改变生存环境的需要;另一方面是为了提高政治地位,依附政治势力,更好地控制盐业经营权,需要更多的族中子弟奔入仕途。

徽商较强的法律意识突出体现在两点：

1. 徽商在从事商业活动中，能够严格遵守明清两朝的法律，真正做到依法经营，讲究商业信誉，义中取利

典当业是徽商经营的四大商业领域之一，获利十分丰厚。由于这一行业直接关系社会稳定，历代王朝对典当业都有一些法律上的严格规定。《大明律》规定：“凡私放钱债及典当财物，每月取利并不过三分。年月虽多，不过一本一利。违者，笞四十，以余利计赃，重者坐赃论，罪止杖一百。”[①]《大清律例》沿袭了《大明律》的这一条款规定。[②] 据历史学界考证，明清时期经营典当业的大部分徽商都能严格按照《大明律》和《大清律例》月息不过三分的规定。为了提高市场竞争力，形成行业性垄断，部分徽商甚至以低于月息三分利的利息标准经营典当业。明代金陵城内，“当铺总有五百家，福建铺本少，取利三分四分；徽州铺本大，取利仅一分二分三分”。[③] 为防家族内部成员乘人之危，高息放贷牟取非法暴利，明代在上海经营典铺的歙县籍徽商汪通保，除“部署诸子弟四面开户以居，客至则四面应之”外，还专门制定规约，告诫诸子弟：“居他县毋操利权，出母钱毋以苦杂良，毋短少，收子钱毋入奇羡，毋以日计盈。”[④]正是凭着这种守法经营的作风，汪通保所开的典铺才得以生意兴隆，门庭若市，“人人归市如流，旁郡邑皆至。居有顷，乃大饶，里中富人无出处士右者”，[⑤]从而赢得了丰厚的商业利润。

利用价格欺诈历来是“奸商”获取非法暴利的重要手段之一，但从“东南邹鲁”走出来的徽商大多拥有一定文化知识的儒商，“自古以来民多纯良，守法律，娴礼教”，[⑥]将之运用到经营商业的活动中，养成了注重商业信誉、义中取利的优良品格。他们“贸易无二价，不求赢余，取给朝夕而已。诚信笃实，孚于远迩。”[⑦]清代黟县籍徽商舒遵刚对以欺诈手段获取非法利润的行为不屑一顾，他认为：“圣人言：生财之道，以义为利，不以利为义。……钱，泉也，如

---

① 《唐明律合编》卷二七《明律卷第九·户律六·钱债》。

② 《大清律例通考》卷一四《户律·钱债》。

③ （明）周晖：《金陵琐事剩录》卷四。

④ （明）汪道昆：《太函副墨》卷四《汪处士传》。

⑤ 同上。

⑥ 民国《黟县乡土地理·风俗》。

⑦ 光绪《婺源县志》卷三六《人物·义行》。

流泉然,有源斯有流。今之以狡诈求生财者,自塞其源也。”[①]舒遵刚把“狡诈生财”上升“自塞其源”的高度加以批判,深刻反映了明清时期徽商追求信誉和质量而非靠价格欺诈以获取合法商业利润的行为与准则。

制售假冒伪劣商品,以假充真,以次充好,通常也是“奸商”违义取利的伎俩。徽商中虽不乏类似投机渔利之徒,但绝大部分的徽商还是能够遵循义中取利,自觉抵制假冒伪劣商品的,即便为此而承受巨额亏损亦在所不惜。据史料记载,清代休宁籍徽商吴鹏翔在一宗胡椒贸易业务中,购进了800斛胡椒,在得知这批胡椒有毒,原卖主请求中止合同原价退货的情况下,为防卖主将之“他售而害人”,他宁愿自己承担巨额损失而拒绝退货,“卒与以直(同值)而焚之”,断然将有毒胡椒付之一炬,全部销毁,从而避免了一起可能导致大范围中毒事件的发生。清代婺原籍徽商朱文炽贩运茶叶到珠江,因耽搁路程原因,新茶已成陈茶。照理他可以私下以新茶名义售出,但为了遵守商业规范,显示良好的商业信誉,他在交易文契中,“必书‘陈茶’二字,以示不欺”。尽管当地“牙侩力劝更换”,但仍不为所动。为此,朱文炽付出了沉重的代价,“屯滞二十余载,亏损数万金,卒无怨悔”。[②]

此外徽商双方经营、注重商业信誉还表现在经营活动中拾金不昧、不贪不义之财等方面。[③]《大明律》对于现代民法债权之一的不当得利有如此条款的规定:“凡得遗失之物,限五日内送官,官物还官,私物召人识认,于内一半给与得物人充赏,一半给还失物人。如三十日内无人识认者,全给。限外不送官者,官物坐赃论,私物减二等,其物一半入官,一半给主。”[④]徽商在经营活动中时常遇有失主遗失贵重财物,本有机会将遗失物据为己有,但绝大多数的徽商却表现出与商人本应“贪利”截然相反的高风亮节,不为不义之财所动,拾金不昧,拒受不当得利。明朝歙县商人宋应祥、宋承恩父子在经商途中,“有行商二人,各缠重赀托寄,明日早起去。承恩洒扫,见有遗金,启视,见有苏州米行主人姓号,计二百五十金”,面对唾手可得的重金,宋应祥父子不为所动。宁愿“守待再宿”,直至次日,方见“前二人哭踊而来,遍觅不得,急欲投江死。应祥力挽之,询其姓名,为许邦伟偕弟邦佐,所言一一符合”。在确信重金失

---

① 同治《黟县三志》卷一五《束君刚传》。

② 光绪《婺源县志》卷三三《人物·义行》。

③ 参见卞利:《明清徽州社会研究》,安徽大学出版社2004年版,第156~157页。

④ 《大明律·户律六·钱债》。

主身份无疑后，宋应祥父子“即集街众验明而尽还之，二人愿分金以谢，应祥坚辞不受”。[①] 按照当时法律的规定，宋应祥父子完全可以合法地获得所拾金钱一半的充赏，但却“坚辞不受”。歙县另一位商人汪应鹤在往芜湖经商途中，“于泾邑路侧，拾得遗金数百两”，为了尽快归还失主，不顾自己生意繁忙，“坐待失者还之，其人欲分金以谢，应鹤不受”。[②]

2. 徽商善于运用法律武器维护自身合法权益

在传统“农本商末”观念和“重农抑商”国策的影响下，四民之末的商人难以把握自己的命运，其自身合法权益往往得不到应有的保护。面对官府牙侩敲诈勒索、地痞无赖欺行霸市、合伙人肆意毁约撤资等诸多侵权行为，一般商人大都采取消极从命的方式逆来顺受。

具有较强法律意识的徽商则不然，一方面为了避免不必要的纠纷发生而招致官司缠身，徽商非常重视法律合同及其相关法律文书的拟定和保存，以事先防范和降低经营风险，即便是兄弟之间合伙经营也不例外，在合同中将入股人的权利义务规定得非常详尽，并且随着经营状况的变化，及时通过新的合同文书变更经营内容，真实反映到合同文本中，白纸黑字，为当事人之间日后可能引起的纠纷提供了法律上的证据。现摘录徽州法律文书中保留的徽商汪全五与其族兄汪乾初于康熙六十一年(1722 年)拟定的两个合股经营的立议合同：[③]

立议合同人汪乾初、汪全五，今二人同心，各出本银二百四十两，共成本银四百八十两，在于巢县十字街口开张德胜字号杂货布店生意。当凭亲友三面言定，每年除房租、客俸各项之外，所得余利二人均分，无得异说。自议之后，二人务宜同心合志，秉公无私，不得肥己。如有此情，察出公论。今恐无凭，立此合同存照。

其客俸二人各支十两，如若多支，拨本除算。其全五之本，系蒙亲友邀会之项，今存店，系店拔银应会。倘生意顺遂，一年赚得此宗会利更妙；倘若不能如数会利，或拔本应付，以作下年赚者补上。又照。其乾初本银之项内，有张熙彩本银五十两，赚者同乾(初)、熙彩照银数派分。又照。再，乾初自开德胜店后，仍在允茂店效劳，无得异说。再批(押)。

① 民国《歙县志》卷九《人物・义行》。

② 同上。

③ 该文书见《休宁汪姓誉契簿》，原件藏于中国社会科学院经济研究所。

康熙六十一年正月二十一日立议合同人

汪乾初(押)

汪全五(押)

该合同订立后不久,立约人汪全五"恐德胜号不能赚得利银",提出抽股不做,汪乾初为了留住其二百四十两本银,双方协商改变合股经营为承揽经营,另立一份合同:

立承管汪乾初,今因同弟全五开汪德胜布店,各出本银二百四十两,共成四百八十两,另有合伙合同二张,各执一张。因全五诚恐德胜店不能赚得利银,故乾初立此承管一张,存在全五弟处。以作七年为限,代加利银二百八十两整。候七年终始,汪德胜店汪乾初仍存本银二百四十两,汪全五仍存本银二百四十两,二共存本纹银四百八十两整。至七年后,此承管一张交还乾初收据。七年后,仍得利两股均分,无得异说。俟七年终始,代付利银清楚。此字查出,无得推却。此照。

其承管之利,倘若生意顺遂,倘四、五有余,即六、七年余者均分;倘四、五不能有余,或六年为限亦可。又批。

康熙六十一年二月初二日立承管汪乾初(押)

凭中叔吴仲剀

同见　起龙　方希正

一旦经营状况不善,出现严重亏损时,身为债务人的徽商为了更好地保护债权人的合法权益,主动发布"歇业告示",积极履行告知义务,以期望减少不必要的经营风险和官司麻烦。在江西鄱阳经营典当业的徽商江永泰,因"生意冷淡,费用浩繁,甚至入不敷出",被迫宣布歇业。关门歇业,溜之大吉也许是典当商人的惯常做法,但是,江永泰通过鄱阳县衙依法发布"歇业告示",不仅明确告知典铺被迫歇业的原因及相关事项,而且告知客户尽快来典铺清理债权、债务的信息。此举既维护自己的商业信誉,避免不必要的官司缠身,对今后经营产生不良影响,又善意提前告知了相对人,最大限度减少债权人、债务人的经济损失。该"歇业告示"内容如下:

钦加同知衔署鄱阳县正堂加二级记录四次胡为给示停当候取事。兹据安徽婺源县职商江永泰禀称：于光绪二年在东关外开设永泰质铺，旋于光绪十四年领帖改开当铺。只以近年来生意冷淡，费用浩繁，甚至入不敷出。职商踌躇再四，非沐恩准停业，实属力难支持。为此，粘呈印帖，恳请转详并恳给示，以便收歇等情到县。据此，除禀批示并据情详缴印帖外，合行给示停当候取。为此，示仰阖邑诸色人等知悉，尔等须知：该江永泰典铺，现已禀缴印帖，停当候取。尔等所当衣物等件，赶紧照章措备钱文，携票取赎。若系日期未满，该典铺不得藉词不缴；已期满者，不准留利，亦不得强取。自示之后，各宜禀遵毋违。特示。右给谕通知。

光绪二十二年四月初八日(县印)

告示实帖江永泰典铺。

另一方面，徽商在自身合法权益实际受到外界不法侵害时，向来不是逆来顺受，而是采取主动奋起抗争的姿态，充分利用国家法律武器，诉至官府，凭借雄厚财力与官方建立的良好的人脉社会关系，寻求上一级官方的强有力的支持，积极维护自己的合法权益。

明代崇祯六年(1633 年)，客居江宁县经营典当业的徽商王竹，其雇佣的帮工谢尚念监守自盗，将典当铺货物衣食计银三百余两席卷而逃，王竹不是凭借个人力量或雇人以私力解决，而是借助国家法律武器，赴江宁县衙禀告，由江宁县衙出具拘捕罪犯的通缉令，责成沿途官府协拿逃犯。

现将该通缉令原文摘录如下：

应天府江宁县为恳恩给批获究正犯事。据民王竹禀称：□□□□□□县前往开典，输饷应卯，蹇雇工恶谢尚念在店掌管。讵恶不法，□□□□□盗卷衣饰货物，计银叁百余两逊走，不知去向。随鸣邻甲刘文举等证，缉捕无踪。切思小民血本，工恶盗逊，律难轻纵。伏乞天恩作主，彰法准赏，广获批文，以便捉获投充追赃正罪等情。据此，拟合给批缉拿。

为此，批付原禀王竹即便执此，前往徽州等处缉拿，得获随禀。所在衙门添差解赴本县，以凭审究正罪，去役亦不得藉此生事。未便，须至批者。

右批给付王竹。准此。

崇祯陆年柒月廿六日给县　　　　定限次月①

---

① 《明崇祯六年江宁县批捕示》，原件现藏于安徽省图书馆。

徽商王竹手持江宁县衙批给的缉拿逃犯的批文，前往徽州等地缉捕逃犯，并得到沿途各地官府的协助。这是徽商依法维护自身权益的一个典型案例。尽管由历史资料保存不足的限制，现已无法得知帮工谢尚念最终是否被缉拿归案，但典商王竹主动寻求官方“公力救济”，依法保护自身利益的行为，的确是很值得肯定的。

如果说徽商王竹的做法还只局限于依法保护个人的权益，那么作为“重宗义，讲世好”①的地域性商帮代表，徽商不仅在个人利益受到侵犯时能够自觉运用法律武器据理力争，而且还能够在同伙或乡族的群体利益受到侵害时挺身而出，不惜与人对簿公堂。

清代芜湖榷关邓主事在征收国家正税之外，还巧立名目盘剥该地的坐商行贾。面对邓主事假借课税之名的肆意侵夺，众客商多是敢怒而不敢言，但是客居在芜湖经商，一向以仗义行侠称著的徽商吴宗圣不满邓主事所作所为，为了维护合法权利，不顾长途跋涉的艰辛，千里奔赴京城，上控邓主事的私自课税的非法行为。在历经一番波折后，最高统治者终于“下旨，差官按实拿问”，②最终将胆大妄为的邓主事革职查办。徽商吴宗圣只身赴京告状的义举，不仅维护了自身的合法权益，而且为芜湖商界铲除了一大公害，从而保护了芜湖各路商人的合法权益。当然徽商为此付出的代价也是沉重的，吴宗圣因千里赴京告状而最终“以劳瘁殁于京师”。另外婺源籍徽商李登瀛，在前往广东经商途中于江西被盗后所采取的敦请当地官府“勒石通衢”的做法，最终使“商旅于安”，③这也是徽商依法维权、保护徽州籍商人群体利益的典型案例。

三、徽商依仗官府的“政治保护”

历史学界谈及明清时期商人的社会地位时，一些人总会津津乐道商人地位的提高。确实，明清时期统治阶级中一些有识之士如张居正、曾国藩等人对商业的重要性有了新的认识。明清时期的商人也可以通过科考、捐纳的途径步入仕途。这一切都充分说明了商人的社会地位远比以往有了提高，但是在传统“重农抑商”的国策未变的情况下，作为四民之末的商人社会地位并没有

① 康熙《徽州府志》卷二《舆地志下·风俗》。

② 道光《徽州府志》卷一三《人物·义行》。

③ 光绪《婺源县志》卷三四《人物·义行》。

根本上的变化，商人远没有迈进其理想王国。发生在清乾隆年间的“巴宁阿与盐商交结联宗一案”①就足以说明这一切。

巴宁阿，汉军正白旗人，曾出任内务府大臣、粤海关监督、两淮盐政、工部右侍郎、户部右侍郎等要职。乾隆五十九年(1794 年)，由他监修的热河安远庙竣工不久，在一场大雨中，大殿前坡琉璃瓦脱落数十陇，并将下面两层屋檐瓦全部砸坏。适逢其时，乾隆帝驻跸热河，闻知此事大为震怒，认为这是巴宁阿“昧良欺伪”的大败露，由此想到他前在扬州两淮盐政内必有营私黩货之嫌，传旨有关大员严行查奏。

经过反复调查审讯，巴宁阿罪状有四：一是接收商人洪广顺为门生；二是置买婢女；三是离任前收受盘费银两三万两；四是与总商汪肇泰联宗。对于前 3 项指控，巴宁阿供认不讳，最后一项指控巴宁阿拒不承认。但是据徽商汪肇泰供称：“商人(汪肇泰自称)充当总商，巴盐政于上年到任，商人进见时，巴盐政看见手本，就问：‘你姓汪，可是徽州人？’商人禀称：‘祖籍原系徽州。’巴盐政说：‘我祖籍也是徽州，你与我原本一家。’商人回称：‘商人微末，不敢认。’巴盐政又说：‘徽州本无二汪，你年纪尚小，我还是你的长辈呢。’巴盐政与商人认本家是有的，至于发样交办首饰，实无其事。今蒙皇上天恩，不治商人之罪，如此剀切垂询，商人尚敢瞻顾巴盐政不据实直供？”

由徽商汪肇泰供述来看，巴宁阿与徽商交结联宗一事确实不虚。从指控巴宁阿的四项罪状中看，此项既不是贪赃，又不是枉法，均属于个人私务。恰恰对此指控巴宁阿“坚不承认”，乾隆也对此罪状龙颜大怒，究其原因，正如乾隆在上谕中所说：“巴宁阿与总商汪肇泰联宗一节，坚不承认，自应其事太觉卑鄙，有玷名器，情罪较重，是以不肯据实供出。”我们知道，两淮盐商的总商也是有一定身份地位的，“故事，推择淮商之干敏者，以承有司之事，谓之总商。凡盐事之消长赢缩，以逮公私百役巨细，无所不当问”。② 作为朝中大员即便和这样的商人联宗，也被乾隆帝认为“情罪较重”“过于卑鄙，有玷名器”。士商地位的悬殊可见一斑。在乾隆帝的几道上谕中，左一个“微末商人”，右一个“微末商人”，商人根本没有任何社会地位可言。

在封建社会里，商人与封建政治势力的关系，实质上就是钱与权力的关

① 中国第一历史档案馆：《乾隆五十九年查办巴宁阿与盐商交结联宗案》，载《历史档案》1994 年第 1 期。

② 歙县《棠樾鲍氏宣忠堂支谱》卷二一。

系。一般来说，钱不敌权力，因此钱总是要依附权力，才能够自保。“在封建专制时代，如何处理与皇权的关系是每一个商人都必须慎重对待的问题。因为在那个时代，皇权意味着一切，它决定着人的生死荣辱，她像一只怪兽雄视帝国内每一个臣民，中国自古以来，商业不发达大多因为这个怪兽的作祟。同时，贵为皇权延伸的大小官府也是商人必须小心应付的，在处理这个问题时，没有一个商人不战战兢兢，因为一个闪失往往会粉身碎骨，家破人亡，资财散尽。”①

徽商多为行商，从事长途贩运贸易，历经远途跋涉、风餐露宿劳苦等“天灾”都是不可避免的，也是能够克服的；常年经商在外，行走全国各地，最令徽商头痛的也是经营过程中不可避免地会遭到的“人祸”。恰恰是徽商经商过程中必须要面对的“人祸”，才促成徽商唯有通过逢迎、依附、仰攀等诸多手段不遗余力地结交封建政权，②才能够在忍气吞声中谋求发展的一席之地，尽可能减轻“人祸”带来的危害。当然，一旦徽商不遗余力地攀附官府在背后的大

---

① 白文刚、胡文生撰：《寻找晋商》，光明日报出版社2003年版，第69页。

② 徽商作为明清时期称雄商界的一支封建性商帮，不遗余力地结交政治势力：手段之一是交友联谊。交友，在他们心目中已不是纯粹的商业行为，而是涂上了浓厚的政治色彩。徽商一来富有，常常慷慨解囊，是结交官员的先决条件；二来徽商“贾而好儒”，与缙绅士大夫有共同语言，“好儒”是结交官员的重要条件。徽商对一些暂时失势的官员也乐于结交，其行为背后掩藏着世俗的动机，进行着政治投机。对于尚无功名士子也乐意结交，体映徽商的政治远见，资助一名举子，就是结交一位朝廷命官。手段之二是联姻攀附。徽商注重“婚配论门第”，尤其是一些大商人千方百计与封建官员联姻，即使能与未来的官员攀亲也是心甘情愿。明代万历年间，杭州城一徽商嫁女一心想嫁给一位佳士，拒绝了许多求婚者。万历十三年（1585年）仲秋节后某夜，商人梦龙戏爪水中。次日，姚江徐应登，以儒士应试毕，偕友过商门。友极力撮合，徽商听说只是个儒生，“虽口诺而意未允”。谁知商人送友及门，看到徐应登正“濯手水瓮中”，恰与梦境“龙戏爪水中”相符，不仅“欣而许之”，而且“请友玉成”。徽商嫁女前倨后恭的态度充分印证了徽商对封建政治势力倾心攀附的心态。手段之三是行媚巴结。徽商的优势是雄于赀财，不惜重金赀行媚权势。或重金贿赂权贵或为权贵将贪赃之银代为营运（现代法律术语“洗钱”），让权贵坐收厚利。手段之四是跻身士林。明清时期商人求富贵、跻身士林最佳途径就是捐赀买官，《二刻拍案惊奇》卷一五载：“原来徽州人有个僻性，是乌纱帽、红袖鞋，一生只这两件事不争银子”。比商人自己捐官更为普遍的是延师课子，让更多的徽商子弟能够跻身士林。皇帝是封建政治势力的最高代表，能够仰攀上皇帝是商人的无上荣耀。但是能够以“布衣”身份仰攀“九五之尊”只能是商人中极少数财大气粗的“上贾”，这样的幸运者多是徽州盐商。详见张海鹏、王廷元主编：《徽商研究》，安徽人民出版社1995年版，第315～321页。

力支持,其最终目的就是在于寻找到保全自己的“政治保护伞”,[①]这也是徽商敢于争讼和“好讼”的最主要原因。

首先,徽商所不愿意面对的“人祸”,来自贪官污吏的肆意敲诈侵夺,常会导致商人倾家荡产。明代弘治十二年(1499 年)吏部尚书倪岳曾上疏:“近年以来,改委吏部官员出理课钞,其间贤否不齐,往往以增课为能事,以严刻为风力,筹算至骨,不遗锱铢,常法之外,又行巧立名目,肆意诛求,船只往返过期者,指为罪状,辄加科罚。客商资本稍多者,称为殷富,又行劝借。有本课该银十两,科罚劝借至二十两者。少有不从,轻则痛行笞责,重则坐以他事,连船拆毁,客商号哭水次,见者兴怜。”[②]随着江南地区社会商品经济的进一步发展,到了万历年间,大大小小的贪官污吏肆意敲诈侵夺愈演愈烈,正如给事中萧彦所说:“他姑无论,即如河西务大小货船,船户有船料矣,商人有船银,进店有商税矣,出店又有正税。张家湾发买货物,河西务有四外正条船矣,到湾又有商税,百里之内,辖者三官,一货之来,榷者数税。”[③]清代亦是如此,各地官吏为饱私囊,私设关卡,私置非法衡器,不一而足,徽商也首当其冲饱受盘剥之苦。徽商倍感经商的艰难,私人财产权和人身安全缺乏国家法律制度的保障,唯有依附封建政治势力,才是徽商保全身家的正确选择。[④]

万历年间,歙县籍徽商汪士明面临矿监税使的敲诈勒索,感慨道:“吾辈守钱虏,不能为官家共缓急,故掾也鱼肉之。与其以是填掾之壑,孰若为太仓增粒米乎!”[⑤]在钱与权的抉择面前,他大彻大悟,意识到无权无势,只想本分充当“守钱奴”是行不通的,与其让大大小小贪官污吏肆意“鱼肉”,还不如报效政府,还能援例授官,保全身家。后来,汪士明“应诏输粟实边过当,授中书舍人直武英殿”,社会地位陡然大增,贪官污吏再也不敢肆意敲诈侵夺了。徽

① 徽商不遗余力地结交封建政治势力,其目的不局限于本节所述“寻找政治保护伞”便于争诉、胜诉,还有为了获取垄断市场特殊物资(盐、铁、茶)等专卖特权;提高社会地位,扩大社会声望,有利于市场竞争;结交官员借势行私,买通官员从官方采购公务中损公肥私(一如现代社会情形)。

② 《明经世文编》卷七八。

③ 清官修《续文献通考》卷一八《征榷》。

④ 徽商的财产、生命缺乏法律保障,使其内心有一种强烈安全感的需要。在封建社会,保全身家之计只有两条:一是依附于封建政治势力;二是自身成为封建政治势力中的一员。徽商不惜耗费巨资,报效政府、取媚皇帝、贿赂权贵、买官买爵就是寻求政治势力的保护,满足其安全心理需要。

⑤ (明)汪道昆撰:《太函集》卷五五。

商吴时佐主动捐输巨资报效国家，“天子旌之，一日而五中书直命下”。他意识到，财产与其被贪官污吏侵夺去，还不如主动“移家为国”，报效政府。这样不仅能够保全身家，还能够换来“天子之命”，化“不利”为“大利”，提高自己的社会地位。由此可见，封建社会中的商人如果没有政治势力的庇护，连生存立足都很困难，更谈不上进一步发展了。因此，徽商不惜巨资不遗余力地依附封建权贵，并非生性如此，实属社会形势使然。

其次，徽商所不愿意面对的“人祸”，来自各类劳民伤财的民事纠纷与诉讼。如前文所述，行走全国各地的徽商要同形形色色的人打交道，贱买贵卖的交易难免会出现纠纷，尤其会与当地民众产生各种激烈矛盾，诸多问题最终都会对簿公堂，由官府出面解决纠纷。自古道“八字衙门向南开，有理无钱你莫进来”一旦涉及官司缠身，能否胜诉完全取决于官方的支持与否。徽商自是不甘落后，为了避免官司败诉，暗中花钱交结官府，是必不可少的环节。正如两淮盐差李煦所言：“商家原属懦弱，平居安保无事，设遇家庭交际之间偶有小嫌，一经衙门，必致借端勒诈，不得不预为之计，以勉应其求也。”[①]话虽说得比较含蓄，但是已经将徽商结交官员的苦衷和盘托出。有了官员的暗中帮助，则能免除不少意外的纠纷。如歙县商人鲍绍翔在浙江江山县经营盐业，家境富裕，“顾人多忌之，辄藉端欺凌，争讼不休者凡数家”，官司甚至打到巡抚那儿。但由于鲍绍翔平时与官员过从甚密，故能得到他们的援助，以致官司“先后历十余年而志未尝稍挫焉”。晚年鲍绍翔每每忆及此事，感慨不已，谆谆告诫后人：“余每逢强敌，必有相与成之者，天下事知非可以一手一足自持也，汝曹当深念之。”[②]在诉讼中，能够起到“相与成之”作用的人当然非官莫属。这点充分表现在客居他乡的徽商与当地民众诸多争讼中屡屡胜诉之上，正是依仗身后官府的撑腰，徽商每遇纠纷与诉讼不胜不止，“醵金出死力”，即便用于诉讼的费用远远超出争诉标的价值也在所不惜。

第四节　徽商“好讼”的弊害

明清时期徽商有许多经商要义之类的著作反复强调“官”的危险性，提醒商人应当对封建政治势力保持必要的敬畏和距离：

---

① 《李煦奏折》。

② 《鲍氏诵先录》。

第一，是官当敬。官无大小，皆受朝廷一命，权可制人。不可因其秩卑，放肆慢侮。苟或触犯，虽不能荣我，亦足以辱我。备受其叱挞，又将何以洗耻哉。凡见长官，须起立引避，盖尝为卑为降，实吾民之职分也。

第二，倚官势，官解则倾。出外经商，或有亲友，显宦当道，依怙其势，矜肆横行，屏夺人财，怯为臧否，阴挟以属，当时虽拱手奉承，心中未必诚服。俟官解任，平昔有别故受谮者，蓦怀疑怨于我，必生成害，是谓务虚名而实祸矣……凡作客，当守本分生理，不事干求，虽至厚居官，亦宜自重，谢绝请谒，使彼此受益，德莫大焉。

第三，少入公门，毋观囚罪。凡到司府州县巡检衙门，及水路口岸处所，或见奸妇贼犯异常之事，切不可挤入人丛，进衙观看。恐问官疑人打点，漏泄机密，关门扑捉。或强盗受刑不过，妄指在近搪塞，苟遭其害，虽公断自明，亦受惊骇矣。①

在“重农抑商”的封建社会中，“虽然商人可以得到巨大的财富，但他们从来得不到保证，他们要受到禁止奢侈的法令的约束，并因缴纳苛捐杂税而被夺去财富，还要受到官府的其他各种干预。再者，他们从未达到自己神圣的境界。每个朝代，即便是有钱的商人子弟，唯一的奢望就是进入官僚行列”。②徽商的经营过程充满了诸多艰辛，不仅仅面对远途跋涉之劳、风餐露宿之苦、惊涛骇浪之险的“天灾”，还要面对来自社会上贪官污吏的肆意侵夺、众多纠纷诉讼缠身的“人祸”。社会地位低下的徽商得不到封建国家法律制度的有效保护，缺乏一定安全感，辛苦经营的成果旦夕不保，唯有主动依附封建政治势力，寄希望以雄厚财力来换取国家权力的支持和保护。

徽商竭尽其能主动巴结逢迎政治势力，虽然在一定程度上达到了自己的目的，在诸多诉讼中屡屡成为胜诉方，在一定范围内成为封建体制下的既得利益者，垄断两淮盐业的专卖特权，但是迫于生存艰难的社会环境，而养成“好讼”的风气，促成徽商千方百计地依附于封建政治势力，同时也将徽商深深烙上封建性商帮的色彩，为其带来了诸多潜在的弊害。

一、经营活动的成本加大

帝国官僚机构和官僚主义对商业活动的介入和渗透，不可避免地将官僚

① 参见余英时：《儒家伦理与儒家精神——余英时文集第三卷》，广西师范大学出版社2004年版，第189页。

② [英]李约瑟：《李约瑟文集》，陈正希等译，辽宁科学技术出版社1986年版，第84页。

作风带入商业领域,导致正常商业经营异化,加大商人的经营成本,尤其是国家对特定物资进行经济管制的流通领域体现得最明显。明清时期,徽商的龙头行业是盐业,在两淮众盐商中占有绝大多数席位,故以明代开中制的“盐引”制度为例证:

一旦从南京户部得到盐引,运司就把持有者(盐商)的名字填在空白处,商人凭此下场支盐。所有的盐场被分为上、中、下3等。下等盐场生产的优质盐较少。离批验所更远些,这样就包括额外的运输费用。……原则上,盐商不会得到全是上等或全是下等的食盐。

盐课司按盐引支盐,撕下盐引的一角。然后商人运输食盐到批验所向运司报告。他已经完成支盐。于是运司撕去盐引的第二角。这时食盐被暂扣,在官方检查之前,商人必须等到运送到批验所的全部食盐到达规定的数量批验。……当达到这一水平时,运司要求巡盐御史批准核查和称量。……核查人员通常是当地通判和主簿,由巡盐御史委任。当每包盐被称量且付清额外税费后,盐引的第三角被撕掉,这时商人能够把食盐装船运输到指定码头。这些码头由盐运司决定而非商人。全部分配依照一个总的计划,按照各府的人口精确地规定应该行盐引数。当食盐运抵指定码头,商人要向地方官员报告。在完成出售时,已经被撕去三个角的盐引,要送到最近的府州县衙门,由官员撕掉最后一角,上缴给户部与最初的期号相符。即使在理想的条件下,一个商人要完成这一交易也需要大约两年的时间,记录显示这有可能花费五六年,或是更长的时间。①

食盐专卖制度将一个简单的交易行为拆为若干个环节,由政府对各个环节施加严密的监控,以致食盐交易过程被拖延到无以复加的地步。由此可知,官方的介入,不可避免地造成商业机构臃肿、运作程序烦琐、办事效率低下、人力物力资源浪费严重,大大加重了徽商经营的商业成本。

二、公平竞争秩序的衰落

国家本是公权力的行使者,负有维护社会公共安全的职责。一旦介入经济领域内,兼领经济垄断特权时,毫无疑问,就会造成市场公平竞争秩序的失落。运用公共权力人为地划定经营范围,将垄断国家特定物资的专卖权赋予某些特

---

① 参见黄仁宇:《十六世纪明代中国之财政与税收》,阿风、许文继、倪玉平、徐卫东译,生活·读书·新知三联书店2001年版,第281~281页。

定商人,从而变相限制、剥夺了另一部分人能够通过公平竞争而发财的机会。

面对国家严苛的管制,无利可图的商人们或者被迫歇业转行,或者在利益的驱使下,违例私贩。但是“贾而好儒”的徽商则是国家眷顾的幸运儿,他们千方百计地巴结仰攀上政治势力,轻而易举地获得垄断特权。尤其是两淮盐场的徽商,凭借垄断食盐专卖的特权,获得了巨大垄断利润,财富之多是其他各行各业的商人无法比拟的。关于徽州盐商二则轶事可为佐证。

“扬州之富,以淮南盐商名,商之著者凡八家,而黄氏妇居其最。”乾隆帝南巡扬州时,他曾募集工匠,赶造三贤殿,供乾隆帝观览。这一雄伟的建筑,居然在一夜之内完工。乾隆帝惊叹道:“富哉商乎,朕不及也!”①

歙县籍盐商江春富甲天下的大盐商,出任总商40余年。扬州居家堪称扬州园林之冠,乾隆帝南巡两次临幸其家,也称赞不绝。有一次乾隆帝游览大虹园,对近侍说“此处颇似南海琼岛春阴,惜无塔耳”。江春得知消息后,立即以银万两贿赂近侍,求得图纸,连夜造塔。一夕而成,次日一早,乾隆帝重游其地,突见一塔巍然屹立,不禁叫绝,叹道“盐商之财伟哉”。②

凭借一己财力在一夜之间就建成“三贤殿”和“石塔”,甚至连“九五之尊”的帝王也发出自叹不如盐商的感慨,足可以印证当时徽州盐商财力富可敌国。但是从官方获得垄断特权的徽商,往往要以牺牲其作为商人的独立性和市场竞争力为代价,无形之中大大削弱了徽商的竞争能力,一旦失去官方的庇护,凭借垄断特权获利的徽商,也就没有能力继续生存下去。徽州盐商之所以最终败落,最主要的原因在于清朝道光年间盐法改革。其核心内容是“改纲为票”,即将原先在两淮地区实行的“纲盐制”改为“票盐制”,③从根本上取

---

① 《国朝遗事纪闻》第一册《高宗南巡遗闻五则》。据杨德泉先生研究认为,这个“黄氏妇”实为徽商汪廷璋侄媳的误称,汪黄二字音相近,故误为“黄氏妇”。

② 《清稗类钞》第二册《园林类》。

③ 纲盐制与票盐制的主要区别在于两点:(1)纲盐制下,实行盐引制度。徽州盐商作为两淮最大的盐商集团,通过垄断盐引,控制了两淮行盐区食盐的产、购、销,并由此获取高额的垄断利润。票盐制则取消了盐引和引商对食盐的垄断,商人只需向盐政所设之局纳税领票,便可取得购销食盐的合法权利,而不必再购买盐引。因此,票盐制实行后,徽州盐商在纲盐制下的垄断利润的特权——盐引不复存在了。(2)纲盐制下,盐商本重势重,财力单薄的中小商人难以涉足盐业经营,徽州盐商凭借其雄厚资本,一直在两淮盐业占据主导地位,同时世代继承,保证家族势力的不衰和特权的延续。在票盐制下,商人纳千金或数百金也可办理百引盐票,取得盐业的合法经营权利,并且来去自便,徽州盐商失去了独家经营的地位。参见张海鹏、王廷元主编:《徽商》,安徽人民出版社1995年版,第648页。

消了两淮徽州盐商高额的垄断利润专特权——垄断盐引，促使了徽州商帮的中坚——盐商的彻底衰落。

三、加大经营之外的不确定风险

“中华帝国的官僚机构尽管精致复杂，但他从未确立过几项有助于经济发展的基础性政策；他从未制定过全面的商业法规；也未确立过旨在保护私人财产的司法制度；他从未发展过一种用以减轻商业风险的保险体系。”①如前文所述，在权力至上的帝制时代，徽商不仅面对“天灾人祸”，还有一个潜在的经营风险，也是徽商最无法预测防范的，就是不得不时刻准备迎接未知的官方意旨。官方的公权力如同达摩克利斯之剑时刻高悬在徽商的头上，说不定什么时候就会掉下来。官方的一纸令下，就可使徽商千辛万苦经营所得的万贯家财，顷刻间化为乌有。② 其兴也速，其败也速。明代官员顾起员曾说：“每见贸易之家，发迹未几，倾覆随之，指房屋以偿逋，挈而远逃者，比比是也。”③

徽州盐商凭借垄断食盐专卖的特权富可敌国，同时也是封建政治势力层层盘剥的重点对象。康熙九年（1670 年）十月，巡盐御史席特勒、徐旭龄总结两淮盐商的六大苦，一语道破表面上风光一时的盐商所遭遇的经营艰辛：

其一为输纳之苦。商人纳税，例将引数填注限单，谓之皮票，所以便商下场也，而运库扣勒皮票，每引科费数钱不等，方得给单。而胥役又有使用，谓之照看；纲总又有科敛，谓之公匣。除正纳外，必费一二钱始得筑一引之盐计岁费数万金。

其二为过桥之苦。盐商出场，例将舱口报验，谓之桥掣，所以便商放桥也。而关桥扣勒引票，每引科费数分不等，方得掣放。而面盐、底盐又有搜盐之费，斤多斤少又有买斤之费。出溢斤外，必费七八分，始得过一引之盐，计岁费有约数金。

其三为过所之苦。商盐呈纲，例必造册摆马（码），谓之所掣，所以便商验斤也。而未经称掣，先有江掣之费，一引数分不等；又有茶果之费，一引数分不等；又有缓掣之费，又有加寓之费。除割设外，每引必费一二分，方能过所，计

① 张均：《明清晋商与传统法律文化》，法律出版社 2006 年版，第 75 页。

② 晚清“红顶商人”徽商胡雪岩亦官亦商的身份曾经给他带来商业上的巨大成果，同时也注定其必然衰败（政治上失势，遭到晚清重臣李鸿章的打压）。

③ 《客座赘语》卷二。

岁费又数万金。

其四为开江之苦。引盐既掣,例必请给水程,每引数分不等;又请给桅封,每张数两不等。以至报状扑戳,引各钱余不等;封引解捆,引各数分不等,每引约费二三钱方能放行,计岁费又数万金。

其五为关津之苦。盐船既放行矣,而所过盐道有挂号之费,营伍有巡缉之费,关钞有验料之费,计岁费又数万金。

其六为口岸之苦。船盐既抵岸而江(西)、(湖)广进引,每引道费钱余不等,样盐每包数厘不等,查批收房,每船数两不等,计岁费又数万金。此六苦者,实为淮商切骨隐痛。①

与官府走的最近的徽州盐商尚且如此,那些经营其他行业的徽商更是无法摆脱被官府肆意侵夺的悲惨命运。② 即使徽商偶尔有幸成为官方的“债权人”,及时、足额实现自己的债权常常只是镜中花、水中月而已。例如,明王朝政府经常拖欠商人的钱,正如黄仁宇所言:

虽然官员要同商人进行各种交易,但是他们从不认为政府同商人之间的关系是一种契约关系。在他们看来,国家高高在上,凌驾于契约关系之上,每个国名都有为其服务的义务。商人们被希望产生利税,而且希望是自愿地参与政府活动。……在某种情况下,商人事实上被期望在同政府进行交易时,要承担一定损失。③

---

① 嘉庆《两淮盐法志》卷一一《转运六 · 掣验》。

② 徽商遭到官方无休止的侵夺,名目繁多,主要有:课税繁重。以“两淮盐场”为例,清初淮纲正课原只九十余万两,加以织造、铜斤等款,亦只一百八十余万两,乾隆年间,已至400余万两,到嘉庆二十年淮纲每年正杂内外支款,竟需八百余万两之多,这还只是政府明文规定的税额,各地官员私自加征更难以估计;捐输频仍,据嘉庆《两淮盐法志》统计,从康熙十年到嘉庆九年(1671~1804年)的百余年间,两淮盐商前后捐输财物共有银39302196两,米21500石,谷329460石;助赈助饷,助赈尚能够体现了讲究“贾德”的徽商为国分忧,助饷则是官府变相的榨取;无端勒索,官府视商人为“可啖之物,强索硬要,不厌不休”,康熙年间,两淮盐商另有三项“浮费”开支:(1)“送程仪”。凡是现任、候补、过往、进京的官员,不论该官与淮商有无交往,每过淮扬,无不强索硬要。(2)“索规礼”。本地大小衙门官员,无论与盐务有关与否,都索要规礼。(3)“送别敬”官员任满之时都要向商人索取“别敬”钱,此三项浮费,每年约上千万两,严重影响了徽商的正常经营活动。详见田兆元、田亮著:《商贾史》,上海文艺出版社2007年版,第203~205页。

③ 参见黄仁宇:《十六世纪明代中国之财政与税收》,阿风、许文继、倪玉平、徐卫东译,生活 · 读书 · 新知三联书店2001年版,第289页。

私人合法财产所有权的不确定性或者在缺乏一定法律制度保障的封建社会环境下，徽商可能已经意识到，不再增加投资扩大经营规模，会有避免此类无法预料和防范的风险的可能性。徽商纷纷将经营资本转向他用，除了少部分作为追加商业资本外，大部分资本从流通领域中游离出来，将资本用于购置土地“以末致富，以本守之”、①维护封建宗族制度各项事业、②扶困济贫和修桥补路等“义举”③和为捐纳猎取功名、捐输报效国家，这也就是经济史学界所谓的“徽商利润的封建化”。④

如此一来，在“潜水艇夹心面包”⑤式的封建社会下，一边是庞大臃肿的官僚机构，另一边是为数众多的农民，本应作为社会中坚力量的商人虽然一直存在，但是难以称得上是一个独立的社会阶层。身处城市之中的商人——包括财力雄厚、富可敌国的徽商群体在内，虽然生活在城市⑥之中，但城市并不是

---

① 徽商投巨资购置土地，还有其他因素影响：一是徽商认为经商目的为求生，治生首选应该以本（农业）富为上，小农自然经济状态下，经营农业风险最小；二是通过购置大量田产，也可以合理规避国家的赋役。

② 深受儒家“仁者人也，亲亲为大”的影响，徽商发财致富后，不把自己的成就仅仅视为个人成就，而且把它看作祖宗神灵庇护和宗族群体支持的结果，因此不遗余力地回报宗族群体。不惜花费巨资用于建祠堂、修族谱、兴书院、立学校，设置祠田、族田、学田、义田等。

③ 在儒家“不患寡而患不均”的思想支配下，徽商具备“积而能散”的美德，就是将商业利润用于扶贫济困和修桥补路等公益设施上。从人道主义角度出发，这也无可非议，但耗费了大量资金客观上仅仅有助于封建统治秩序的稳定，而不可能使广大劳动人民真正受益，摆脱贫困。

④ 经济史学界认为“徽商利润的封建化”现象的出现，其主要原因在于深受儒家“义利观”的影响，认为经商的目的固然要图利，但图利只是一种手段，最终目的是求生，经商是“做生意”，因此徽商将赚取的商业利润不但不投向生产，促进封建生产方式的变化，反而大量用在有利于封建制度的各项事业中，从而使自己能够跻身于地主官僚之列，成为封建统治阶级的一部分。徽商注定其不能向近代商人转化。参见王廷元、王世华著：《徽商》，安徽人民出版社 2005 年版，第 449 页。

⑤ 黄仁宇认为“中国就像一个庞大的‘潜水艇夹心面包’。上面一块长面包称为官僚阶级，下面一块长面包称为农民。两者都混同一致，缺乏个别色彩。当中的事物，其为文化精华或施政方针或者科举制度的要点，无非都是一种人身上的道德标准，以符合农村里以亿万计之的小自耕农的简单一致。以这道德标准辅助刑法，中国缺乏结构上的实力足以成为一个现代国家，她缺乏必要的应变能力。”参见黄仁宇：《中国大历史》，三联书店 1997 年版，第 28 页。

⑥ 中国的城市也基本符合马克斯·韦伯对城市的定义：城市具有下述特征：(1)要塞；(2)市场；(3)有自己的法院和至少部分有自己的法院；(4)团体的性质；(5)至少部分的自治和自主。参见[德]马克斯·韦伯：《经济与社会》(下卷)，林荣远译，商务印书馆 1997 年版，第 583 页。中国商人虽然也生活在城市之中，但城市并不属于商人的，而是属于以皇权为代表的封建政治势力，马克斯·韦伯曾说，中国的治理史是一部“皇权试图将其统辖势力不断扩展到城外地区的历史”，一语中地。

属于商人们。反映在城市建筑的布局上，便是王侯宫室居中，南朝北市。因为商业活动地位最卑，所以往往被置于城市北端，得阳气最少。[1] 明清时期作为“全国最大的金融中心城市”[2]而富甲天下的扬州，但“无论扬州如何富庶、如何繁荣，扬州始终是牢牢被官府控制的城市。在这里根本没有企图摆脱朝廷和官府的羁绊和自主自治发展的要求，不仅客观环境不容许这么做，从当地的商人、雇主和知识界来看，也没有人产生这种想法或敢有这种想法”。[3] 中国的商人非但没有能力在旧社会中创造一个新世界，反而被无比有力的传统所束缚着，不是希望自己能够摆脱皇权的控制，成为一个独立的社会阶层，反而是力图使自己兼具有官、绅、商三重身份，流向土地占有者和官僚阶层，严重依附于封建政治势力，并与之保持更密切的关系。

① 参见芮沃寿：《中国城市的宇宙论》，载［美］施坚雅主编：《中华帝国晚期的城市》，叶光庭等译，中华书局2000年版，第113页。

② 王振忠：《明清徽商与淮扬社会变迁》，三联书店1996年版，第77页。

③ 厉以宁：《资本主义的起源》，商务印书馆2003年版，第495页。

第五章 “红顶商人”胡雪岩兴衰个案解读

美国政治家塞缪尔·亨廷顿说,腐化的基本形式是政治权力与财富的交换。由于不同社会中用一者换取另一者的难度不等,所以腐化的具体形式也各有特色。在一个积累财富机会较多、获得政治机会较少的社会中,腐化的主要形式是用前者换取后者……但这在许多其他国家中却是令人吃惊和难以置信的。很多现代化国家的状况往往相反。由于传统规范的约束,少数种族垄断了经济,以及外国公司和投资家掌握着经济命脉,致使这些国家通过个人经营活动而致富的机会极有限。因此,在这种社会中,政治是获取财富的唯一途径。[①] 然而,事实并非如此简单,至少在晚清这样一个前现代的场景里,商人用财富换取权力和官员用权力换取财富这两条腐败路径就是纠结在一起的。[②]

一、徽商胡雪岩由成功到衰败的过程

“以史为鉴知兴衰”。对于历史问题的探究,不可

---

① 参见[美]塞缪尔·亨廷顿:《变革社会中的政治秩序》,李盛平、杨玉生、李培华、张来明译,梦觉校,华夏出版社 1988 年版,第 66 页。

② 参见姜朋:《从胡雪岩故事看官商关系与商法要义》,载《清华大学学报》(哲学社会科学版)2007 年第 1 期。

能只止步于就该问题本身就事论事得出一些研究结论，而应该自然而言将研究历史的结论与当今社会联系起来，启示我们如何去解决时下所面临的现实社会问题，即通过对明清时期徽商诉讼的研究，让我们深思在社会主义市场经济体制深化改革的特定历史时期，应如何妥善处理“官”与“商”的关系，既可以有效防止权钱交易滋生腐败愈演愈烈，又可以防止那些只依附国家公权力谋利，却失去自身独立性和市场竞争力的商人再重现于现代社会中。作为晚清徽商的代表人物“红顶商人”胡雪岩，其成功与衰败给我们提供了一个经典个案，其借鉴意义至今仍不可低估。

（一）胡雪岩的成功

胡光墉（1823～1885年），字雪岩，家境贫寒，12岁父亲去世，经亲戚推荐，胡雪岩南下杭州“信和钱庄”当学徒，发迹后通过捐纳取得候补道员的资格。据说胡雪岩在钱庄做伙计时，资助处于困境中的王有龄并结为生死之交，王有龄官场发达后，胡雪岩充分利用王有龄的关系，逐渐发迹致富。1861年12月，太平军攻占杭州，王有龄兵败自缢身死后，左宗棠出任浙江巡抚。胡雪岩出钱资助其组织“常捷军”，从宁波进攻太平军。收复杭州后，胡雪岩出面办理善后事宜，收敛掩埋无主尸骸。此举给左宗棠留下了良好印象，左宗棠向朝廷上奏折中特别提道：“按察使衔福建补用道胡光墉，自臣入浙，委办诸务，悉臻妥协。杭州克复后，在籍筹办善后，极为得力。其公好义，实力实心，迥非寻常办理赈抚劳绩可比。”①

左宗棠于同治二年（1863年）升任闽浙总督，同治五年（1866年）六月获准在福州筹办马尾造船厂，同年九月，又调任陕甘总督平定西北回族起义。赴任前，左宗棠选择了沈葆桢总理船政局事务，同时并奏请朝廷任命胡雪岩为船政委员，负责“一切工料及延洋匠、雇华工、开义局”等事务，以辅佐沈葆桢的工作。沈葆桢曾坦言：“某向未与洋将交接，无可信者，爵部堂而外，则胡光墉也。”②但因新任闽浙总督吴棠对船政局多方阻挠，致使胡雪岩“在浙坚辞提调，屡屡行期，难保非以忧馋畏讥之情，致有观望徘徊之意”。但胡雪岩仍挂名在为船政局工作。

左宗棠西征之时，胡雪岩即出任上海采办转运局委员，负责提供军饷、订购军火。同治六年（1867年）三月，经左宗棠奏请朝廷，由胡雪岩出面向洋商

---

① 《左宗棠全集·奏稿三》，岳麓书社1996年版。

② （清）沈葆桢：《夜识斋剩稿》。

借款一百二十万两，由各海关监督“按照左宗棠所定数目，出给印票，发交道员胡光墉等向洋商支借，兑付山西解州，一面将汇票解付给该大臣营提用。所借银两，自本年七月起，分六个月于各关税项下拨还。仍饬各该省藩司将应解敢饷按月拨交各关，以清款项”。[①] 其后，胡雪岩又经办了五笔外商贷款，涉及本金多达一千五百九十五万两。此外，自1866年11月到1881年1月，左宗棠还通过胡雪岩的转运局，向上海、汉口、兰州等内地票号借款累计达八百八十二万三千七百三十两。胡雪岩因办事得力深得左宗棠的赏识。左宗棠在上奏朝廷的奏折中多次正面评价：“道员胡光墉，素敢任事，不避嫌怨。从前在浙历办军粮、军火，实为缓急可恃。臣入浙以后，委任益专，卒得其力。实属深明大义，不可多得之员。”“迨臣自浙而闽而粤，迭次委办军火、军糈，络绎转运，无不应期而至，克济军需。”[②]此外，左宗棠还数次上表奏请朝廷予以嘉奖：先是在同治五年（1866年）九月，请求朝廷破格优奖，赏加布政使官衔；之后，1878年奏请朝廷赏穿黄马褂。胡雪岩的票号业务在各地也迅速拓展。至此，徽州籍的“红顶商人”胡雪岩在短短数十年间从一个钱庄小伙计成为身披“黄马褂”富甲一方的“胡财神”到达了其事业巅峰。

（二）胡雪岩的衰败

物极必反，清光绪九年（1883年）冬，一场突如其来的官场反腐调查最终将胡雪岩推向了衰败之路。[③] 胡雪岩因囤积生丝占用了大笔资金，捉襟见肘，其名下阜康号在全国范围内遭到了全面挤兑。左宗棠试图力挽阜康颓势，据《北华捷报》记载“左督下令阜康复业，他并为此拨付三十万元”，可是挡不住京、沪等地大官僚竞相提款，原本可以应付的局面终于支撑不住。阜康的巨额存户大多是官吏，胡雪岩宣布“倒债”，他们岂肯善罢甘休？有人举报协办大

---

① 《左宗棠全集·奏稿三》，岳麓书社1996年版。

② 同上。

③ 关于红顶商人胡雪岩如何败落，众说纷纭：（1）道德解说。中国人爱用“富不过三代”来说明创业难、守成更难的道理。对胡雪岩的败落，道德家们也不免用“成由勤俭破由奢”的古训来揣度，认为他“营造庭园，收姬纳妾，邀友狎妓，生活腐化”，才导致了“一时灯火楼台，很快灰飞烟灭”的结局。（2）洋商排挤与丝茧亏损而破产说。（3）拒绝革新说等。参见姜朋：《官商关系——中国商业法制的一个前置话题》，法律出版社2008年版，第143～149页。

学士、刑部尚书文煜[①]在阜康号中所存巨额银两来历不明。狐狸尾巴既然已露,文煜索性疏请捐出十万两报效公帑,先把皇帝嘴巴封住,其余请求追还。各地官僚纷纷效尤。[②] 朝廷凭空可得一大笔"外快",因而查抄劲头十足。朝廷就此专门发布一道上谕:"现阜康商号闭歇,亏欠公款及各处存款为数甚巨,该号商江西候补胡光墉先行革职,即著左宗棠饬提该员严行追究,勒令将亏欠各处公私等款赶紧逐一清理,倘敢延不完缴即行从重治罪。并闻胡光墉有典当二十余处分设各省,买丝若干包,值银数百万两,存置浙省。著该督咨行各该省督抚,查明办理,将此谕令知之。"[③]

次年闰五月初五日上谕再次提到阜康银号:"现在顺天(府)办理赈务。所有阜康银号应交充公银十万两,著拨给顺天(府)以充赈需,即由刘秉璋严行催追,如数解交顺天府,毋稍迟延。"[④]

两道谕令将官员个人的债权变成为官方的债权,阜康票号必须立即清偿。当时,户部飞咨各省扣抵着追,其中命令两江总督核追胡雪岩侵取西征借款的行用补水银两(指交际应酬、保险、装运、水脚等费)十万六千余两。实际上,当年左宗棠知这笔款项只能以公了公,由胡雪岩具报,经陕甘督院部堂咨会,户部早已核销,是有案可稽的,但此时户部却以"滥支"为借口,重算旧账。此事虽有曾国荃为胡雪岩说公道话,但在当时的一片查抄声中,无疑是孤掌难鸣。经过两年的追查清理,各省开报胡雪岩亏钱公款数目由浙江著追者共计银一百六十一万三千九百余两,亏钱江海、江汉以及两江采办军火、电线等经费七十八万六千八百多两,亏欠绅民私款难以估算。[⑤]

胡雪岩所亏公私项目纷繁,数量巨大,断断续续抵扣,拖延3年,到光绪十一年(1885年),由浙江著追的公款尚有四十九万八千一百余两,由两江著追的公款尚有二十万八千一百两。"屋漏偏逢连夜雨",这一年九月五日,74岁的左宗棠在福州病逝,胡雪岩更失去了靠山。当时,正好遇着户部尚书阎敬铭

---

① 文煜,字星崖,满洲正蓝旗人,谥文达。最初是给事中邓承修在十一月十九日奏称,"阜康钱号关闭,协办大学士文煜所存该号银数至七十万余之多"。后经毕道远、周家楣查明,在阜康号"票根簿内有拨号开银四十六万,第号上注明文宅字样"。参见朱寿朋编:《光绪朝东华录》(第2册),张静庐点校,中华书局1958年版,第1626页、第1630页。

② 参见余丽芬:《胡雪岩与经营文化》,世界图书出版社1998年版,第121~122页。

③ 《清实录》卷一七四,中华书局1987年影印本,第434~435页。

④ (清)朱寿朋编:《光绪朝东华录》(第2册),张静庐等点校,中华书局1958年版,总第1731页。

⑤ 参见余丽芬:《胡雪岩与经营文化》,世界图书出版社1998年版,第122页。

办事雷厉风行,盯住胡雪岩不放。阎是道光年间进士,咸丰九年(1859年)到湖北总管过粮台营务,后来先后当过湖北按察使、署布政使、署山东巡抚,镇压过宋景诗起义军和捻军,他既有在地方为官的阅历,又善于理财,光绪八年(1882年)新任户部尚书,第二年充军机大臣,所谓“新官上任三把火”,他走马上任后就碰到胡雪岩侵吞公帑私款的大案。①

阜康倒闭后,阎敬铭以户部名义飞咨各省扣抵著追。此时,他见胡雪岩拖延3年尚未完缴,认为胡“居心狡诈,若任其亏空,不予严惩,年复一年,公款必致无着”。何况当时京外各约大多仍由商号汇兑,“非惩一儆百,流弊无所底止”。晚晴刑部有个《诈欺官私取财条例》规定:对京城内开钱铺侵蚀兑换现银票存钱文、闭门逃走的人,可以立即拘拿送刑部监禁,同时查封其寓所资财及原籍家产,并羁押在京家属,限令2个月将侵匿银钱全数完缴,逾期不执行者,连管事人及铺伙所侵吞的,也要计入藏匿数之内,数目在一万两以上者,可定绞监候。对照这一条例,阎敬铭认为:胡雪岩通过银号侵取官私银两,比钱铺侵蚀兑存票钱还要严重,胡在各省的银号钱店同时关闭,官民受害不独京城一处;胡期满3年尚未清还,已大大超过《刑部诈欺官私取财条例》所定的2个月期限。仅从上述3条来看,胡已罪不可逭,何况《大清律》另有规定:起运官将长押官及解物人若有侵欺者,计赃以监守自盗论。胡雪岩曾以江西候补道主管上海采运局,月支薪水银五十两,通过与各省的公文往来,承领公款,又一手包办、管领起运的具体事务,所以亏空公款,实属监守自盗,罪更难容。鉴于上述种种理由,阎敬铭于光绪十一年十一月十二日(1885年12月17日)奏请“一面速将已革道员胡光墉家属押追着落,扫数完缴”,同时请求“饬下步军统领衙门、顺天府五城、浙江巡抚暨各直省督抚,将胡光墉原籍财产及各省寄顿财产,查封报部,变价备抵”。阎敬铭的奏折得朝廷批准。可是,阎敬铭上奏之前,胡雪岩早于十一月初一日(12月6日)忧惧而死。

按照理捐总局所列胡雪岩应缴公款完欠清单,北京、上海、汉口、杭州、宁波、福州等地的阜康银号、钱庄以及胡雪岩在江浙和两湖开设的26家典当铺所有货本器具屋基都被抵债。此外,价值数百万的胡庆余堂和价值数十万两的元宝街胡家花园住宅落到了最大债权人文煜手中。

文煜巧取豪夺了胡庆余堂,但又想打扮得冠冕堂皇,于是他把胡庆余堂全部厂、店、房地产作价二十万两,采用树德堂和记文煜与丰义堂恒记陈淦生合

---

① 参见余丽芬:《胡雪岩与经营文化》,世界图书出版社1998年版,第123页。

作经营的形式。胡庆余堂药铺由陈淦生用恒记股名以十四万两出面顶受。上述两方面的受盘、文家占了绝大部分。光绪十年(1884 年),在获得左宗棠批准后正式订立买卖契约,写明卖价共十八万两。胡家把胡庆余堂抵给文煜还不够,还被迫将元宝街住宅也送给文煜,虽然文书上有十万两房屋绝卖找价,但事实上胡家分文未到手,仍作为还给文家的债款。① 最终,胡雪岩名下的当铺、药店等所有财产都被冲抵债务,一个庞大的财富帝国迅速烟消云散,可谓“其盛也勃如,其衰也倏焉”。

二、胡雪岩衰败的根源——对政治权力的过度依附

胡雪岩是一个与封建势力有着密切关系的“红顶商人”,他一辈子都在费心思巴结权贵,不失时机地为朝廷效犬马之劳,以求托庇官场。然而这种官商勾结、互相利用的关系在瞬息万变的商业竞争和人事浮沉面前显得是那样的苍白和脆弱。

(一)亦官亦商的身份

总结胡雪岩的兴衰根源在于“官”“商”之间过于依赖与被依赖的密切关系。家境贫寒的胡雪岩能够迅速成功致富的关键因素是,其亦官亦商的角色。“由商而官”和“依官为商”的结合,为其提供了接近并无限充分利用“官”(公权力)的特权,实现“以财薄权”和“以权谋财”两种手段并用,“升官发财”这一成语可以高度概括之。身为官场中的商人,胡雪岩较之一般的商人更熟悉商业活动的诀窍,以官场深厚的人脉关系作为支撑,使之完全有能力应对筹款、借贷这样的事务。身为商人的官员,胡雪岩拥有一般商人不具备的官方背景,一身顶戴补服的权力为之赢得更多的商业机会,从而为其商业帝国奠定了雄厚的财富基础,成就迅速致富的神话。事实上,胡雪岩不仅为自己的钱庄、票号吸纳到官方存款、汇兑等业务,其名下的阜康票号还一度经营着浙江、上海、福建等地海关的官银号。②

但官商的双重身份亦将胡雪岩置于利益冲突的旋涡之中。“成也萧何,败也萧何”,过分接近国家公权力和公权力的肆意滥用,无限与私权利夺利也正是导致胡雪岩迅速破产的根本原因。商人与官员分属于两个不同的社会阶层,具体的行事原则有许多不同:商人本性以谋利为己任,唯财是举,唯利是

① 参见余丽芬:《胡雪岩与经营文化》,世界图书出版社 1998 年版,第 123 ~126 页。

② 即海关的出纳机关,每月结账,向海关库缴纳税银。

图,故其行事也就少有顾忌;而领取国家俸禄的官员则要遵奉“君子爱财,取之有道”的圣训,纵有“灰色收入”潜规则盛行,也不敢公然从官款中取利。胡雪岩凭借捐纳之途而跻身官员行列,自然而然也要遵守官场规则,当差办事、唯命是从、不计成本。候补道员的身份并不能直接给胡雪岩带来经济利益,甚至当国家财政紧张之时,还要慷慨解囊为地方政府捐输赈灾。①

虽说胡雪岩凭借钱庄和官方存款来支撑自己的大笔生意运转,但其主要的收入还是要依靠经商活动获利。按照商人逐利的原则行事,难免会或多或少触犯到官场禁忌。在作为官府代理人向洋人举债贷款的过程中,胡雪岩也为自己取得周转资金并顺便赚取巨额利润,尤为值得一提的是第一次外债名义上是借款一百二十万两,但胡雪岩先行扣除水脚、保险、汇费、息银等相关费用后,左宗棠实际拿到手的只有一百一十万两。尽管左宗棠在奏折中反复提到胡雪岩第一次借洋款的作用举足轻重,但是其以商人身份私自从代借洋款中赚取息差,而置其官员身份于脑后不顾,唯利是图之举为胡雪岩招来侵吞公款之嫌的非议。光绪五年(1879 年),时任中国驻英公使曾纪泽在日记中记述:“十二月初,葛德力言及胡雪岩之代借洋款,洋人得息八厘,而胡道报一分五厘。奸商谋利,病民蠹国,虽籍没其资财,科以汉奸之罪,殆不为枉。而复委任之,良可概已。”②1884 年户部也指控胡雪岩在代借洋款时多收了一万六千两的手续费。

在胡氏阜康破产后,清廷紧接着以新疆南路修筑衙署急需巨款为由,突然提出要追查胡光墉于光绪三年、四年(1877 年、1878 年)举借洋款旧案的问

① 光绪四年(1878 年),左宗棠一份奏折曾详细列举了胡雪岩的捐输情况:布政使衔江西补用道胡光墉上年闻陕省亢旱成灾,饥民待赈,拟捐银二万两、白米一万五千石,装运赴汉口,飞挽入秦,臣因道远运艰,饬设捐银两。兹据禀报,改捐银三万两,共捐实银五万两,解陕备赈。……并据该道呈开,捐输江苏沭阳县赈务制钱三万串;捐输山东赈银两万两。白米五千石、制钱三千一百串,又捐新棉衣三万件;捐输山西赈银一万五千两;捐输河南赈银一万五千两。……臣维胡光墉自奏派办经理臣军上海采运局务,已历十馀载……全赖东西各省关协款接济,而催领频仍,转运艰险,多系胡光墉一手经理。遇有缺乏,胡光墉必先事筹维,借凑豫解;洋款迟到,则筹借华商巨款补之。……兹就胡光墉呈报捐赈各款合计银钱、米价、棉衣及水陆运解脚价,估计已在二十万内外,而捐助陕西赈款为数尤多。又历年捐解陕、甘各军营试验膏丹丸散及道地药材,凡西北购觅不出者,无不应时而至,总计亦成巨款。参见《左宗棠全集·奏稿七》,岳麓书社 1996 年版。

② 《曾惠敏公使西日记》卷二。其背景是在最后一次西征借款后,年利息达到九厘七毫五丝。中国驻英使馆的英国雇员告诉曾纪泽,英国承借这种款项,通常不过取息三厘半,重则四厘。参见朱文轶:《胡雪岩:中国商人的财富偶像》,载《三联生活周刊》2006 年第 42 期。

题，要求胡氏归还当年侵吞的饷银。清廷对胡雪岩的穷追猛打，无疑是雪上加霜，使人不禁感慨官情纸薄。

正如清华大学经济管理学院姜朋博士在深入研究胡雪岩的败落根源后，分析指出：一旦找到机会，曾经成就了胡雪岩事业的公权力会毫不留情地反转过来，对其进行清算。在前近代的法律框架中，原本就缺乏公域和私域、（公共）权力与（私人）权利的法律界分，因而作为公权代表的官府可以轻松、毫无顾忌地跨入当下我们认为属于私法的领域。在金融机构破产倒闭时，国家总是倾向于积极主张自己的债权优先于私人债权受偿，甚至还将债务人名下的全部财产都延揽来担保自己债权的实现。

（二）身陷政治斗争的旋涡

官场中存在派系，依附于某一政治派别的商人极可能沦为政治斗争的牺牲品。李鸿章和左宗棠分属于不同的政治集团，胡雪岩投入左宗棠门下自然就站到了李鸿章的对立面。曾国藩死后，清廷为了遏制李鸿章淮军集团的膨胀，又采取了“扬左抑李”“用左制李”的政策，而李鸿章为了遏制左宗棠的势力，打压左宗棠的财政支柱“胡财神”，必然在情理之中。

胡雪岩与左宗棠的春风无限，就必然会得罪另一个官商的利益集团，即盛宣怀与李鸿章。在中国近代工商业发展史上，盛宣怀居功至伟，是张裕葡萄酒公司的创办者之一，中国近代的轮船、矿山、电报、铁路、纺织、金融、教育等产业他无不染指。他与胡雪岩都是当时中国赫赫有名的商业巨子。但是他们各自的政治靠山，湘系左宗棠与淮系李鸿章却有极深的矛盾，胡雪岩与盛宣怀也就不得不在前台为各自的主子进行残酷的斗争。在这场残酷的斗争中，最终失败的是胡雪岩。

1878 年胡雪岩曾代表清政府以私人名义向汇丰银行借款六百五十万两白银，约定期限七年，每半年还一次，本息约五十万两。1882 年他又帮助清政府向汇丰银行借了四百万两，清廷承诺，这两笔款子都以各省的协饷作担保。这笔借款每年由清廷以协饷的方式来补偿给胡雪岩，通常每年的协饷一到，上海道台府就会把钱送给胡雪岩，以备他还款之用。而 1883 年，中法战争爆发，清廷命左宗棠领战。胡雪岩忙于筹措军费，正焦头烂额。此时，盛宣怀便秉承李鸿章的意图，找到上海道台邵友濂，直言李鸿章有意缓发这笔协饷，时间是 20 天。邵友濂属于李派，料想缓发 20 天没有大碍，就照办了。然而，这 20 天对胡雪岩却是致命打击。在瞬息万变的商场上，时间更是生命。盛宣怀早已向洋行放风，造谣说胡雪岩的资金即将告罄，造成洋行的焦虑，纷纷向胡雪岩催款。由于事出突然,胡雪岩只好从自己的阜康银行调来八十万两银子,先补上了这个漏洞。盛宣怀对胡雪岩一切调款活动了如指掌,就在胡雪岩的银子已经陆续调出了阜康银行,正是空虚之时,他托一些大户到银行提款挤兑,同时让人四处放出风,说胡雪岩积囤生丝大赔血本,如今尚欠外国银行贷款八十万两,阜康银行倒闭在即。很快,前来阜康银行提款的人群几乎踩破了门槛,阜康银行就此倒闭。

因此,导致胡雪岩败落的力量首先来自政治方面,其次才是商业方面。究其根源,与其过分接近政府(国家公权力)有关,文煜来历不明的存款和阜康票号的挤兑事件都不过是导火索而已。

(三)官商殊途的理念

如果说前面两个原因是胡雪岩衰败的经济和政治原因,那官商殊途这一文化根源所带来的胡雪岩和文煜身后际遇的巨大差别又加重了胡雪岩的人生悲剧色彩。①

当年胡雪岩孜孜以求的,给他带来无限荣耀的顶戴花翎、官品爵衔,被作为一种奖赏广泛地与商人投入的资本数额联系了起来。乍看起来,那似乎是一个可以全民皆商的“商业春天”。但事实并非如此,②“官(府)”与“商(人)”的区别依然根深蒂固,商人的社会地位虽看似因叠加了官员身份而有所提升,实际上却未与官员平等过。这从户部起先不允许通商银行(由官员盛宣怀领衔,商人合股所办)统办各省管款存汇,到后来指令所有公款必须存入户部银行的事例,以及户部银行和各地官银号对民营银号的排挤中可窥见

① 参见姜朋:《官商关系——中国商业法制的一个前置话题》,法律出版社2008年版,第156~157页。

② 到1904年为止,商部并没有按照《奖励华商公司章程》进行奖励。这年的4月16日,张謇因组织“十一家公司,总资本二百余万元和三十至四十万元”而成为第一个受奖者,被任命为商部“头等顾问”。但按照规定,他只有商部“二等议员”的资格。在授给另外三个人类似奖励(分授一、二、三等)时,授奖的情况也并不都是他们为新工业的创办和集资做出的尝试。其中两位是在职官员,因全力促动商人利益而闻名。经过1907年的修改,当年各有一位倡办者获得商部头等和二等议员的头衔,另有2人、6人和9人成为商部三至五等议员。1908年各有1人成为商部三等和五等议员。1909年增四等顾问1人。1910年新增头等议员2人,三、四等议员各1人。至于投资者1907年获得二品加衔1人,1908年有3人分获三、四品卿和四品加衔。由于无人等达到“三等男爵”所要求的一千万元投资,没有一个工业家据此成为贵族。1909年农工商部奏请废止实业爵赏章程。参见陈锦江:《清末现代企业与官商关系》,中国社会科学出版社1997年版,第202~209页。

一二。①

“红顶商人”胡雪岩最终因阜康票号挤兑事件最终导致“人亡财尽,所有家产,已变抵公私各款”,而协办大学士文煜在交出十万两“以充公用”(实际上是由胡雪岩支付)后,反而一路平步青云,扶摇直上;光绪十五年(1889年)五月出任大学士,管理工部事务,后升任武英大学士,死后,朝廷上谕“赐恤如例”。

三、从胡雪岩看明清时期的官商关系

传统中国是个官本位的社会,中央和地方的各级官员作为封建政治势力的代表,掌握着小民百姓生杀予夺的大权,他们为了满足私欲,公然把权力当作衍生财富的工具。而商人所处“四民之末”的社会地位及其在流通领域的不稳定性(除出门人身安全、买卖亏本等风险之外,更有各地局卡的勒索、地痞流氓的欺诈、土匪盗贼的掠夺等)决定他们需要寻求超经济的力量——政治势力的庇护,这样两者一拍即合,导致官、商合流的结果,所以有“是官当敬”的商谚一说。②

明清时期是官商结合的鼎盛时期,也是封建社会商品经济蓬勃发展的时期。作为徽商典范,胡雪岩通过依附公权力,取得朝廷要员的庇护,在其商业发展的过程中顺风顺水,避免了“人祸”,得以建立商业巨厦。然而,通过研究胡雪岩从成功到衰败的过程,我们不难发现,胡雪岩对于官员而言,更像是一个工具,当能够利用时可以将其捧上天,但是一旦失去利用的价值,则会毫不留情地舍弃,甚至还要勒索敲诈一笔。正如胡雪岩曾经替文煜洗钱,结成了利益同盟,给他提供了一个转移赃款的避风港,还可以让他坐收丰厚的利息,但在胡雪岩破产后,文煜丝毫不念及旧情,逼要欠款,落井下石,甚至将胡雪岩价值几百万的胡庆余堂以十八万两的价格抵债。这一时期的官商关系具有严重不对等性,官商关系一直是以官为主导的模式,官过于强大,就容易损害商人的正常利益。学者姜朋在提到这个问题时说:“在官权力过于强大的情况下,商人(以及其所代表的私人权利)虽然有时也能借助公权力谋得一些好处,但

---

① 参见姜朋:《官商关系——中国商业法制的一个前置话题》,法律出版社2008年版,第160~161页。

② 参见余丽芬:《胡雪岩与经营文化》,世界图书出版社1998年版。

是整体而言,则始终处于从属和被利用的地位。”①胡雪岩因依傍政府获取财富,最终又因离权力太近而深受其害。

官商关系的不稳定与不可靠性是一个定律。“官”代表强大的政府,而“商”代表的是那些没有太大的政治权力的经营企业家,即使这些商人也有“官商”或“半官半商”,但是权力都是十分小的。其实本质上来看虽然是官商一体,但其实“官”是占据主导地位的,而“商”充其量只是其“附庸”,所以政商关系存在不稳定性与不可靠性,而正是基于这种不稳定性与不可靠性,商人往往会成为官场斗争的牺牲品。

附表:

胡雪岩生平大事年表

(说明:表内所记胡雪岩年龄为虚岁)

1823年(清道光三年癸未)1岁

胡雪岩出生,小名顺官。父鹿泉、母金氏。胡雪岩居长,下有月桥、秋槎、鹤年三弟。

19世纪40年代(道光后期)

胡雪岩因父死家贫,进钱庄当学徒,后升“跑街”。期间,结识并资助捐班候补的福建人王有龄。

1860年(咸丰十年庚申)38岁

胡雪岩已自开钱庄。

2月底、3月初,太平天国李秀成部入浙,胡雪岩向浙江按察使段光清建议自练一支亲兵,并承担练兵费用的储兑业务。

3月19日(二月二十七日),太平军第一次占领浙江省城杭州。

5月,王有龄赴浙江巡抚任从苏州带饷银二十万两驰援。

胡雪岩受王有龄倚重,办理粮械、综理漕运,几乎垄断浙省大半的战时财经。

1861年(咸丰十一年辛酉)39岁

5月初,太平军第四次入浙。

11月上旬,李秀成部围攻杭州,杭城粮尽信绝,出现人吃人的惨剧。胡雪

① 姜朋:《官商关系——中国商业法制的一个前置话题》,法律出版社2008年版,第160页。

岩受王有龄的委派，与湖州豪绅赵炳麟微服赴沪采购粮米和军火。

12月29日（十一月二十八日），太平军第二次攻破杭州，王有龄自杀。

1862年（同治元年壬戌）40岁

2月（农历正月），因饷道受阻、未能把上海采购来的米运入杭城的胡雪岩见杭州破城，改作客商模样，溯行江西，拜谒新任浙江巡抚左宗棠。

春，左宗棠引军东进，至衢州乏粮，军士欲哗变。胡雪岩将事先囤积于此的20万石谷献给左军，左赞他为"一时豪杰"。

胡雪岩获左宗棠信任后，往来于上海、宁波等地，经办粮台转运、接济军需，勾结驻宁波的法籍军官组成中法混合的"常捷军"，共同镇压太平军。

1864年（同治三年甲子）42岁

4月1日（二月二十五日），左宗棠军在"常捷军"洋枪洋炮掩护下，攻入杭州。

7日（三月初二日），左宗棠进驻杭州。此时，胡雪岩协助左宗棠处理善后事宜；经理赈抚局，设立粥厂、难民营、善堂、义塾、医局，掩埋暴骸，恢复"牛车"，劝捐。

同年，胡雪岩开始营造杭州元宝街花园宅第，穷极奢华。

1865年（同治四年乙丑）43岁

1月、2月间（农历正月），调任闽浙总督的左宗棠上奏要求把在浙江的胡雪岩调往福建，作为在闽"修明政事"的"治世之才"，获同治皇帝批准。

1866年（同治五年丙寅）44岁

左宗棠接受胡雪岩献艺，向清廷奏请设立福州船政局，获准。筹办之处，胡雪岩与法人德克碑、日意格议定《船政事宜十条》，并一手经理出入款项和局务。1868年1月，福州船政局正式开工。

1867年（同治六年丁卯）45岁

胡雪岩担任上海转运局委员，负责购西洋军火、转运东南协饷，协助督办陕甘军务的钦差大臣左宗棠镇压捻军和回民起义。

4月，胡雪岩为左宗棠借洋款一百二十万两，这是第一笔西征借款。

1868年（同治七年戊辰）46岁

胡雪岩为左宗棠借洋款一百万两，这是第二笔西征借款。

1872年（同治十一年壬申）50岁

8月，胡雪岩捐制的加厚加长棉衣2万件及他劝捐的棉衣裤8000件运交左宗棠西征军后路粮台。这年冬天，甘肃大寒，这些冬服无疑是雪中送炭。

1873 年(同治十二年癸酉)51 岁

5 月,左宗棠上奏为胡雪岩的母亲胡金氏赏匾,获准。

1874 年(同治十三年甲戌)52 岁

胡雪岩在杭州涌金门外(金南山路)购地 10 余亩,造屋建胡庆余堂药号胶厂。

1875 年(光绪元年乙亥)53 岁

本年前后,胡雪岩开始做丝生意。

春,胡雪岩向英商怡和洋行借一百万两,向丽如洋行借二百万两,这是第三笔西征借款。

5 月 3 日(三月二十八日),左宗棠被任命为钦差大臣督办新疆军务。

1876 年(光绪二年丙子)53 岁

左宗棠第二次出关西征,去新疆平定阿古柏之乱。胡雪岩继续担任西征军驻上海转运局委员,承担购运西洋军火、筹借洋款等事务。

12 月 12 日(十月二十七日),左宗棠致信胡雪岩,要求速借洋枪洋炮,应前敌之用,并商议借洋债五百万两。

1877 年(光绪三年丁丑)55 岁

6 月,胡雪岩向英汇丰洋行借贷五百万两,这是第四笔西征借款。

年底,胡雪岩从杭州返回上海途中,在余杭塘栖遭沉船事故,引发旧疾。

1878 年(光绪四年戊寅)56 岁

春,胡庆余堂大井巷店屋正式落成营业。

胡雪岩受陕甘总督左宗棠之托,在上海通过德商泰来洋行向德国购置纺织机器、招聘外籍技术人员,筹办甘肃织呢总局。第二年 9 月,该局正式开工,此为中国第一家机制国货厂。

4 月 12 日(正月初十日),左宗棠致信陕西巡抚谭钟麟,表示对遭沉舟之惊的胡雪岩“殊为悬系”,希望他早日康复,“共措危局”。

5 月 15 日(四月十四日),左宗棠上《道员胡光墉请破格奖叙片》,高度评价胡雪岩的劳绩,要求皇上赏胡穿黄马褂。

9 月,胡雪岩向华商乾泰公司和英汇丰银行各借一百七十五万两,这是第五次西征借款。

1880 年(光绪六年庚辰)58 岁

秋,胡雪岩为左宗棠购买的开河机器运抵西北泾源工地。

1881年(光绪七年辛巳)59岁

左宗棠已离开西北,奉召在京,但甘肃、新疆财政拨款没有着落,应继任杨昌濬和刘锦棠的要求,左宗棠又叫胡雪岩代借洋债四百万两。

5月、6月间,新丝上市,胡雪岩斥资收购。

1882年(光绪八年壬午)60岁

6月10日(四月二十五日),身为两江总督的左宗棠到上海采运局会晤胡雪岩。

1883年(光绪九年癸未)61岁

5月,胡雪岩屯丝达1.4万包,据说投资近二千万两。

10月22日(九月二十二日)上午,左宗棠在上海两次会晤胡雪岩,可能是商议破产清账事宜。

11月,因洋商联合拒收生丝,加上时局动荡、金融恐慌,胡雪岩资金周转失灵,又担心生丝变质,被迫低价脱售生丝。29日,胡雪岩将7070包生丝以每包三百六十二点五两的低价脱售给英商埃特姆生,经手人徐棣山,成交合同由章辰谷执笔。

12月5日(十一月初六日),胡雪岩在上海、北京、镇江、杭州、宁波以及湖南、湖北开设的阜康银号、钱庄全部破产倒闭。

1884年(光绪十年甲申)62岁

2月26日(正月三十日),左宗棠在上海江南制造局用完午餐后到采运局访胡雪岩,因胡已去南京而未遇。

同年,清廷下谕革去胡雪岩江西候补道职衔,勒令清理阜康在各地方欠的公私款项。

署两江总督曾国荃在咨复户部的公函中,客观评价胡雪岩借款接济西征军的劳绩,认为胡氏于西征款项中扣除的水脚行运补水银两已经在过去报销备案,朝廷应讲信誉,免于追缴。

经左宗棠同意,胡家与最大债权人文煜家签订买卖胡庆余堂契约,价值数百万的胡庆余堂卖价仅十八万两。

1885年(光绪十一年乙酉)63岁

9月5日(七月二十七日),左宗棠在福州病逝,官司缠身的胡雪岩失去靠山。

12月6日(十一月初一日),胡雪岩在杭州忧惧而死。不久,其母金氏也去世。

12月17日(十一月十二日),户部尚书、军机大臣阎敬铭奏请:把胡雪岩交刑部严究定罪、勒令胡氏家属悉数完缴欠款。同时,要求朝廷发文给步军统领衙门、顺天府五城、浙江巡抚及各省督抚,将胡雪岩在原籍及各地的财产查封报部、变价备抵。

12月30日(十一月二十五日),浙江巡抚刘秉璋接到要将胡雪岩逮捕法办的圣旨,当即密札杭州知府钱塘、仁和两县令去胡家查封,方知胡雪岩早已死去,家属住房租自姓。

1886年(光绪十二年丙戌)

3月23日(二月十八日),刑部书吏黄寅文发文宣布胡雪岩所欠公款业已收缴完毕,请免置议。

1899年(光绪二十五年己亥)

胡雪岩后嗣缄三、胡品三与文煜后人至静轩订立契约,正式写明胡家将元宝街老屋另立杜绝卖契,归文府管业,文家从胡庆余堂分18股“招牌股”红利作为胡氏后人生活费。

附录：明清徽商与西方中世纪商人的诉讼比较[①]

一、西方中世纪商人发展轨迹

回顾西方发展历史，同样也存在与古代中国惊人相似的“抑商”传统。但是到了中世纪以后，在特定的历史条件下，夹缝中艰难生存的商人善于把握千载难逢的机遇，通过自身坚持不懈的努力争取，借助于王权兴起的强大支持，最终发展成为一个不依附于封建王权的独立商人阶层，为其实现近代转型奠定了基础。

古罗马时代曾经有过短暂的“商业繁荣”，但立足于农业社会的古罗马从来就没有建立起重商的传统，在罗马人的道德价值观念和政策层面上，认为“最坚强的人和最骁勇的战士，都出生于农民之中，农民的利益来得最清廉、最稳妥，最不为人所歧视”，[②]罗马人认为农业是本业，商业是末业，一直是鄙视和抑制商业的，并没有把商业和商人摆到一个恰当位置，反映到法律层面上，最典型的例子就是明文规定元老院阶层不能经营商业，并对从事商业的人员进行限制。诺曼·坎特曾总结说：“社会结构一般都分为精英和农

---

① 作为本书的附录内容，发表在《社会科学家》2011 年第 11 期。

② 赵立行：《商人阶层的形成与西欧社会转型》，中国社会科学出版社 2004 年版，第 15 页。

民两大部分,商人在经济上可能有着重要作用,但在政治和社会方面的权利和力量同农民无异。商人是统治阶层的边缘人。"①在罗马,人们通常称商人为"小贩",而"小贩"这个词又来源"酒店主",因为酒店主往往经营当地产品的买卖。"在罗马法的眼里,酒店主是一个骗子,是出去骗顾客的人。酒店主应对所有的损失负责;如果什么东西不见了,在罗马法官眼里,那一定是欺骗人的酒店主所为。即使他是清白的,那么让他偿付损失的物品也不会冤枉他,这好让他下一次警惕!"被誉为"共和国之魂"的西塞罗也说过类似经典的话语:

我们必须承认那些从批发商那里买来又直接卖给零售商而从中牟利的人也是卑贱的,因为他们如果不漫天撒谎,就不可能赚到钱……一切手工业者所从事的职业也是低贱的,因为在任何工场里绝无任何自由可言。最让人瞧不起的是那些满足声色口腹之乐的职业,例如像特伦斯所说,"鱼贩子、屠夫、厨师、家禽贩子和渔民"。如果你愿意的话,还可以加上香料商、舞蹈演员和整个杂耍班子。有社会地位的人适宜从事那些需要高度智慧或对社会有较大好处的职业(譬如说,医学、建筑、教学等行业),因为这些职业与他们的身份相称。至于经商,如果是做小生意,那就应当被认为是卑贱的;但如果是大规模的批发,从世界各地进口大量的货物,并诚实无欺地转卖给许多人,那就另当别论了。而且,如果他们颇能知足,或者更确切地说,觉得自己已经赚得够多了,于是便从港埠迁徙到一个乡间庄园,就像从前他们告别海上漂泊的生活而定居在港埠一样,那就更加值得尊敬了。但是在所有的营生中,没有比务农更好、更有利、更快乐、更适合于自由民的了。②

在古罗马法体系中,往往把商业和盗贼相提并论,"盗贼处罚两倍,贷款取利者处罚四倍"。③ 鉴于整个社会重农轻商氛围和不利于商人发展的法律政策,罗马公民不可能从事商业,这种职业自然而然地就落在社会中地位极其低下的外来人(以犹太人和接收犹太教的亚洲居民为主)身上。

---

① 赵立行:《商人阶层的形成与西欧社会转型》,中国社会科学出版社2004年版,第17页。

② 参见[古罗马]西塞罗:《西塞罗三论:老年·友谊·责任》,徐奕春译,商务印书馆1999年版,第159~160页。

③ 赵立行:《商人阶层的形成与西欧社会转型》,中国社会科学出版社2004年版,第18页。

罗马商业的兴起并不是农业、手工业和城市繁荣而导致的必然结果，而是同罗马长时期大规模的对外战争有关，从某种意义上来说，是战争造就和带动了罗马商业的繁荣。“罗马共和国掠夺性的军国主义是其经济积累主要的杠杆；战争带来了土地、贡赋和奴隶；奴隶、贡赋和土地又提供了战争的物质供给基础。”①罗马的商业发展对战争有很强的依赖性，这种商业没有生产作为坚实的基础和后盾，其商业基础非常脆弱的。

当罗马帝国处于强盛时期，同时商业也“繁荣发展”的时期，很难看到政府对商业的不利政策。与其说是政府支持和鼓励商业，倒不如说政府对商业采取漠不关心的态度。到了罗马帝国后期，经济面临紧张的时候，罗马政府的态度发生了逆转，对商业和商人开始“关注”了，制定了一系列不利于商人的法律政策。② 哈德良皇帝为了防止竞争破坏罗马的经济平衡，制定了特殊的法律，尽可能地消灭中间人，把消费者和生产者直接联系在一起，全面压制独立商人；亚历山大·塞弗拉斯时代，则开始取消一切手艺和行业的自由经营，把他们强制合并起来，置于国家严格控制之下，使商业失去了发展活力；戴克里先时期为了保证国家税收应对经济危机，制定的法令更加严厉，为了确保国家税收，要求每个城市对所有职业进行登记，并登记为赋税单位，政府甚至管理了金银的供应，规定了工资、价格和工作钟点。后又出台规定儿子必须继承父亲的职业，导致“由于工资低微，工作时间又长，赋税的苛重，或在职业上没有兴趣，成千上万的人放弃了自己的职业。他们从原住的城市，逃往别的省区，甚至逃入边疆的蛮族中去。这些人寻求乡村生活，隐匿于秘密荒僻的地点”。③ 归功于罗马政府杀鸡取卵式的抑商政策直接导致了游离于罗马公民之外的商人阶层彻底消失在历史舞台。

进入中世纪后，在世俗世界领域，蛮族日耳曼人大举入侵，在西罗马帝国

---

① ［美］佩里·安德森：《从古代到封建主义的过渡》，郭方、刘健译，上海人民出版社2001年版，第72页。

② 学者赵立行分析，罗马政府针对商人和商业的政策，目的不是拯救商业和发展商业，而主要是关心如何不让商业搅乱罗马脆弱的经济基础，关心如何从富裕的商人那里榨取更多的钱来填补政府在财政方面的亏空。一是将用于对外军事防卫的经济负担，都转嫁到商人身上，釜底抽薪式地榨干商人的钱财，造成商人阶层普遍贫困。二是先后颁布许多法律政策，对商人队伍和商人的行动自由进行限制，从而导致商人阶层的萎缩甚至消失。参见赵立行：《商人阶层的形成与西欧社会转型》，中国社会科学出版社2004年版，第18～19页。

③ 汤普逊：《中世纪经济社会史》（上册）。转引自赵立行：《商人阶层的形成与西欧社会转型》，中国社会科学出版社2004年版，第21页。

的废墟上建立起来许多日耳曼民族王国。由于落后的日耳曼人没有成熟的行政管理体制、军队系统以及社会组织,而是通过以效忠的亲兵制来维系社会。为了维系这种方式,国王通常会用采邑制①保证下属对王权的效忠。伴随着日耳曼人采邑制度的普遍确立,使中世纪的西欧社会进入庄园制下的自然经济社会,将劳动者束缚在土地上,其封闭式的自给自足的庄园经济的特点正好与商人阶层的发展前提产生严重冲突。商人的发展要求有一批脱离土地获得自由的人,他们有绝对的人身自由,有自由活动的空间,有自由交往的权利,但是庄园却把每个人都束缚于土地上,不能随意移动,而且土地是财富和地位的唯一维系,除此以外没有其他的获得生活资料的途径;商人要求社会经济有无限的发展潜力,要求各地加强联系和交往,但日耳曼人各个庄园却保守于最基本的需求,不思进取,把自已封闭于最狭小的圈子里。另外,在庄园自给自足的经济体制下,人们认为耕种土地是唯一正当的职业,从事其他职业不但是危险的,而且也是令人怀疑的。在这种情况下,适合商业活动的空间被进一步限制,商人很难脱颖而出。

在精神世界领域,基督教思想一统天下。② 作为中世纪最大财富拥有者、精神与文化的统治者和社会上唯一的知识阶层,基督教对待商人和商业的态度具有一定的代表意义。基督教非常重视农业,认为商业违反神意,因为物质财富和富贵意识会危害精神幸福。作为精神体现者和灵魂拯救者的基督教,极力反对以盈利为本的商业活动。基督教认为:“土地是由上帝赐予人们的,

---

① 开始推行采邑制时期,国王封赏土地是无条件的,封赏后,国王实际上失去了控制。为加强国王权威,8 世纪 30 年代法兰克王国进行了“采邑改革”,即改无条件封赏为有条件封赏,这种封地就称为“采邑”。领受采邑要承担的义务,主要是为国王服兵役的义务,另有服从国王的命令、交纳税收等。采邑只能终身享有,不得世袭。9 世纪后半期,采邑实际上成为世袭地。14 世纪一幅画这样描绘了采邑制:一个附庸或封建佃农,长着五只手,站在田地中。他把两只手合起来放在座位上的上层贵族手中,一手指着自己,表示他委身于主人。余下的两只手指向田地,表示这块地成为自己的采邑。

② 当然,基督教的统一不仅仅体现在思想上。中世纪基督教对西欧的统一主要表现在以下 3 个方面:(1)思想的统一。这时期人们所信仰的是基督教教义,当时没有任何信仰、任何主义能同它抗衡。凡是与基督教信仰不合的思想,很可能被视为异端。被判处异端者,不但要受到教会的惩罚,而且会受到世俗法律的制裁。(2)伦理观念的统一。当时,西欧人的伦理观念均依教会的伦理观点为准绳,而且是非标准亦依十诫与教规而定。不同的伦理观念受到良知和法律的制裁。(3)政权的统一。基督教作为一种信仰的核心,在思想和文化上凝聚着不同地区的人们,而基督教作为一种管理组织,在世俗政治中亦起着举足轻重的作用,尤其是在政权分立的年代,基督教会的世俗权威益发明显,教皇能够发出通谕,把国王开除教籍,便是教会拥有至高权的例证。

以使他们在尘世间带着永远救赎的观点而生活。劳动的目的并不是为了集聚财富,而是为了维持他生来便有的位置,一直到死亡使其过渡到永恒生活……寻求财富便是堕入贪婪罪,贫穷具有神圣的根源而且是上帝所规定,富人应当通过慈善业来缓解这种贫困”。①教规学者认为商业生活对于拯救灵魂是危险的,难以取悦于上帝,他们谴责营利,并把营利与贪婪混为一谈,任何一种商业营利行为在他们看来都是罪孽。

基督教经院哲学大师托马斯·阿奎那认为,为了达到按超过公平原则的价格出卖物品的特殊目的而进行欺骗是罪无可恕的;比如,一件物品的价值卖得昂贵或是买的低廉,其本身是不公道的、不合法的;根据神圣的法律,如果买卖没有遵守公平原则所要求的均等,就是非法,多得的人有义务对受损害相当大的人加以赔偿;有时卖主在本质上对他商品有所低估,就像一个人会把黄金当作黄铜卖,在这种场合下,倘若买主明明知道的话,他就是买得不公平,就有补偿货价的义务。②

如同古代中国需要商业在一定范围内存在,是“抑商”而不是“禁(绝)商”一样,即使在中世纪最黑暗、最封闭、最自给自足的庄园经济年代,商品交易仍有存在的合理性和必要性。此时的商品交换并不是大规模生产驱动使然,而是纯粹由需求和消费所刺激的。商品庄园的自给自足不是彻底的,一些特殊的商品诸如盐、铁、酒、磨石等必需品,庄园内无法做到自产自给,同时地位高贵的教会僧侣和贵族们对奢侈品需求并不是庄园所能够全部满足的,只能靠从外地转运而来,客观上需要借助商业的活动在“一定程度上”存在,而且只能作为对庄园经济的一种补充,与之保持一种微妙的平衡关系,“为保证庄园的正常运行,商业须与其切实的平衡。商业是要有一点的,但太多便会破坏这种制度……在整个中世纪,总是有一些盐、铁、磨石和奢侈品的交易……一旦获得金属货币村民们便会积攒它,这对庄园制经济是一种坏事情。当钱财积攒起来以后,一些人便会赎取自由而离去。其他人便会购买自己的土地,用手腕使人离开,建立自己的私人领地,庄园制度便会瓦解”。③以威尼斯商

① 赵立行:《商人阶层的形成与西欧社会转型》,中国社会科学出版社2004年版,第39页。

② [意]托马斯·阿奎那:《神学大全》。转引自巫宝三主编:《欧洲中世纪经济思想资料选集》,商务印书馆1999年版,第3~14页。

③ 赵立行:《商人阶层的形成与西欧社会转型》,中国社会科学出版社2004年版,第56页。

人为代表的“边缘商人”和犹太人为代表的“外方商人”①成为在庄园经济允许的“一定限度内”艰难地谋求生存和发展的职业商人。

与皇权专制下的古代中国截然相反,中世纪的封建君主缺乏统一而强大的王权支撑。他理论上是上帝指派在世俗世界的最高统治者,是法律的化身,所有的臣民必须完全无条件服从。但君主名义上至高无上的权力却因教会的存在而黯然失色。在教会的权力理论中,教会的权力要高于世俗的君主,甚至宣称:一切君主应亲吻教皇的脚。教会以开除教籍的方式来威胁和压迫君主,而虚弱的君主慑于教会的压力而屈服,并以接收教皇的加冕为荣。因此,在大一统的教会笼罩下,君主的权力变得四分五裂,他们仅仅是自己领地和王国的主人。“教会拒绝在像中国和拜占庭那样的帝国里充当第二把手,因此并没有产生专制主义的原则,即某一个皇帝具有半神的地位。……教皇颁布了训令说,一个国王并没有皇帝的职责,只是他自己王国的主人。”②再加上建国之初采邑制的推行,导致国王在分封土地的同时也分散了自己的权力。在分封出去的领地上,大大小小的领主成为一个个相对独立的王国,随着采邑分封的不断进行,国王最终也沦为一大领主的境地,其王权的支配范围仅仅局限在他实际拥有的土地上。

恰恰是中世纪封建王权的虚弱、国家法律体系混乱,无意中为商人的崛起提供了契机。中世纪西方虚弱的王权下出现了权力真空状态,11 世纪前后,社会人口的激增,大量失去土地同时具备人身自由的人口“被迫”脱离了庄园经济的束缚,为了谋生图存,逐渐汇集到羸弱王权无法触及的各地交通要道,经营着商业和手工业,并吸引越来越多的人,促成西欧出现了新的城市。这些新兴的城市通过金钱赎买、武装起义等手段从封建领主那里获

① 值得注意的一点,虽然犹太人和威尼斯商人都是中世纪的商业承担者,后来历史证明犹太人对中世纪的商人法的生成,贡献似乎是不明显。纵观西欧历史,针对犹太人的法令并不统一,往往是一个地方在迫害和驱逐犹太人,同时另一个地方则在容留和保护犹太人;同一个地区也可能在不同时段保护或者驱逐犹太人。迫害与保护交错进行。犹太人之于西欧始终是边缘的,而非主体。不断被驱逐和不断被召回,使犹太人处于一种不稳定状态,难以形成一种独立的政治和经济力量,从而依赖于西欧社会上层,无法独立发展。正是此原因导致最终创造商人法的不是犹太人。参见赵立行:《商人阶层的形成与西欧社会转型》,中国社会科学出版社 2004 年版,第 82 ~ 84 页。

② 赵立行:《商人阶层的形成与西欧社会转型》,中国社会科学出版社 2004 年版,第 294 页。

得了“特许令”。[①] 市民阶层都以特别关切的心情守护着这些特许状，藏诸保险柜加上三道锁，而且以一种近乎迷信的尊敬对待它们，那是因为特许状是他们的自由的保护神，如果出现了违反的情况，特许状可以为他们的反叛辩护，而不是因为特许状包括了他们的全部法律。可以说特许状只不过是他们法律的框架。围绕着特许状的条款存在并且将继续不断发展起大量的习惯法、惯例和不成文的然而必不可少的特权。[②]

承认城市自治权，允许城市有制定法律、建立城市机关、拥有商业行会等权力，从而使居住在城市里的商人在封建等级体系中获得了一种合法身份，发展成为一个独立的社会阶层，并通过自身的商业实践活动，借助于商业行会和商人法院自治组织，从旧法律体系中创造出一个新兴的法律体系——商人法。[③]

---

① 如公元1200年约翰国王颁给伊普斯维奇的特许状：(1)我授予所有伊普斯维奇的居民所有从属权利、所有的自由和免予劳役。(2)我们同样授予所有的居民在我们的所有土地和港口不缴纳通行税、捐税等。(3)我授予他们，除了我们的官员之外，在伊普斯维奇市之外不受任何指控的权利，除非涉及外国的土地占有问题。(4)他们拥有自己的行会商人和同业工会。(5)任何人不得用暴力在该市获得任何东西。(6)他们可以合法得拥有自己的土地、抵押品和债务，不管欠者是谁。(7)至于他们在城市里的土地和占有权，法官应当按照城市管理和自由城市法进行保护。(8)由于他们的债务和抵押发生在该市，那么诉讼应当在该市进行。(9)我们禁止所有人向该市居民征收捐税，否则罚款10镑。(10)我们应当颁布命令，授予伊普斯维奇居民拥有上述所有自由和免予劳役的权利，如同英国其他自由城镇自由享受的那样。(11)另外我还授予上述市民，在城镇的共同商议下，选举两个非常守法和贤明的人充当财政部的大法官，这些人也可以充任该市的长官。如果没有市民共同商议，任何人不能罢免他们的职务。我们还将基于市民的商议，推举4名守法和贤能的人从事国王的诉讼和隶属于国王的其他事情，从而监督市镇长官是否公正地对待了富人和穷人。参见赵立行：《商人阶层的形成与西欧社会转型》，中国社会科学出版社2004年版，第259页。

② 参见[比]亨利·皮雷纳：《中世纪的城市》，陈国樑译，商务印书馆2006年版，第121页。

③ 根据美国学者伯尔曼归纳，此时商人创立新兴的商人法律规则主要包括：(1)动产与不动产(土地和附属土地的固定物)法的截然分离；(2)承认诚信的动产买主的权利优先于真正的所有者；(3)更换了较古老的货物交付要求，以便用一种象征性方法转移所有权，即通过移交运输单据或其他单据来转移所有权；(4)创立了一种独立于所有权的动产占有权；(5)承认非正式的动产买卖口头协议的有效性；(6)引入一种以契约价格和市场价格之间的差价为基础、对未交付货物的损害的客观估量标准，随之还引入对违反些类型契约的定额罚款制度；(7)产生了诸如汇票、本票等商业票据，将它们转变为所谓的无因契约，并可以据此提起独立诉讼；(8)创立了汇票、本票的可转让性的概念；(9)创立了动产抵押权；(10)产生了一种基于复杂的商业信用体系的破产法；(11)产生了提单和其他运输单据；(12)扩大了古希腊—罗马的海上借贷，并创立了以对货物留置权或以船舶本身的股份作为担保的冒险借贷，以此作为资助和保证商人的海上买卖的手段；(13)用比较集体主义的新型合伙取代了比较个人主义的古希腊—罗马的合伙概念；(14)产生了类似一种股份公司的联营，每个投资者的责任限于它投资的数额；(15)创立了各种商标和专利；(16)以保证书和其他担保形式担保的流动公共贷款；(17)产生了储蓄银行义务。参见[美]伯尔曼：《法律与革命——西方法律传统的形成》，贺卫方等译，中国大百科全书出版社1996年版，第424～426页。

商业行会主要是由商人阶层基于商业利益的共同需要自发组建起来的。早在商人处于辗转游走、四海为家的“行商”时期,就出现了一些行业内部的自治性团体,因为商业活动随着商业的深入发展必然会从主体的职业化走向经营的专业化。“在塞纳河流域,‘巴黎水上商人公会’专门从事内河航运,远达于里昂;在法兰德斯,12 世纪时,一个被称作‘伦敦商人公会’的城市基尔特同盟成立了专门从事对英格兰的贸易。”①这些早期商人同业行会的主要目的就是为了满足“行商”们长途贸易的需要。随着运输业日益从商业中分离出来,通商大道上的行商也逐渐向自治城市的“坐贾”转变,商业行会的产生与当时自治城市的兴起几乎同步而行。在城市中共同的政治地位、经济利益、宗教信仰将来自各地的商人们聚集在一起,组建行会。从某种意义上来说,自治城市是商人们的“大行会”,商人行会则是商人们的“小城市”。一般自治城市中的商业行会成员主要是富裕的商人阶层。它们实际上就是城市的管理机构,许多行会的上层人物同时也是城市的行政领导。商业行会与自治城市两位一体,共同发挥管理城市经济生活的重要职能。正是由于商业行会与城市的上述关系,商业行会在商业实践中总结和沿袭,并浸以约定成俗的内部管理规章和交易习惯及惯例,后来通过汇编为商业惯例和商事裁判集而发展为习惯法,不仅能够在行会内部发挥其道德约束力和组织约束力,得到了城市当局明示或默示的认可,获得了“准”法律效力。

商人法院则为商人创立的独特规则体系提供了适用和实践场所,并促使其日趋成熟完善,获得了社会各界的普遍承认和遵循。商人阶层通过商业行会的联合和不懈斗争最终从封建主和教会那里争取到对商人贸易纠纷和争议进行处理的独立管辖权。商事法院②即以这一管辖权为基础得以普遍建立。中世纪社会原有的王室法院、领主法院、教会法院“司法程序中僵化的和传统的形式主义,延误时日,和裁判决斗一样原始的证明方法,免于宣誓的流弊,全凭偶然性判决的‘神意裁判’等,对于商人来说是一种无休止的折磨”。③ 刻板的形式主义司法状态远远不能应付对日益增多的商务纠纷的社会环境的需要。于是另一些法院相继如雨后春笋般建立,并从商务习惯中寻求他们需要

---

① [比]皮特·布朗:《中世纪欧洲经济社会史》,乐文译,上海人民出版社 2001 年版,第 325 页。

② 一般来说,中世纪商事法院包括市场法院、集市法院、海事法院、商业法院和城市法院,参见郑远民:《现代商人法研究》,法律出版社 2001 年版,第 150 页。

③ [比]亨利·皮雷纳:《中世纪的城市》,陈国樑译,商务印书馆 2006 年版,第 82 页。

的新的法律渊源。这些新型的法院本质上属于非专业的社会共同体纠纷处理机构。法院的“法官”一般是由集市或市场的商人们推选或由行会首脑选择几名行会成员来担任，在处理“行商”之间纠纷的商人法院通常设有所谓“半个能说话的陪审团”，陪审团成员中本地商人与外地商人各占一半。起诉和答辩采取“不要式主义”，证据方法以采书面证据为主；抗辩及防御之范围，采“限制主义”，不得超过一定限度；判决之基础乃根据衡平观念，而非严格法。[①]这些商人法院的审理程序是十分迅捷性的反映，同时也是它的客观需要。[②]商事法院的裁判是一种明显的“参与裁判制”，具有一定的公共特性，这一方面有助于特定案件的公正解决，同时也促使商人法体系与教会、王室的控制相隔离，并维护商人阶层的特权。这也印证了美国学者伯尔曼所述：“商法最初的发展在很大程度上——虽然不是全部——是由商人自身完成的：他们组织国际集市和市场，组建商事法院，并如雨后春笋般出现于整个西欧的新的城市社区中建立商业行会和商业事务所。”[③]

历史的机遇，促成了商人阶层与世俗王权的自然结合，最终实现了双赢。就商人阶层而言，无论商人确定自己的合法地位和正当经商权利，还是拓展统一市场都需要强大的王权予以支持和保护；就世俗君主而言，世俗君主不甘心长期遭受教会的压制，也不愿受制于某一个大领主的操纵，也希望提高自己的威信和加强自己的政治权力，实现王权的统一，迫切需要财力雄厚的商人提供经济帮助，两者的自然结合使世俗君主取代教会成为主宰者，王权的统一促成了民族国家的初步形成，伴随着统一的民族国家君权的扩大从而开支的增加，君主越来越经常感到需要求助于商人的钱袋子，因此君主们开始实行有利于

① 参见[美]孟罗·斯密：《欧陆法律发达史》，姚梅镇译，中国政法大学出版社1999年版，第225页。

② 参见[法]孟德斯鸠：《论法的精神》（下册），张雁深译，商务印书馆1997年版，第24页。

③ [美]伯尔曼：《法律与革命——西方法律传统的形成》，贺卫方等译，中国大百科全书出版社1996年版，第414页。

商人的政策为商人开辟了更为广阔统一的国际市场。[①]

世俗君主之所以能够最终确立强大的王权,完全得益于商人的倾力借贷资助,否则仅仅沦为“大领主”待遇的世俗君主所拥有的经济实力根本不可能从事大规模的军事行动。中世纪后期,商人的钱财除了正常经营商业之外,很多都与世俗君主及上层贵族从事大规模军事行动联系起来,商人成为最大的债权人,世俗君主和上层贵族成为最大的债务人。当然,商人愿意将大量资金借贷给君主,除了获得直接经济利益之外,更重要的还有政治动机。资助君主从事战争,或是对外拓疆辟域,或是消灭国内割据势力,对于商人的长远发展是百利无害的。通过商人与君主、贵族们频繁的借贷关系,商人的钱财开始社会化,作为君主的最大债权人的商人渐渐具备了左右一个国家内政外交的能力。世俗君主和上层贵族们同时也充分意识到商业(尤其是金钱)对一个国家和地区的重要性,最高统治者就开始全面推行有利于商人的法律政策,保护商人发展,至此商业不再只是商人阶层的事业而已,它已经成为一个国家社会经济不可或缺的重要组成部分。

中世纪的西方商人立足于雄厚的钱财,从事大量公益事业,[②]为自己在新兴城市中争取到一席之地;立足于雄厚的钱财,资助君主,赢得了世俗君主的大力支持,进而实行有利于商业和商人的法律和政策,获得社会各界普遍认可的社会地位,在西方造就了一个重商的新时代,为其在近代转型奠定了良好的社会基础。

二、比较分析两者诉讼及影响

有贸易活动就必然会有纠纷和争议的发生,一旦纠纷无法自行解决,必然

---

① 比利时历史学家亨利·皮雷纳指出中世纪的君主们采取对市民阶级一种支持的原则性政策:“他们总的倾向是支持城市,这一点仍然是毋庸置疑的。由于考虑到本身显而易见的利益,王室不得不非常急切地支持高度发展的封建制度的敌手,所以每当能够支持市民阶级而又不受到牵连时,王室就予以支持,因为市民阶级起来造他们领主的反,实际上是为了王室的特权而战斗。把国王当作他们的争端的仲裁者,对于斗争双方来说就是承认君权。因而市民进入政治舞台的结果削弱了封建国家的契约原则而有利于君主国家的专制原则。王室不可能不懂得这一点并抓住一切机会向公社示好。公社实际上是在为王室而奋斗,虽然它并未有意这样做。”参见[比]亨利·皮雷纳:《中世纪的城市》,陈国樑译,商务印书馆2006年版,第114页。

② 基督教认为靠商业取利,违背上帝旨意,应受谴责。中世纪的商人努力为自己正名,热心投身城市慈善公益事业,兴办教育、设立医院、救助穷人等,为自己赢得了社会的尊重。明清徽商虽也有大量类似“义行”,却没能够取得相同的社会效果,反而更具有浓厚的封建色彩,这一现象应值得进一步深入研究。

会诉至司法作为最终解决途径。11～12世纪，尚未成为独立社会阶层的中世纪商人遇到纠纷时，都必须接受当地领主法庭的管辖，“司法程序中僵化的和传统的形式主义，延误时日，和裁判决斗一样的原始证明方法，免予宣誓的流弊，全凭偶然性判决的‘神意裁判’等等，对于商人来说是无休止的折磨”。[①]预测领主法庭对纠纷的裁决结果并不比预测大海上风浪与旅途中劫匪何时出现有更多的把握。因此，商人们迫切需要一种比较简便、比较迅速和比较公平的新型法律用于解决商人之间发生的诉讼。

如上一节所述，当商人通过金钱赎买、武装起义等手段从封建领主那里获得了“特许令”，承认城市的一定自治权，允许城市有制定法律、建立城市机关、拥有商业行会等权力，从而使居住在城市里的商人在封建等级体系中获得了一种合法身份，发展成为一个独立的社会阶层的同时，也从封建领主和教会手中争取到了对商人间贸易引起的纠纷和争议进行独立处理的管辖权，商事法院基于这一管辖权为基础普遍建立起来。参与诉讼的商人，无论胜诉方还是败诉方都会服从商事法院的裁决，因为他们认可这种行为的互惠性收益。服从裁判也有另一项动因：被整个商人共同体排斥的威胁。一个拒绝接受商事法院裁决的商人的生意是做不长久的，因为他的商人同行们基本上控制了他的声誉，并因此控制了他的交易能力。中世纪商事法院的普遍设立，为商人的诉讼提供了必要的场所，不仅仅有助于单个案件公正迅速的解决，维护商人的合法权益，而且还使商人逐渐发展成为一个相对独立的社会阶层，与国家权力保持相应的距离。

下面笔者运用中西比较的方法，从宏观方面来[②]来分析徽商的诉讼与中世纪商人的诉讼之间的差异，以及其注定他们不同命运的结局。

（一）诉讼的裁判者不同

徽商诉讼的裁判者是隶属于至高无上的皇权所支配下的州、县地方政府的行政长官，后者诉讼的裁判者是通过商人不懈斗争从封建领主和教会获准建立的各类商事法院的法官。

在中国封建君主专制制度的统治下，司法和行政不分，地方行政长官兼理

---

① ［比］亨利·皮雷纳：《中世纪的城市》，陈国樑译，商务印书馆2006年版。

② 从“微观方面”即具体的个案比较而言，笔者认为有很大难度，一是缺乏可比性；二是没有具体中世纪商人的诉讼个案资料完整地保留下来，所以此处只能采用“宏观方面”比较方法来分析徽商的诉讼与中世纪商人的诉讼之间的差异及其影响。

司法。明清时期徽商的诉讼多属于“民间细故”，一般属于基层州、县两级官府“自理词讼”的范围，故诉讼的裁判者是兼理司法的地方行政长官。地方行政长官被儒家理想化的定位，应该是爱民如子的“父母官”。明清时期，“父母官”一般通过两种途径产生：或通过科举考试选任的“有才者”，或通过捐纳步入仕途的“有财者”，也就是马克斯·韦伯眼中的“非专业化法官”。①

西方中世纪商人的诉讼则是由商人自己建立起来的各类商事法院②管辖，这些商事法院在性质上属于“非专业性社会共同体法院”，③市场法院和集市法院的法官一般由市场或集市的商人们从成员中推选出代表充任；行会法院的法官一般是由行会首脑或行会首脑的代表组成，在商事案件时，他经常选择2～3名行会的商人成员担任陪审员，个别情况下，甚至会有一名专业法学家与商人陪审员一起参与审判；城市商事法院也是由商人们选举的同行组成；另外，涉及海运货物的商事案件和海事案件由港口城镇中地方海事法院管辖；如果案件具有涉外因素，在上述法院中，还会设立混合法庭，有外国商人和本地商人共同审判，避免外国商人受到歧视，保证案件得到公正审判。

（二）诉讼遵循的依据和程序不同

徽商的诉讼属于“大民事”范畴，属于官府“自理词讼”的范畴，在诉讼过程中，地方“父母官”裁判遵循儒家思想追求的“天理、国法、人情”相统一的原则。④“天理”即为儒家理学思想宣扬的“三纲五常”的伦理规范；“国法”是指国家立法者正式颁布实施的法律（此处特指民事法律）；“人情”是在血缘伦理亲情基础上产生的人情世故、地方风土人情和风俗习惯。由于中国古代“重

---

① 虽说是“非专业化法官”，但一般也能够胜任日常“民间细故”的审理工作。原因有四：一是农业社会中的有关婚姻、田土、钱债等民事诉讼案件比较简单，基本上可以凭借常识和经验来应付司法过程中的很多问题；二是国家法律条文比较简单，甚至法律用语与日常语言没有什么根本性差异；三是私人顾问幕友的专家功能可以弥补法官法律知识的不足；四是司法程序要求重大疑难案件上报（一般仅指刑事案件，民事案件则是自理词讼）。参见徐忠明：《众声喧哗：明清法律文化的复调叙事》，清华大学出版社2007年版，第265～269页。

② 伯尔曼指出：商事法院包括市场法院和集市法院、商人行会法院和城市法院，虽然行会法院和城市法院并非只是涉及商事案件，但它们所拥有的极其广泛的商事管辖权使它们有理由被当作商事法院。参见［美］伯尔曼：《法律与革命——西方法律传统的形成》，贺卫方等译，中国大百科全书出版社1996年版，第427页。

③ ［美］伯尔曼：《法律与革命——西方法律传统的形成》，贺卫方等译，中国大百科全书出版社1996年版，第427页。

④ 当然明清时期商人行会组织也有内部自治性的规范，但是必须得到官方的认可和确认，才能够具有法律意义上的效力。

刑轻民”的立法传统,再加上涉及“婚姻、田土、钱债”方面的事务各地风俗习惯差异较大,①很难将其全面纳入“国法”治理的轨道上,“准情酌理”②成为父母官裁判民事诉讼的终极追求目标。中国古代的父母官不是一个简单的法律“工匠”的角色,而是一个为官一方、治理万民的官僚和试图造福黎庶、经世治用的儒者。父母官的角色使他们不会仅仅满足于通过简单地适用法律而完成份内的司法任务,而是要通过“虚心体问”人情天理,解决案件,平息矛盾与纠纷,恢复人与人之间和睦的关系,建立并不断完善一种和谐美好的社会秩序。③

徽商屡屡呈控官府的“好讼”行为,在父母官眼中实乃破坏自然和谐秩序之举,父母官受理官司之后,自然而然是能拖就拖,久拖不决,甚至很简单的债务诉讼也会前后耗费几年光阴,其目的是劝阻徽商畏难而退,切不要将更多的精力和时间耗费在“民间细故”的纷争上。况且父母官断案以“情理”作为裁判民事纠纷的终极标准,缺乏足够而明确的法律规范,也为官府提供了宽泛的“自由裁量”范围,使诉讼的结局愈加难以预测。但是“贾而好儒”的徽商为了面子屡屡涉讼不止,即便耗费巨资也要赢得官司。从经济学来看徽商的诉讼成本,实在是得不偿失。④

而西方中世纪商事法院中的非专业的法官们裁判应该遵循“按照良心和公平原则去处理(案件)”,法庭也应该“由衡平观念支配”。在这些非专业法官的心目中,所谓的良心和公平只是在一个商人眼中的良心和公平,不是基督徒的或道德哲学家的,也不是封建领主或农奴的良心和公平,它来源商业惯例、贸易的互惠特性以及各城市(各商人共同体)基于约定的互惠安排。所谓衡平观念,就是严格限于商业上之诚实信用与公平。对于商人们而言,商业惯

① “十里不同风,百里不同俗”的古语可以印证。

② 古代司法官判词中经常出现“准情酌理”一词,体现情理的和谐。对于“情理”一词,华东政法大学校长何勤华教授对“情理”作过精辟的分析,他认为:作为一种由国家审判机关适用的法律渊源,情理的内涵是极其丰富的,既包括国家大法、民间习惯、法律观念、道德规范、儒家的经义,又包括了外部客观世界存在与发展的内在逻辑,事物发展的道理、规律,与国民性相适应的社会公德、职业道德、家庭美德以及人们的共同生活态度、内心情感、价值取向,还涉及具体案件的案情和法律文书(诉状)的用词和行文逻辑等。情理既是清代司法审判的法源之一,更是清代法律适用的价值基础,核心则是“至公、至当”。参见何勤华:《清代法律渊源考》,载王立民主编:《中国法律与社会》,北京大学出版社 2006 年版,第 301 ~ 302 页。

③ 参见顾元:《衡平司法与中国传统法律秩序》,中国政法大学出版社 2006 年版,第 132 页。

④ 从某种意义上来说与现代社会某些人为了面子,宁可耗时费力打“一元钱官司”相似。

例则是他们所共同拥有的知识(常识),是一个从事贸易的人所应当充分了解的,如同他应当了解他所买卖的商品一样;同时,商业惯例得以创造和维持的前提是它符合了贸易的特性和商人们原有的知识框架,能够被他们普遍接受。在这一意义上,各种类型的商事法院的裁决只是商人们共同拥有的贸易交往知识的一个表述或一个理所当然的推论。商事法院的裁决也能够被事先预测到,而不再是一种赌博或猜测。

商业式的效率应始终保持在案件的审理过程之中。商事关系在本质上是追求效率、便捷和低成本费用的。因此,商事法院对案件审理的要求遵循"迅捷"、"非正式"和"公平"的程序原则,体现了商人所要求的一种特殊方式的公平,如商事法院裁判的速度成为一项指导性的原则。商人们要求他们的审判必须是便捷的,以使他们的商业事务被打断的概率减少到最小。商事法院的审理程序是十分迅速、非正式和极端简易的,时限幅度往往很窄,这不仅是商品交易活动迅捷性的反映,同时也是商业活动的客观需要。如在集市法院中,审判应该在"商人脚上的尘土未掉"就应该完结;在海事法院中,审判应该"在潮汐之间"完结;在行会法院和集市法院中,审判应当在"一天以内"完结。在这些商事法院审判过程中,上诉常常被禁止,不仅专业法律家被排除于审理程序之外,而且专门的法律争论也会引起反感。① 当然,传统落后的日耳曼法中的神明裁判、决斗裁判以及宣誓保证人作证的法律制度在商事法院中没有生存的空间。

(三)诉讼的影响不同

明清时期,相比其他社会上其他势力,商人还是处于低下的社会地位,更需要国家法律保护。对于徽商而言,每有纷争,只能求助于官府——提起诉讼的方式解决。明清时期的碑刻资料也能够间或反映到徽商进行行业自治过程中以"集议"而形成的规约、章程,在报经地方官府的批准后勒石布告,能够"以法律的形式固定下来",②成为官府处理涉商诉讼案件的法律渊源之一。但因为商人"集议"的规约、章程是否能成为官员处理案件的依据,还要取决于官方的认可与否,官方认可的过程,实质上也就是把官方自己的价值观念强加于商人身上的过程。因此,中国历史上的商人无论是以何种的形式组织起

---

① 参见[美]伯尔曼:《法律与革命——西方法律传统的形成》,贺卫方等译,中国大百科全书出版社1996年版,第428~429页。

② 冯贤亮:《明清江南地区的环境变动与社会控制》,上海人民出版社2002年版,第381页。

来,都没有能力在封建法律体系中独立创造出“充分自治的商人法”。

而中世纪西方的商事法院在具体适用这些商人们公认的“习惯”去处理、解决商事纠纷和争议时,形成了一系列的商事判例。这些“判例”通过城市国家的汇编和广泛传播并系统化地发展成为“惯例”,在诉讼中无须举证,从而也具有了普遍约束力,它与“习惯”并行不悖,共同发挥商人行为规范的作用。当商人习惯和惯例发展到一定程度,有加以体系化和逻辑化的必要时,它们往往可以得到自治城市的认可,从而演变成“习惯法”,最后获得主权者的认可而上升到国家法律的高度,成为全体社会成员普遍适用的法律规范。“商人法乃是一种形式上的国际法,基本点在于,有容许签订约束性的自由,又有对契约安全的保障,还包括有建立、转移和接受信贷的种种办法,在整个中世纪时代,商人法这一解决贸易纠纷的办法,曾通行于王室法院、教会法院,甚至封建领主法庭。对于国际商人和贸易者,商人法尤为需要。商人法至少在理论上,是对所有不同国家商人之间的交易一律通用的。”①我们也可以这么说,中世纪商人自己创设的商人法伴随着商人势力的强大而最终成为国家法律体系中的重要组成部分。

以比较分析两者诉讼的差异作为切入点,我们可以初步得出结论:明清时期的徽商缺乏相应国家明确的法律保护,难以预测到自身参与的各类诉讼的结果,为了最大化减少不确定的风险,权衡利弊,唯有不遗余力地依附于封建政治势力,这实属无奈之举。中世纪的商人,通过自身的不懈努力,曾在旧社会内部创造了一个新世界,完成了西方“市民社会”②的初步建构,并成为社会

① [美]泰格、利维:《法律与资本主义的兴起》,纪琨译,学林出版社1996年版,第132页。

② “市民社会”一词完全是舶来品,在西方最早被亚里士多德提出,历经西塞罗、格劳秀斯、洛克、亚当·斯密、黑格尔、马克思、哈贝马斯等人进一步阐释,形成了系统而丰富的“市民社会”的内涵。

古希腊先哲亚里士多德最初提出类似于“市民社会”的概念,即政治共同体或城邦国家,具体说就是“自由和平等的公民在一个合法界定的法律体系之下结成的伦理——政治共同体”古罗马西塞罗将亚里士多德的概念转译为“市民社会”,首次运用了这一概念,意思是指“单一国家,而且也指业已发达到出现城市的文明政治共同体的生活状况。这些共同体有自己的法典,有一定程度的礼仪和都市特征、市民合作及依据民法生活并受其调整”。参见[古罗马]西塞罗:《论共和国论法律》,王焕生译,中国政法大学出版社1997年版。

英国古典自然法学派代表洛克根据社会契约论理论,进一步构建了“市民社会高于或外于国家”的理论,认为是市民社会决定了国家,而不是国家决定了市民社会。因为国家的权力来源人民,而国家原则上是不能渗透到市民社会的经济生活。洛克对市民社会理论的最大贡献是提出了

国家权力不是绝对的,它应当受到民众权利的制约,倘若国家违背社会契约滥用权力侵害市民社会的利益,人民就可以凭借主权收回已让渡的权力。参见[英]洛克:《政府论》(下),瞿菊农、叶启芳译,商务印书馆1986年版,第58~78页。

英国经济学家亚当·斯密从经济关系的角度对市民社会进一步论证,认为个人是"天赋自由制度"的基础,在"天赋自由制度"社会中,其规律性力量是由市场这只"看不见的手"来进行调控的。这一观点的最大的贡献在于确立了市民社会与国家的严格分离原则:自由放任意味着作为经济领域的社会完全独立于作为政治领域的国家,后者不应干涉前者,其根本原因在于,经济领域受制于一只"看不见的手"的控制和支配,是一种服从于自身规律运动和变化的独立经济体系。即市民社会乃是一个有诸多相互关联的生产、交易和消费行为构成的总和,拥有自身的内在动力和不受外界影响的规律,从而独立于政治和国家,市民社会有一种区别于政治、宗教和国家的经济生命。这种强调经济规律不受国家干预进而认为社会拥有区别于政治国家的经济内容的观点,基于对国家权力疆界的限定和市民社会原则上不为政治权力渗透的理念,打破了国家权力无所不为的政治专制思想,为使经济社会和人类自身获得政治上的解放提供了学理上的引导。参见[英]亚当·斯密:《国民财富的性质和原因的研究》(下卷),郭大力、王亚南译,商务印书馆1972年版,第252~253页。

德国哲学大师黑格尔认为,"市民社会"——或者毋宁说是社会的商业部分——既不同于家庭,也不同于国家。它是市场,是社会的商业部分,是市场得以运作及其成员得以保护所必需的制度和机构。处于家庭与国家之间作为第三形态而存在的市民社会,它不再是与野蛮或不安全的自然状态相对的概念,而是与自然社会(家庭)和政治社会(国家)相对应的概念。黑格尔提出市民社会作为人类进化的一个阶段,是一种现代世界的伟大成就。它的出现使现代世界与古代世界发生了质的区别。黑格尔的市民社会体系由3个部分组成:(1)需求的体系,通过个人的劳动以及通过其他一切人的劳动与需要的满足,使需要得以中介,个人得到满足;(2)通过司法对所有权的保护;(3)通过警察和同业公会,来预防遗留在上列两体系中的偶然性,并把特殊利益作为共同利益予以关怀。其中最为重要的是市场经济观念。黑格尔认为,在市民社会中,人们不仅有追求私利的自由,而且有追求私利的可能,因为现代世界造就了古代世界所不知道的市场,一种受其自身规律的经济领域。在市场上,人们虽然主要关心的是自己得失,但其结果却满足了彼此相互的需求,由此产生了一种新的社会纽带。在市场经济社会,市民社会依赖于市场经济模式而建立,这种社会特别关注特殊个体利益的非政治化的私域,并因此而与关注普遍利益的政治化公域相区分。"市民社会"一词主要具有三个基本特征:(1)它是社会的一部分,不同于国家且独立于国家。(2)它构成个人权利,特别是个人财产权利的基础。(3)市民社会是由许多自主的经济单位或商业公司共同构成的集合体,这些经济单位或公司的行为独立于国家之外,且互相竞争。对于私权和私人福利,即对家庭和市民社会这两个领域来说,国家一方面是外在必然性和它们的最高权力,它们的法规和利益都从属于这种权力的本性,并依存于这种权力;但是,另一方面国家又是它们的内在目的,国家的力量在于它的普遍的最终目的和个人特殊利益的统一,即个人对国家尽多少义务,同时也就享有多少权利。在这个意义上,是黑格尔真正提出了国家和社会的二元理论模式。但其建立在唯心主义基础上,得出政治国家是从家庭和市民中发展起来,但政治国家却是市民社会的原则和基础。参见[德]黑格尔:《法哲学原理》,范杨、张企泰译,商务印书馆1982年版,第197页、第203页、第253页。

马克思继承了市民社会概念,并对市民社会的性质和内容进行了修正和完善。批判黑格尔理论,得出不是市民社会决定国家而是国家决定市民社会的著名论断。认为市民社会是对社会经济发展产生了重大影响的历史范畴,是资产阶级社会关系的基础和核心。并进一步指出"市民的主流阶层。但是依附于皇权之下的中国商人无力做到这一点，因为在中国历史上，商人从来没有强大到能够将自己的利益系统地反映到法律中的程度，也未能成为社会中的革命因素。他们不仅不能冲破封建政治势力的压抑，瓦解传统的自然经济和宗族社会组织，反而一直与这些阻滞社会发展的因素有着千丝万缕无法割舍的联系。“在这里，国家是高于一切的，它完全控制了政治和经济生活，从而阻止了‘市民社会’这样一个自主领域的出现。占统治地位的方式也把任何可能含有变革种子的‘异常的’次要团体同化了。”①因此，“低下的社会地位、动摇的经济地位、懦弱的政治品格，使商人难以形成一支独立的政治力量，更难以把握自己的命运，它只有逢迎、依附、仰攀封建政治势力，才能在忍气吞声中求得发展。所以徽商只能成为封建性商帮……沦为封建统治的附庸，并且随着封建制度的衰落而衰落，从而葬送了自己的远大前程，这是徽商的悲剧。”②

社会”这一用语是在18世纪产生的，当时的财产关系已经摆脱了古典古代的和中世纪的共同体。真正的市民社会只是随同资产阶级发展起来的。参见《马克思恩格斯全集》(第3卷)，人民出版社1972年版。

哈贝马斯进一步将市民社会区分“私人领域—公共领域”，19世纪末，采取新干预政策的是这样一种国家：随着具有政治功能的公共领域的机制化，这种国家与市民社会的利益渐趋吻合。因此，公共权力在介入私人交往过程中也把私人领域中间接产生出来的各种冲突调和了起来……社会的国家化与国家的社会化是同步进行的，正是这一辩证关系逐渐破坏了资产阶级公共领域的基础，亦即国家和社会的分离。从两者之间，同时也从两者内部，产生出一个重新政治化的社会领域，摆脱了“公”与“私”的区别。它也消解了私人领域中那一特定的部分，即自由主义公共领域，在这里，私人集合成为公众，管理私人交往中的共同事务。随着资本集中和国家干预，从国家社会化和社会国家化这一互动过程中，产生了一个新的领域。从这个意义上来说，公共利益的公共因素与契约的私法因素糅合在一起。这个领域之所以意义重大，因为这既不是一个纯粹的私人领域，也不是一个真正的公共领域；因为这个领域不能完全归于私法领域，也不能完全算作公共领域。参见[德]哈贝马斯：《公共领域的结构转型》，曹卫东等译，学林出版社1999年版，第171页、第179页。

① [意]翁贝托·梅洛蒂：《马克思与第三世界》，高铦等译，商务印书馆1981年版，第115页。

② 张海鹏、王廷元主编：《徽商研究》，安徽人民出版社1995年版，第334页。

参考文献

一、古籍文献类

1. 康熙《休宁县志》,清康熙三十二年刻本。

2. 万历《休宁县志》,明万历三十五年刻本。

3.《易经》,中华书局 2007 年版。

4.《周礼》,上海古籍出版社 2007 年版。

5.《礼记》,中华书局 1996 年版。

6.《史记》,上海书店 1988 年版。

7.《汉书》,中华书局 1962 年版。

8.《商君书》,中华书局 1954 年版。

9.(明)李贽:《藏书》,三晋出版社 2009 年版。

10.《明会典》,中华书局 1989 年影印本。

11.(汉)仲长统撰:《昌言》。

12.(汉)桑弘羊撰:《盐铁论》,中华书局 1992 年版。

13.《论语》,北京古籍出版社 1958 年版。

14.《吕氏春秋》,中华书局 2007 年版。

15.(明)邓士龙辑:《国朝典故》,北京大学出版社 1993 年影印本。

16.《朱子语类》,上海古籍出版社 2006 年版。

17.(明)汪道昆撰:《太函集》,《四库全书存目》本。

18.《汪氏统宗谱》,明刻本。

19. 光绪《婺源县志》,清光绪九年刻本。

20. 道光《休宁县志》,清道光三年刻本。

21. 同治《黔县三志》,清同治十年刻本。

22.《管子》,上海古籍出版社 1989 年版。

23.(明)吴吉祜撰:《丰南志》。

24. 康熙《黟县志》清康熙二十二年刻本。

25. 乾隆《黟县志》清乾隆三十一年刻本。

26.(明)李维桢撰:《大泌山房文集》,明刊本。

27. 婺源《三田李氏统宗谱》,万历刻本。

28.(清)沈垚撰:《落帆楼文集》四部备要书。

29.《婺源县志稿》(抄本)。

30. 婺源《湖溪孙氏宗谱》。

31. 歙县《郑氏宗谱》,万历稿本。

32. 嘉靖《新安歙北许氏东支世谱》(歙县),明嘉靖六年稿本。

33.《皇朝经世文编》,道光七年刊本。

34.《明实录》中国台湾地区“中央研究院历史语言研究所”影印本。

35.《清朝文献通考》,上海商务印书馆 1955 年版。

36.(清)刘声木:《苌楚斋随笔续笔三笔四笔五笔》(卷四),中华书局 1998 年版。

37.《古今图书集成·食货典》,北京图书馆出版社 2001 年版。

38.《大明律》,法律出版社 1999 年版。

39.《钦定大清会典事例》(光绪朝),光绪三十四年商务印书馆缩印本。

40. 万历《歙志》,明万历三十七年刻本。

41.(明)袁世振:《皇明两淮盐政编》。

42. 康熙《婺源县志》,清康熙八年刻本。

43. 乐天子编次:《鼎镌金陵原板按律便民折狱奇编》卷一《做状十段锦》。

44.(明)周晖撰:《金陵琐事剩录》,文学古籍刊行社 1955 年影印本。

45. 雍正《茗洲吴氏家典》(休宁),清雍正刻本。

46. 陈义钟编校:《海瑞集》,中华书局 1962 年版。

47. 顾炎武:《肇域志》,抄本。

48. 宣统《徽州公所征信录》,清末刻本。

49.《老子》,中华书局 2010 年版。

50.《韩非子》,中华书局 2007 年版。

51.《荀子》,中华书局2008年版。

52. 道光《徽州府志》,清道光十年刻本。

53. 道光《歙县志》,清道光八年刻本。

54. 万历《歙志》,明万历三十七年刻本。

55.(明)王士性:《广志绎》。

56.(明)刘基:《书苏伯修御史断狱记后》。

57.(清)崔述:《无闻集》,载顾颉刚编订:《崔东壁遗书》,上海古籍出版社。

58. 康熙《徽州府志》,清康熙三十八年万青阁刻本。

59. 隆庆《文堂乡约家法》。

60. 乾隆《绩溪县志》,清乾隆二十一年刻本。

61.(清)刚毅:《牧令须知》,江苏书局光绪十五年刻本。

62.(清)吴宏:《纸上经纶》,清康熙刻本。

63.(清)廖腾煃:《海阳纪略》,清康熙刻本。

64.(清)董沛撰:《汝东判语》。

65. 安徽省博物馆编:《明清徽州社会经济资料丛编》(第1辑),中国社会科学出版社1988年版。

66. 吴敬修编:《状子》,抄本一册。

67.《乾隆徽州府抄呈》,抄本一册。

68.《辛巳盐务各案存稿》,抄本一册。

69.《徽商公所征信录》,清宣统刻本。

70. 吴镇兖:《紫阳书院志略》。

71.《嘉庆朝我徽郡在六安创建会馆兴讼底稿》,抄本一册。

72. 同治《六安州志》,清光绪三十年原刊重印本。

73.《徽河零货捐全案》抄件。

74.(清)单渠等纂:嘉庆《两淮盐法志》,嘉庆十一年刻本。

75.(明)张卤:《皇明制书》,书目文献出版社影印本。

76. 万历《窦山公家议》(祁门),明万历刻本。

77. 许承尧:《歙县闲谭》(上、下册),李明回、彭超、张爱琴点校,黄山书社2001年版。

78.(清)黄六鸿:《福惠全书》。

79. 田涛、郑秦点校:《大清律例》,法律出版社1999年版。

80. 马建石、杨育棠主编:《大清律例通考校注》,中国政法大学出版社1992年版。

81. (清)薛允升编:《唐明律合编》,中国书店1981年影印本。

82. 同治《黟县三志》,清同治十年刻本。

83. 故宫博物院明清档案部编:《李煦奏折》,中华书局1976年版。

84.《明崇祯六年江宁县批捕示》,原件现藏于安徽省图书馆。

85. 道光《徽州府志》,清道光十年刻本。

86. 光绪《婺源县志》,清光绪九年刻本。

87.《乾隆五十九年查办巴宁阿与盐商交结联宗案》,原件现存中国第一历史档案馆。

88. 歙县《棠樾鲍氏宣忠堂支谱》,嘉庆十年刻本。

89.《王阳明全集》,四部备要书。

90. (清)徐珂编撰:《清稗类钞》,中华书局1984年版。

91. (明)傅岩:《歙纪》,明崇祯刻本。

92. (清)曾国藩:《曾国藩家书》,海南出版社1994年版。

二、著作类

1. 王振忠:《徽州社会文化史探微》,上海社会科学院出版社2002年版。

2. 王振忠:《明清徽商与淮扬社会变迁》,生活·读书·新知三联书店1996年版。

3. 王振忠:《乡土中国·徽州》,三联书店2000年版。

4. 唐力行:《商人与中国近世社会》,商务印书馆2006年修订版。

5. 唐力行:《明清以来徽州区域社会经济研究》,安徽大学出版社2001年版。

6. 唐力行:《苏州与徽州——16~20世纪两地互动与社会变迁的比较研究》,商务印书馆2007年版。

7. 唐力行:《徽州宗族社会》,安徽人民出版社2005年版。

8. 余英时:《中国近世宗教伦理与商人精神》,安徽教育出版社2001年版。

9. 韩秀桃:《明清徽州的民间纠纷及其解决》,安徽大学出版社2004年版。

10. 卞利:《明清徽州社会研究》,安徽大学出版社2004年版。

11. 卞利:《国家与社会的冲突和整合——论明清民事法律规范的调整与农村基层社会的稳定》,中国政法大学出版社 2008 年版。

12. 王廷元、王世华:《徽商》,安徽人民出版社 2005 年版。

13. 瞿同祖:《瞿同祖法学论著集》,中国政法大学出版社 2004 年版。

14. 瞿同祖:《清代地方政府》,法律出版社 2003 年版。

15. 梁治平:《清代习惯法:社会与国家》,中国政法大学出版社 1996 年版。

16. 梁治平:《寻求自然秩序中的和谐——中国传统法律文化研究》,中国政法大学出版社 1997 年版。

17. 范忠信:《中国法律传统的基本精神》,山东人民出版社 2001 年版。

18. [英]S. 斯普林克尔:《清代法制导论——从社会学角度加以分析》,张守东译,中国政法大学出版社 2000 年版。

19. 陈亚平:《清代法律视野中的商人社会角色》,中国社会科学出版社 2004 年版。

20. 张仁善:《法律社会史的视野》,法律出版社 2007 年版。

21. 张中秋:《中西法律文化比较研究》,南京大学出版社 1999 年版。

22. 张钧:《明清晋商与传统法律文化》,法律出版社 2006 年版。

23. 张小也:《官、民与法——明清国家与基层社会》,法律出版社 2007 年版。

24. 张晋藩:《中国法律的传统与近代转型》,法律出版社 2005 年版。

25. 毛国权:《宗法结构与中国古代民事争议解决机制》,法律出版社 2007 年版。

26. [日]滋贺秀三等:《明清时期的民事审判与民间契约》,王亚新等译,法律出版社 1998 年版。

27. [美]罗威廉:《汉口:一个中国城市的商业和社会(1796~1889)》,江溶、鲁西奇译,彭雨新、鲁西奇校,中国人民大学出版社 2005 年版。

28. [美]泰格、利维:《法律与资本主义的兴起》,纪琨译,刘锋校,学林出版社 1996 年版。

29. [美]费正清:《美国与中国》,张理京译,世界知识出版社 2000 年版。

30. [德]马克斯·韦伯:《儒教与道教》,洪天富译,江苏人民出版社 2005 年版。

31. 黄仁宇:《十六世纪明代中国之财政与税收》,生活·读书·新知三联书店 2007 年版。

32. 朱勇:《中国法律的艰辛历程》,黑龙江人民出版社 2002 年版。

33. 徐忠明:《思考与批评——解读中国法律文化》,法律出版社 2000 年版。

34. 徐忠明:《案例、故事与明清时期的司法文化》,法律出版社 2006 年版。

35. 徐忠明:《众声喧哗:明清法律文化的复调叙事》,清华大学出版社 2007 年版。

36. 黄宗智:《清代的法律、社会与文化:民法的表达与实践》,上海书店出版社 2001 年版。

37. 范金民等:《明清商事纠纷与商业诉讼》,南京大学出版社 2007 年版。

38. 赵华富:《徽州宗族研究》,安徽大学出版社 2004 年版。

39. 田兆元、田亮:《商贾史》,上海文艺出版社 2007 年版。

40. 王燕玲:《商品经济与明清时期思想观念的变迁》,云南大学出版社 2007 年版。

41. [加]卜正民:《纵乐的困惑》,方骏、王秀丽、罗天佑译,生活·读书·新知三联书店 2004 年版。

42. 侯家驹:《中国经济史》(上、下),新星出版社 2008 年版。

43. 姜朋:《官商关系——中国商业法制的一个前置话题》,法律出版社 2008 年版。

44. 史广全:《中国古代立法文化研究》,法律出版社 2006 年版。

45. 赵立行:《商人阶层的形成与西欧社会转型》,中国社会科学出版社 2004 年版。

46. 吴松等:《中国农商关系思想史纲》,云南大学出版社 2000 年版。

47. 崔满红等:《商业文明演进与晋商转型研究》,经济管理出版社 2008 年版。

48. 潘丽萍:《中华法系的和谐理念》,法律出版社 2006 年版。

49. 孙丽娟:《清代商业社会的规则和秩序——从碑刻资料解读清代中国商事习惯法》,中国社会科学出版社 2005 年版。

50. 党江舟:《中国讼师文化——古代律师现象解读》,北京大学出版社 2005 年版。

51. 王煜宇:《中国社会转型期商人法律制度研究》,法律出版社 2008 年版。

52. 王日根:《乡土之链:明清会馆与社会变迁》,天津人民出版社 1996 年版。

53. 吴吉远:《清代地方政府的司法职能研究》,中国社会科学出版社 1998 年版。

54. 吕思勉:《中国制度史》,上海世纪出版集团、上海教育出版社 2002 年版。

55. 赵晓耕:《宋代官商及其法律调整》,中国人民大学出版社 2001 年版。

56. 许大龄:《清代捐纳制度》,台北,文海出版社有限公司 1984 年版。

57. 那思陆:《清代州县衙门审判制度》,中国政法大学出版社 2006 年版。

58. 傅衣凌:《明清时代商人及商业资本、明代江南市民经济试探》,中华书局出版社 2007 年版。

59. [比]亨利·皮雷纳:《中世纪城市》,陈国樑译,商务印书馆 2006 年版。

60. 汪崇筼:《明清徽商经营淮盐考略》,四川出版集团·巴蜀书社 2008 年版。

61. 王孝通:《中国商业史》,团结出版社 2007 年版。

62. [古希腊]亚里士多德:《政治学》,吴寿彭译,商务印书馆 1965 年版。

63. [古罗马]西塞罗:《西塞罗三论:老年·友谊·责任》,徐奕春译,商务印书馆 1999 年版。

64. [法]费尔南·布罗代尔:《15 至 18 世纪的物质文明、经济和资本主义》(第 2 卷),顾良译,施康强校,生活·读书·新知三联书店 2002 年版。

65. [美]阿格:《近世欧洲经济发达史》,李光忠译,上海商务印书馆 1927 年版。

66. [美]陈锦江:《清末现代企业与官商关系》,王笛、张箭译,虞和平校,中国社会科学出版社 1997 年版。

67. [美]布迪、莫里斯:《中华帝国的法律》,朱勇译,江苏人民出版社 1993 年版。

68. [美]哈德罗·J. 伯尔曼:《法律与革命——西方法律传统的形成》,贺卫方等译,中国大百科全书出版社 1996 年版。

69. [美]佩里·安德森:《从古代到封建主义的过渡》,郭方、刘健译,上海人民出版社 2001 年版。

70. 戴炎辉:《中国法制史》,三民书局 1987 年版。

71. [美]诺内特、塞尔兹尼克:《转变中的法律与社会——迈向回应型法》,张志铭译,中国政法大学出版社 1994 年版。

72. 冯贤亮:《明清江南地区的环境变动与社会控制》,上海人民出版社2002年版。

73. 姚邦藻主编:《徽州学概论》,中国社会科学出版社2000年版。

74. 费成康主编:《中国的家法族规》,上海社会科学院出版社1998年版。

75. 张晋藩主编:《中国法制通史》(明代卷、清代卷),法律出版社1999年版。

76. 唐文基主编:《16~18世纪中国商业革命》,社会科学文献出版社2008年版。

77. 王立民主编:《中国法律与社会》,北京大学出版社2006年版。

78.《江淮论坛》编辑部编:《徽商研究论文集》,安徽人民出版社1985年版。

79. 周绍泉、赵华富主编:《98国际徽学学术讨论会论文集》,安徽大学出版社2000年版。

80. 郑远民:《现代商人法研究》,法律出版社2001年版。

81. 里赞:《晚清州县诉讼中的审断问题——侧重四川南部县的实践》,法律出版社2010年版。

82. [法]孟德斯鸠:《论法的精神》(下册),张雁深译,商务印书馆1997年版。

83. 厉以宁:《资本主义的起源》,商务印书馆2003年版。

84. 李青:《清代档案与民事诉讼制度研究》,中国政法大学出版社2012年版。

85. 吕丽、潘宇、张珊珊:《中国传统法律制度与文化专论》,华中科技大学出版社2013年版。

三、论文类

1. 雷家宏:《从民间争讼看宋代社会》,载《贵州师范大学学报》2001年第3期。

2. 雷家宏:《北宋至晚清民间争讼解决方式的文化考察》,载《船山学刊》2003年第4期。

3. 张小也:《健讼之人与地方公共事务——以清代漕讼为中心》,载《清史研究》2004年第2期。

4. 林乾:《讼师对法秩序的冲击与清朝严治讼师立法》,载《清史研究》

2005 年第 3 期。

5. 邓建鹏:《健讼与息讼——中国传统诉讼文化的矛盾解析》,载《清华法学》2004 年第 1 期。

6. 潘宇:《中国传统诉讼观念辨析》,载《长春师范学院学报》2005 年第 3 期。

7. 王忠春:《试析明清时期的健讼之风》,载《兰台世界》2006 年第 7 期。

8. 王世华:《论徽商与封建政治势力的关系》,载《安徽师大学报》1995 年第 1 期。

9. 王世华:《徽商研究:回眸与前瞻》,载《安徽师范大学学报》2004 年第 6 期。

10. 唐力行:《论徽商的形成及其价值观的变革》,载《江淮论坛》1991 年第 2 期。

11. 唐力行:《论徽州宗族社会的变迁与徽商的勃兴》,载《中国社会经济史研究》1997 年第 2 期。

12. 卞利:《明清徽州民俗健讼初探》,载《江淮论坛》1993 年第 5 期。

13. 卞利:《论明清时期徽商的法制观念》,载《安徽大学学报》1999 年第 4 期。

14. 卞利:《明清时期民事诉讼立法的调整与农村基层社会的稳定》,载《江海学刊》2006 年第 1 期。

15. 卞利:《明代徽州的民事纠纷与民事诉讼》,载《历史研究》2000 年第 1 期。

16. 卞利:《国家与社会的冲突和整合——论明清民事法律规范的调整与农村基层社会的稳定》,载《荆门职业技术学院学报》2000 年第 4 期。

17. 卞利:《明代中后期至清前期徽州社会变迁中大众心态研究》,载《安徽大学学报》2000 年第 6 期。

18. 王振忠:《明清文献中"徽商"一词的初步考察》,载《历史研究》2006 年第 1 期。

19. 范金民:《清代徽商与经营地民众的纠纷——六安徽州会馆案》,载《安徽大学学报》2005 年第 5 期。

20. 范金民:《清代徽州盐商的销盐纠纷与诉讼》,载《中国社会经济史研究》2006 年第 2 期。

21. 李琦琳:《徽商与清代汉口紫阳书院——清代商人书院的个案研究》,载《清史研究》2002 年第 2 期。

22. 徐忠明:《明清诉讼:官方的态度与民间的策略》,载《社会科学论坛》2004 年第 10 期。

23. 韩秀桃:《〈教民榜文〉所见明初基层里老人理讼制度》,载《法学研究》2000 年第 3 期。

24. 顾元、李元:《无讼的价值理想与和谐的现实追求——中国传统司法基本特质的再认识》,载《中国人民公安大学学报》2008 年第 1 期。

25. 郭志祥:《法治文明与商人阶层》,载《法学》2003 年第 2 期。

26. 胡谦:《“抑讼”观念与清代州县民事诉讼规则》,载《求索》2008 年第 4 期。

27. 赵立行:《商人阶层的出现与社会价值观的转型》,载《复旦学报》2000 年第 4 期。

28. 黄彩霞:《浅析徽商未能转型的原因——兼与其它商帮比较》,载《重庆师院学报》2003 年第 2 期。

29. 梁仁志:《明清徽商捐纳之风及其原因和影响》,载《淮北煤炭师范学院学报》2008 年第 5 期。

30. 张正明:《明末清初商人社会地位的变化及其对社会文化的影响》,载《货殖》(第 1 辑),中国财政经济出版社 1995 年版。

31. 余同元:《明初“抑商”到“便商”政策下的商人与商业》,载《烟台师范学院学报》2002 年第 2 期。

32. 张海英:《明中叶以后“士商渗透”的制度环境——以政府的政策变化为视角》,载《中国经济史研究》2005 年第 4 期。

33. 朱慈蕴、毛健铭:《商法探源——论中世纪的商人法》,载《法制与社会发展》2003 年第 4 期。

34. 张薇薇:《中世纪商人法初探:其范畴、渊源与法律特征》,载《浙江社会科学》2007 年第 3 期。

35. 叶秋华:《资本主义民商法的摇篮——西欧中世纪城市法、商法与海商法》,载《中国人民大学学报》2000 年第 1 期。

36. 陈彬:《从“灰脚法庭”到现代常设仲裁机构——追寻商事仲裁机构发展的足迹》,载《仲裁研究》2007 年第 1 期。

37. 赵立行:《论中世纪的“灰脚法庭”》,载《复旦学报》2008 年第 1 期。

38. 叶显恩:《试论徽州商人资本的形成与发展》,载《中国史研究》1980 年第 3 期。

39. 刘和惠:《徽商始于何时》,载《江淮论坛》1982 年第 4 期。

40. 王廷元:《论徽州商帮的形成与发展》,载《中国史研究》1995 年第 3 期。

41. 姜朋:《从胡雪岩故事看官商关系与商法要义》,载《清华大学学报》2007 年第 1 期。

42. 杨风春:《构造良性官商关系》,载《战略与管理》2003 年第 4 期。

后　记

自2014年到2017年,转眼三年过去。

3年间,我游离在多重角色的切换中:作为合肥市仲裁委员会仲裁员,我在独任或合议裁判各类合同纠纷过程中,总是过度运用“释明权”,给予没有委托律师代理的当事人或心中的“弱势群体”不厌其烦地解释法律条文。作为德恒律师事务所兼职律师,我有自己的原则:不接刑事案件,只代理民商事案件。如面对当事人哭诉经济困难时,时时不忍多收费,但太低的代理费用却因投入与回报不成比例,被同行斥责为“白菜价”而陷于更多无奈中;作为安徽大学法学院老师,不仅授课,传道授业解惑,还要承担各类科研任务。因先天不够聪明,后天不够努力,自我感觉授课尚可,科研创新不足,且研究方向的归属感不强,对历史的浓厚兴趣使我渐渐偏离了法学方向。

我曾经困惑过,人生目标到底追求什么?孔子云:四十不惑。43岁的自己渐渐清楚了,在摆脱经济负担的压力下,尽可能去做自己喜欢的事情:唯读书与运动不可辜负,一静一动,相得益彰。读书益智,不仅仅是法学类,更多的是一直最爱的史书,以史为鉴,读史明智,明白更多为人处世的大道理和小智慧;运动健身,1996年毕业留在安徽大学法学院工作后,从踢足球改为打篮球,一直坚持20多年。一是健身,身体是革命的本钱;二是交友,广泛结交五湖四海的朋友,都有一个共同的话题——篮球;三是磨砺意志,团队配合意识会使你知道唯有与良师益友共处，才会取得更大成就；逆境中勇于担当，才能激发自己最大的潜能，一个又一个精准的三分，去赢取球队最后的胜利。当然，读书、运动最直接的目的还是更好地胜任本职工作——承担日益繁重的教学任务，既需要知识面深广度的维系，还需要以强健的体魄做后盾。

本书是以2009年毕业时的博士学位论文《明清徽商的诉讼研究》(12万字)为主体，经过后期大量修改完成。感谢我的导师王立民教授。王老师不嫌弃弟子愚钝，将我招入其门下，为我提供了在学业上进一步提高的机会，也圆了我早年曾错失的高考梦想——求学华东政法学院(2006年更名为华东政法大学)。王老师的渊博智识和大家风范令我十分敬仰，学生终生受益。在博士学位论文写作期间，王老师在百忙之中对我的论文进行了结构上高屋建瓴的指导，并鼓励我一定要把论文做好。王老师犀利的思想和敏锐的视角令人钦服，他对我的论文从章节结构到观点内容都进行了悉心指导，给我提出了很多、很好的意见和建议，并帮助我进行相应的修改和润色。我的博士学位论文凝结着王老师的大量心血。师恩重重，学生会永远铭记在心中！

感谢法律出版社编辑陈妮女士认真审阅本书，并提出十分中肯的修改建议，为本书润色不少，感谢她无私的关怀和帮助。

感谢我的家人，感谢刘欣、张璐、张婷等几位我的研究生为本书的顺利完成所做的辛苦工作。

在一番涌自心底的感谢与感慨之后，我依然在自己的人生道路上继续研习法律，在不断追寻正义的路上教书育人。路很长，无论途中风景如何，我都会带着希望，缘法而行，坚定地走下去！

王亚军

2017年10月于合肥寓所

图书在版编目(CIP)数据

"无讼"中的明清徽商 / 王亚军著. --北京:法律出版社,2017
(安徽大学法学文库 / 郭志远主编)
ISBN 978-7-5197-1717-9

Ⅰ.①无… Ⅱ.①王… Ⅲ.①民事诉讼-法制史-研究-中国-明清时代②徽商-研究-明清时代 Ⅳ.①D925.102②F729

中国版本图书馆 CIP 数据核字(2017)第 293610 号

"无讼"中的明清徽商
"WUSONG" ZHONG DE MINGQING HUISHANG

王亚军 著

策划编辑 陈 妮
责任编辑 陈 妮
装帧设计 李 瞻

出版 法律出版社
总发行 中国法律图书有限公司
经销 新华书店
印刷 北京京华虎彩印刷有限公司
责任校对 马 丽
责任印制 吕亚莉

编辑统筹 财经出版分社
开本 720 毫米×960 毫米 1/16
印张 14.75
字数 250 千
版本 2017 年 11 月第 1 版
印次 2017 年 11 月第 1 次印刷

法律出版社/北京市丰台区莲花池西里 7 号(100073)
网址/www.lawpress.com.cn
投稿邮箱/info@lawpress.com.cn
举报维权邮箱/jbwq@lawpress.com.cn
销售热线/010-63939792
咨询电话/010-63939796

中国法律图书有限公司/北京市丰台区莲花池西里 7 号(100073)
全国各地中法图分、子公司销售电话:
统一销售客服/400-660-6393
第一法律书店/010-63939781/9782
西安分公司/029-85330678
重庆分公司/023-67453036
上海分公司/021-62071639/1636
深圳分公司/0755-83072995

书号:ISBN 978-7-5197-1717-9
定价:48.00 元
(如有缺页或倒装,中国法律图书有限公司负责退换)